개혁주의 신앙의 기초

제 2 권
개혁주의 신앙의 기초:
성령 | 구원 | 종말 | 교회

The Foundation of the Reformed Faith:
The Holy Spirit | Salvation | Eschatology | The Church

김은수 지음

SFC

이
책을
살아서
참 신앙과
사랑의 헌신을
몸소 삶으로 보여주신
김 순규 · 조 순련 님에게
존경과 감사와 사랑을 담아 헌정합니다.

| 이 책에 사용된 성경본문은 개역 개정판에서 인용된 것입니다.

추천의 글
한국교회에 보탬이 될 만한 신앙교육의 교재

이종윤 박사 (서울교회 위임목사, 한국장로교총연합회 대표회장)

이 책은 17세기 영국에서 만들어진 칼빈주의 개혁파 신앙의 기준이 된 〈웨스트민스터 소교리문답서〉의 해설서이다. 이 〈소교리문답서〉는 그때로부터 지금까지 전 세계 장로교회 또는 개혁교회의 신앙적 지표가 되어 교회학교에서 가르치는 기초교본으로서, 그 무엇과도 비교할 수 없을 만큼 성경이 가르치는 내용을 아주 조직적으로, 또한 누구나 이해하기 쉽게 단답형의 형식으로 잘 만들어진 책이다.

서울 강남구 대치동에 위치하고 있는 대한예수교장로회 서울교회는 수년 전부터 교리문답반을 창설하고 교회에 새로이 등록하여 새가족부를 수료한 사람은 누구나 1년간 소교리문답반에 들어와 공부를 하게 하고, 그 후 연령에 따라 반을 배정받아 교회학교에서 공부도 하고 또 다른 여러 부서에서 섬김위원도 될 수 있게 하였다.

최근에 김은수 박사께서 미국 트리니티 신대원(Trinity Evangelical Divinity

School)에서 학위를 마치고 귀국하셔서 서울교회가 김박사께 이 소교리문답 과목을 가르칠 것을 요청하였다. 김박사는 그의 신앙 인격이 그러하듯 매사에 반듯하여 강의 원고를 충실히 만들어 교인들에게 열정적으로 강의하고 삶의 모범을 보이려고 애를 쓴 흔적이 면면히 드러남으로 주변의 여러 사람들이 이 책의 출판을 권고하였으며, 마침내 한국교회에 보탬이 될 것으로 판단하여 여러분 앞에 제가 추천서를 쓰게 되었다.

    요즈음 교회학교 공과책의 질에 대한 회의적 반응이 속출하는 가운데, 수백 년 동안 세계적으로 전통적인 신앙교육의 교재로 사용되어 온 〈웨스트민스터 소교리문답서〉를 1년 동안 가르쳐 볼 수 있다면, 그 연령과 배경을 막론하고 교회 안에 놀라운 변화가 일어날 것을 확신하면서 이 책을 가감 없이 추천하는 바이다.

기독교 신앙의 교본을 신학적으로 해석한 역작

김영한 박사

(전(前)한국복음주의신학회장, 전(前)한국개혁신학회장, 숭실대 기독교학대학원 초대원장)

오늘날 구미(歐美)사회가 맞이하고 있는 기독교 시대 이후(postchristian era)는 우연히 도래한 것이 아니다. 그 원인은 구미사회의 영성의 등불이 되어야 할 교회가 신앙의 교본을 제대로 지키지 못하였기 때문이다. 오늘날 영국에서는 해마다 적지 않은 교회당들이 문을 닫고 무슬림 사원이나 세속적인 카페로 변하고 있다고 한다. 교회가 전통적인 신앙의 교본을 버리게 되었을 때, 마귀가 일곱 동료를 데려다가 그 집에 들어가 살게 될 것이라고 예수님이 비유로 말씀하신 적이 있다. 마찬가지로 오늘날 영국교회가 해마다 줄어가는 신자들 때문에 예배당을 유지하지 못하고 무슬림에게 팔려 무슬림 사원으로 변모해가는 현상은 이들이 신앙의 선조인 17세기 청교도들이 계승해준 그 위대한 신앙고백을 상실하고 있기 때문이다.

1884년 한국교회에 복음을 전해준 선교사들인 언더우드, 아펜젤러, 그리고 숭실학당을 세운 베어드 목사는 모두 청교도들이었다. 이들은 웨스트민스터 신앙고백서를 우리에게 전해주었다. 이 신앙고백서는 17세기 영국에서 청교도들, 즉 전국적으로 성직자와 신학자들(121명), 그리고 평신도 상하원 사정관들(30명) 등 모두 151명의 대표들이 런던의 웨스트민스터 교회당에 모여 6년간(1643년-1649년) 1,163회의 모임을 통하여 만들어낸 역사적인 기독교 신앙의 정수(精髓)이다. 이러한 신앙고백서이기 때문에 근 4백 년이 지난 오늘날에도 한국장로교회를 비롯하여 세계의 개신교회들이 이 웨스트민스터 신앙고백을 신앙의 교본으로 받아들이고 있는 것이다.

오늘날 한국교회는 하나님의 축복을 받아 열심히 모이고 기도하고, 또 세계적으로 선교사를 파송하는 교회가 되었다. 이러한 때에 다가오는 종교다원주의의 물결과 이슬람 선교의 도전에서 한국교회가 바로 설 수 있는 능력은 하나님 말씀 위에 바로 서는 것 밖에 없다. 이런 점에서 웨스트민스터 신앙고백과 대소교리문답은 성경이 증언하는 기독교 진리의 정수를 체계적으로 배열하면서 오늘날을 사는 현대인들에게 신앙의 도리와 진리에 대해 바르게 제시해준다.

김은수 박사께서 이번에 펴낸 이 저서는 그의 박식하고 깊은 신학적 통찰과 경건한 신앙에 입각하여 쓰여진 〈웨스트민스터 소교리문답서〉의 해설서로서 오늘날 한국교회와 성도들, 그리고 신학도들에게 개혁교회의 표준적인 신앙고백을 알게 하는데 중요한 길잡이 역할을 해줄 것으로 믿는다. 목회자, 신학생, 평신도 여러분의 필독을 권하고 싶다.

교리교육에 기초한 신학의 자립화를 향한 첫걸음

유해무 박사 (고려신학대학원, 교의학 교수)

　김은수 박사께서 〈웨스트민스터 소교리문답〉 강해서를 출판한 것을 진심으로 축하하면서 기쁜 마음으로 추천한다. 한국교회 안에서 교리문답서를 포함한 신조 해설은 대체로 번역서가 주종을 이루었다. 이와는 달리 김 박사는 소교리문답을 직접 교중에게 가르치고 그것을 정리하여 독자들에게 선보임으로써, 교리교육에 기초한 신학의 자립화를 향한 첫걸음을 내디딘 셈이다.

　한국교회는 크게 성장하면서도 내실까지는 구비하지 못하였다. 때문에 적지 않은 이단들이 생겨났고, 교회는 많이 분열하였으며, 세상의 빛과 소금이 되어야 할 교인들이 때로는 크고 작은 부정과 부패에 개입하였다. 그 원인을 여러 방면에서 추적할 수 있겠지만, 아무래도 가장 큰 원인 중 하나로 교리교육의 부재를 넣어야 할 것이다.

　고대교회 이래로 교리교육은 세례교육의 성격을 지녔다. 세례의 주인이신 삼위일체 하나님이 누구시며, 그분이 우리에게 베푸신 은혜와 요구가 무엇인지를 배웠다. 세례는 은혜의 방편으로서 그리스도와 함께 옛사람이 죽고 새사람으로 태어나는 극적인 경험이다(롬 6장). 그리고 교회는 세례교인에게 부활하신 주님께서 분부하신 모든 것을 가르쳐 지키도록(마 28:20) 계속 교리를 교육하였다.

지금까지 한국교회는 아동과 청소년 교육에는 많은 관심을 기울였으나 성인교육에는 거의 무관심하였다. 최근에는 제자훈련이나 가정교회 등으로 성인교육도 관심을 가지고 있지만, 아동과 청소년 교육과 마찬가지로 이 역시 세례를 중심으로 삼은 교리교육과는 거리가 멀다.

성경은 교리를 강조한다. 그것도 아주 많이 강조한다. 그런데 안타깝게도 개역이나 개역개정판도 교리를 단지 '교훈' 또는 '가르침'으로 번역하고 있다(딤전 1:10, 4:6,13,16, 6:1,3; 딤후 3:10, 4:4; 딛 1:9, 2:1 등). '교리'로 합당하게 번역하였다면, 교회에 끼친 유익이 훨씬 더 컸으리라. 이 교리는 영광의 복음을 따름이다(딤전 1:11).

교회는 은혜의 방편인 말씀과 성례로 세워지고 유지된다. 은혜의 방편이란 우리의 것이 아니라 하나님의 것인 은혜를 우리에게 주는 방편이다. 말씀 선포는 세례로 인도하며, 세례는 성찬으로 인도한다. 순서상 세례가 중심이지만, 실제적인 중심은 말씀이다. 말씀은 세례와 성찬이 무엇인지를 설명한다. 말하자면, 세례교육인 교리교육은 말씀을 잘 이해하게 하며, 세례를 받게 하며, 성찬에 참여하게 한다. 이 점에서 교리교육은 은혜의 방편을 대치하지 않고 말씀과 성례를 제대로 알고 참여하게 돕는다.

그러므로 한국교회가 바로 서려면 교리교육을 강화해야 한다. 그러면 세례를 함부로 시행하거나 받지 않을 것이요, 성찬도 제정의 뜻을 따라 바로 시행할 것이다. 그러면 은혜로 충만한 교인들이 태어날 것이요 교회가 세상의 빛과 소금이 될 것이다.

저자는 직접 교중에게 가르치고 정리한 본서를 자신의 첫 작품으로 독자에게 선물한다. 저자가 개혁교회의 전통에 서서 소교리문답을 해설하되, 그 현대적 의미를 교회론적으로 부각시키고 성경적으로 잘 설명하려고 최선을 다 하였다. 또 본서는 번역서가 아니라 한국인 신학자가 직접 한국 교인을 가르치고 교회를 세우려고 시도한 결실이라는 큰 의미를 지닌다. 젊은이들뿐만 아니라 장년 성도들도 본서를 읽어 스스로 큰 유익을 누리고 우리 교회가 내실까지 다져, 이 세대를 본받지 말고 선도하고 개혁하는 빛과 소금이 되기를 간절히 소망한다.

서문

Soli Deo Gloria!

할렐루야! 할렐루야! 할렐루야!

성 삼위일체 하나님께

온 마음을 다하여 영광과 감사와 찬양을 올려드린다.

신학의 길을 걸어 온지 어언 20여년의 세월이

한달음에 훌쩍하니 흘러갔다.

때때로 많이 힘이 들고 간단치 않았던 세월도 있었지만,

먼저 날 사랑하시고 구원하신 하나님께서

그 어느 순간에도 붙드신 나의 손목을 놓지 않으시고

뚜벅 뚜벅 걸어오게 하신 이 먼 길을 이제 다시 돌아다보니

걸어온 발자국마다 차고 넘치는 것이 하나님의 은혜요

굽이굽이 하나님의 보살핌과 간섭하심의 놀라우신 사랑이 하해와 같다.

하여,

"내가 나 된 것은 하나님의 은혜로 된 것이니 …

내가 한 것이 아니요 오직 나와 함께 하신 하나님의 은혜로라"(고전 15:10)

라는 사도 바울의 고백을 하염없이 되뇔 수밖에 없음을 고백한다.

그동안 한국교회와 세계교회를 섬기기 위해 아름답고도 귀한 사역을 헌신적으로 감당해 오신 서울교회 이종윤 목사님께서 2년 전에 부족함이 많은 필자에게 〈웨스트민스터 소교리문답 강좌반〉을 맡겨주셨다. 그리하여 우리를 위해 모든 것을 내어주신 주님 앞에서 거저 '한 달란트 받았던 게으른 종'이 되지는 않으려고 때로는 밤을 세워가며 나름대로 애쓰고 노력했던 결과가 이제 이렇게 부족하고 부끄러운 모습으로나마 책으로 묶여져 나오게 되니 무척이나 감회가 새롭다. 이것이 이 책이 세상에 나오게 된 직접적인 배경이다. 귀한 소임을 맡겨 주신 서울교회와 더불어 평소에도 늘 속 깊은 사랑의 배려를 아끼지 않으실 뿐만 아니라 또한 귀한 추천의 글까지 써주신 이종윤 목사님께 이 자리를 빌려 그동안 마음속에 담아놓고 하지 못했던 깊은 감사를 드린다. 나아가 지난 2년 동안 부족한 필자와 함께 동고동락하며 아낌없는 기도와 격려, 그리고 헌신으로 함께해 주신 서울교회 소교리문답 강좌반 여러 교사님들과 모든 성도님들에게도 넘치는 감사의 마음이 가득하다.

눈을 들어 둘러보니, 그동안 살아오면서 받은 것이 차고 넘치는 사랑의 빚이라 감사의 마음을 전해야 할 분들이 너무나 많다. 지면이 부족하여 일일이 다 거명하여 감사를 표하지 못함을 부디 용서하시기를 바란다. 그러나 필자에게 신학의 귀한 가르침을 주셨던, 당시 고려신학대학원, 미국의 칼빈신학대학원(Calvin Theological Seminary), 그리고 트리니티 복음주의신학대학원(Trinity Evangelical Divinity School)의 교수님들께 진심어린 감사의 말씀을 전하고자 한다. 특히 필자가 신학에의 첫걸음마를 시작할 때 길잡이 역할을 해주셨던 고려신학대학원의 유해무 교수님께서는 이번에도 의미 깊은 추천서로 빛을 내주시니 감사하기 그지없다. 또한 필자에게 계속하여 신학을 연구하며 가르칠 수 있도록 기회를 주신 숭실대학교 기독교학대학원

김영한 교수님과 박정신 원장님, 동료 교수님들, 그리고 여러 학생들에게 심심한 감사의 말씀을 드린다. 특별히 그 동안 한국 복음주의 신학과 개혁신학의 발전을 위해 헌신적으로 수고해 오신 김영한 교수님께서는 필자에게 신학 연구와 가르침에 있어 늘 좋은 귀감을 보여주실 뿐만 아니라, 아낌없는 사랑과 배려를 해주시고 소중한 추천의 글까지 흔쾌히 써주셨다. 마음속 깊은 감사의 말씀을 드린다.

더불어 그동안 필자의 여러 강의에 열정적으로 참여해 주었던 백석신학전문대학원, 한반도국제대학원대학교 학생들에게도 이 자리를 빌어 고마움의 마음을 전하고자 한다. 그리고 필자가 함께 활동하고 있는 한국복음주의신학회, 한국개혁신학회, 한국장로교신학회, 한국칼빈학회, 한국기독교학회에 소속한 선배, 동료 신학자 여러분들과 목회자님들께도 심심한 감사의 말씀을 드리는 바이다. 또한 촉박한 시간 가운데 이 책을 세상에 내놓기 위해 아낌없이 수고를 다한 SFC출판사 관계자들과 표지를 깔끔하게 디자인해 주신 조희영 간사님, 그리고 특히 필자의 까다로운 요구를 일일이 다 수용해주며 필요한 조언과 마지막까지 편집, 교정의 귀한 수고를 다해준 이의현 목사님에게 감사의 말씀을 드리고 싶다. 마지막으로, 그동안 필자를 위해 헌신적인 사랑을 베풀어 주신 많은 가족들, 그리고 특별히 사랑하는 아내 김문영에게 마음 속 깊이 감사와 사랑의 마음을 전한다.

이제 이 책을 이용해 주실 귀한 독자님들을 위하여 본서가 가지고 있는 몇 가지 특징들을 말씀드리자면 다음과 같다.

(1) 먼저 본서의 신학적 특색으로는 사도적 정통신앙과 칼빈주의적 개혁파 정통신학의 입장을 견지하면서 개혁주의 신학과 신앙의 핵심을 체계

적으로 요약하고자 하였고, 또한 그 의미를 현대적으로 풀어 적용하려고 노력하였다.

(2) 본서의 원리적 구조는 〈웨스트민스터 소교리문답〉의 문답순서를 그대로 따르지 않고, 크게는 신학적 교리와 신앙의 실천적인 부분으로 나누었으며, 그것은 다시 기독교 신앙과 삶의 기초라고 할 수 있는 중요한 세 가지 문서인 〈사도신경〉, 〈주기도문〉, 〈십계명〉을 차례로 해설하는 구조로 이루어져 있다. 실로 사도신경이 기독교 신앙 교리의 기초라면, 주기도문은 기도의 기초이고, 십계명은 삶의 실천을 위한 기초 규범이라 할 것이다. 그리고 책의 전체적인 내용을 사용하기에 편리하도록 하기 위하여 세 권으로 나누어 편집하였다. 제1권은 개혁주의 신앙의 원리, 성경, 삼위일체 하나님, 인간과 죄의 문제, 구속자 예수 그리스도에 대한 내용이며; 제2권은 성령 하나님과 구원, 종말론, 교회론을 다루었고; 마지막 제3권은 주기도문과 십계명에 대한 해설을 통하여 개혁주의 신앙을 우리의 삶 속에서 어떻게 적용할 것인가 하는 실천적인 부분을 다루고 있다. 우리는 여기에서 현대 사회를 살아가면서 그리스도인들이 직면하게 되는 다양한 문제들에 대한 성경적인 원리와 지침들을 발견할 수 있을 것이다.

(3) 〈웨스트민스터 소교리문답〉에는 아쉽게도 은혜의 방편(말씀, 성례, 기도)에 관한 것을 제외하고는 교회론에 해당하는 대부분의 내용이 빠져있다. 본서는 이러한 점을 보완하기 위하여 특강 형식으로 다섯 개의 장을 추가 배정함으로써, 조직신학의 전체적인 교리 부분을 정리하고 공부할 수 있게 하였다.

(4) 본서가 가지는 또 하나의 특징은 조직신학과 역사신학 및 성경신학의 유기적인 접목을 시도하였다는 점이다. 필자는 먼저 〈웨스트민스터 소교리문답〉의 문답들을 각 조직신학의 항목에 따라 해설하면서 할 수 있는

대로 역사신학적 배경과 발전 및 성경신학적 논의와 연결시키고자 노력하였으며, 또한 그것의 기초가 되는 성경본문들을 풍부하게 제공함으로써 성경과 그것의 가르침을 요약하고 있는 교리를 연결시켜 체계적으로 공부할 수 있게 하였다.

(5) 본서는 하나님의 말씀과 개혁주의 신앙의 핵심내용에 대하여 많은 관심을 가지고 좀 더 체계적으로 공부하고자 하는 열망을 가진 일반 성도님들을 일차적으로 염두에 두고 쓰여 졌다. 그러므로 각 교회 청년·대학부나 각급 장년부 주일학교 신앙·성경 공부를 위한 교재로 활용하면 좋을 것이다. 또한 개혁주의 신학의 기초를 정립하고자 하는 신학생들과 목회자들에게도 많은 도움이 되기를 바라는 소망이 있다. 더불어 말씀드릴 것은 일반 성도님들이 쉽게 접근할 수 있도록 본서에서 여러 참고문헌들을 사용함에 있어 되도록이면 이미 번역되어 출간되었거나 국내 학자들에 의해 쓰인 저작들을 우선적으로 참고하려고 애를 썼다. 그러나 책 말미에 붙어있는 각주들은 보다 깊은 공부를 하기 원하는 분들을 위한 것이니, 혹 필요로 하지 않은 분들은 그냥 무시하고 책을 읽으시고 공부하셔도 큰 어려움은 없으리라 사료된다.

(6) 본서는 〈웨스트민스터 소교리문답〉을 주요 신학적 항목으로 나누어 전체를 1년 50주간에 걸쳐 체계적으로 공부할 수 있도록 배열하였으며, 나머지 2주간은 전후반기로 나누어 일종의 중간, 기말 시험을 실시하면 좋을 것이다. 실제로 필자는 서울교회에서 소교리문답을 강의하면서 두 차례(5월과 12월)에 걸쳐 소교리문답 퀴즈대회 형식으로 진행했는데, 전체적으로 배운 내용들을 반복 학습할 수 있는 좋은 동기부여가 되었고, 성도님들이 열정적으로 준비하고 참여함으로써 기대 이상의 아주 만족스러운 성과가 있었다.

이렇게 하나의 책을 세상에 내어 보내며, 수줍음 많은 새악씨 같은 가슴 두근거림을 어찌할 수가 없다. 이 책이 아무쪼록 부족한 모습으로나마 귀하게 쓰임 받게 되기를 간절히 소망하면서, 앞으로도 계속하여 절차탁마(切磋琢磨)의 연구와 형설지공(螢雪之功)의 노력으로 부족한 부분을 다듬고 채워 가리라 다짐한다. 독자제현의 아낌없는 질책을 기대하며 지도편달을 감사함으로 달게 받겠다. 더불어 비록 작은 한마디 격려라도 있다면 필자에게는 한 걸음이라도 더 앞으로 나아가는 데 더없이 큰 힘과 보탬이 될 것이다.

Per Aspera ad Astra (고난을 통하여 영광에 까지)!

하늘에는 오직 삼위일체 하나님께 영광!
땅위에 있는 모든 이에게 감사!

주후 2010년 새해 아침에
한강 변 寓居에서
김 은수

차례

추천의 글
서문

제1부 개혁주의 신앙의 원리
  제1과: 서론 – 개혁주의 신앙의 정체성
  제2과: 사람의 제일 되는 목적 – 개혁주의 신앙의 중심원리
  제3과: 성경 – 하나님의 말씀

제2부 성경의 하나님
  제4과: 성경의 하나님 – 삼위일체 하나님
  제5과: 하나님의 본질과 속성
  제6과: 하나님의 작정 – 영원한 계획
  제7과: 하나님의 창조 – 무로부터의 창조
  제8과: 하나님의 섭리 – 보존과 통치

제 1 권   개혁주의 신앙의 기초: 하나님 | 인간 | 예수 그리스도

제3부 인간과 죄의 문제

제9과: 행위언약과 원죄 – 창조 안에 있는 인간

제10과: 인류의 타락과 그 결과 – 죄 가운데 있는 인간

제11과: 은혜언약과 선택 – 은혜 안에 있는 인간

제4부 구속자 예수 그리스도

제12과: 성자 하나님 – 구속자 예수 그리스도

제13과: 예수 그리스도의 성육신 – 사람이 되신 하나님의 아들

제14과: 예수 그리스도의 삼중직분 – 선지자, 제사장, 왕

제15과: 예수 그리스도의 두 가지 상태 – 낮아지심과 높아지심

주(註)

참고문헌

부록: 웨스트민스터 소교리문답 연간 교육일정표

차례

추천의 글 7
서문 14

제5부 성령 하나님과 구원, 그리고 마지막 일들

제16과: 성령 하나님과 구원 – 그리스도와의 연합 28

제17과: 부르심과 중생 43

제18과: 회심 – 구원에 이르는 믿음과 회개 55

제19과: 칭의(의롭다 하심)와 양자 삼으심 68

제20과: 성화 – 거룩하게 하심 79

제21과: 구원의 확신과 성도의 견인 90

제22과: 육체적 죽음과 중간상태 101

제23과: 예수 그리스도의 재림 – 부활과 최후 심판 116

제 2 권 개혁주의 신앙의 기초 : 성령 | 구원 | 종말 | 교회

제6부 교회와 은혜의 방편

제24과: 교회란 무엇인가? – 성경적인 교회 이해   132
제25과: 참된 교회의 본질 – 삼위일체론적 교회 이해   148
제26과: 참된 교회의 사명 – 교회의 5가지 사명   163
제27과: 참된 교회의 속성과 표지   178
제28과: 교회의 정치와 조직   196
제29과: 은혜의 방편 (1) – 하나님의 말씀   209
제30과: 은혜의 방편 (2) – 성례   219
제31과: 은혜의 방편 (3) – 세례와 성찬   231
제32과: 은혜의 방편 (4) – 기도   242

주(註)   255
참고문헌   317
부록: 웨스트민스터 소교리문답 연간 교육일정표   345

차례

추천의 글
서문

제7부 주기도문: 주님께서 우리에게 가르쳐 주신 기도

제33과: 서언 – "하늘에 계신 우리 아버지"
제34과: 첫 번째 간구 – "하나님의 이름이 거룩하여지이다"
제35과: 두 번째 간구 – "하나님의 나라가 임하옵소서"
제36과: 세 번째 간구 – "하나님의 뜻이 이루어지이다"
제37과: 네 번째 간구 – "오늘 우리에게 일용할 양식을 주옵소서"
제38과: 다섯 번째 간구 – "우리의 죄를 용서하여 주옵소서"
제39과: 여섯 번째 간구와 송영 – "우리를 시험과 악에서 구하여 주옵시고, 오직 하나님께 영광이 있으리이다"

제 3 권　개혁주의 신앙의 기초 : 주기도문 | 십계명

제8부 십계명: 하나님께서 언약백성에게 주신 삶의 규범

제40과: 서문 – "하나님께서 이 모든 말씀을 주시니라"
제41과: 제1계명 – "나 외에 다른 신들을 네게 두지 말라"
제42과: 제2계명 – "너를 위하여 새긴 우상을 만들지 말라"
제43과: 제3계명 – "하나님 여호와의 이름을 망령되이 부르지 말라"
제44과: 제4계명 – "안식일을 기억하여 거룩하게 지키라"
제45과: 제5계명 – "네 부모를 공경하라"
제46과: 제6계명 – "살인하지 말라"
제47과: 제7계명 – "간음하지 말라"
제48과: 제8계명 – "도둑질하지 말라"
제49과: 제9계명 – "네 이웃에 대하여 거짓증거하지 말라"
제50과: 제10계명 – "네 이웃의 모든 소유를 탐하지 말라"

주(註)
참고문헌
부록: 웨스트민스터 소교리문답 연간 교육일정표

제5부 성령 하나님과 구원, 그리고 마지막 일들

제16과: 성령 하나님과 구원 – 그리스도와의 연합
제17과: 부르심과 중생
제18과: 회심 – 구원에 이르는 믿음과 회개
제19과: 칭의(의롭다 하심)와 양자 삼으심
제20과: 성화 – 거룩하게 하심
제21과: 구원의 확신과 성도의 견인
제22과: 육체적 죽음과 중간상태
제23과: 예수 그리스도의 재림 – 부활과 최후 심판

제 16 과
성령 하나님과 구원
: 그리스도와의 연합

제29문 : 우리가 어떻게 그리스도께서 값주고 사신 그 구속에 참여자가 됩니까?

답 : 그리스도께서 값주고 사신 그 구속에 참여자가 되는 것은 그의 성령으로 우리에게 구속을 효력있게 적용함으로 말미암아 됩니다.
딛 3:5-6; 요 1:12-13; 3:5-6

제30문 : 성령께서는 그리스도께서 성취하신 구속을 우리에게 어떻게 적용하십니까?

답 : 성령께서 그리스도께서 성취하신 구속을 우리에게 적용하시는 것은 우리 안에 믿음을 일으키시고, 또 효력있는 부름으로써 우리를 그리스도와 연합하게 하는 것입니다.
요 6:63; 15:5; 엡 2:8; 4:15-16; 갈 2:20; 고전 6:17; 1:9; 벧전 5:10

I. 성령 하나님의 위격과 사역

1. 삼위일체 하나님의 제3의 위격으로서의 성령 하나님

삼위일체의 제3의 위격은 성령 하나님이시다.[1] 성령께서는 어떤 비인격적인 능력이나 영적인 힘, 혹은 기(氣)나 원리가 아니라 온전히 살아계신 인격적 존재로서, 성부 하나님 및 성자 하나님과는 구별된 위격을 가지신다. 하지만 삼위 모두 동일본질(*homoousios*)의 참 하나님이시며, 영원토록 경배와 찬양, 그리고 예배의 대상이시다. 비록 삼위 하나님께서는 그 존재와 신성에 있어서는 온전히 동일본질이시지만, 구속사적 경륜 속에서 일련의 질서상의 차서와 역할에 있어 차이가 있음을 성경을 통하여 알 수 있다.[2]

〈아타나시우스 신조〉 23-28항
> 성령은 성부와 성자에게서 만들어지거나(*non factus*), 지음 받았거나(*nec creatus*), 나지 아니하셨고(*nec genitus*), 오직 나오신다(*sed procedens*). 그러므로 한 아버지(*unus Pater*)가 계시고, 세 아버지가 아니다. 한 아들(*unus Filius*)이시고 세 아들이 아니며, 한 성령(*unus Spiritus Sanctus*)이시고 세 성령이 아니다. 이 삼위 안에는 누구도 앞서지 않고 또 뒤지는 위격이 없으시다. 그 누구도 보다 크거나 보다 낮은 위격이 계시지 아니한다. 그러나 삼위가 모두 동일하게 영원하시며(*coaeternae*), 같이 동등하시다(*coaequales*). 따라서 이미 말한 모든 것을 한 마디로 고백하면 다음과 같다: 삼위 안에 일체, 일체 안의 삼위께서 경배를 받을지니라(*et Unitas in Trinitate, et Trinitas in Unitate, veneranda sit*). 그러므로 구원을 얻으려고 하는 사람은 삼위일체에 대하여 이와 같이 생각해야 한다.

요 14:26 : 보혜사 곧 아버지께서 내 이름으로 보내실 성령 그가 너희에게 모든 것을 가르치고 내가 너희에게 말한 모든 것을 생각나게 하리라 (성부와 성자께서 보내시어 우리를 돕는 분이시며, 구원을 완성하시는 분이심)

롬 8:26-27 : 이와 같이 성령도 우리의 연약함을 도우시나니 우리는 마땅히 기도할 바를 알지 못하나 오직 성령이 말할 수 없는 탄식으로 우리를 위하여 친히 간구하시느니라. 마음을 살피시는 이가 성령의 생각을 아시나니 이는 성령이 하나님의 뜻대로 성도를 위하여 간구하심이니라 (우리를 위하여 탄식하시며 간구하시고 도우시는 분은 인격적인 존재이심)

2. 성령 하나님에 대한 명칭[3]

(1) 성령 하나님의 위격적 명칭들

① 성령(the Holy Spirit)

눅 11:13 : 너희가 악할지라도 좋은 것을 자식에게 줄 줄 알거든 하물며 너희 하늘 아버지께서 구하는 자에게 성령을 주시지 않겠느냐 하시니라

히 9:14 : 영원하신 성령으로 말미암아 흠없는 자기를 하나님께 드린 그리스도의 피가 어찌 너희 양심을 죽은 행실에서 깨끗하게 하고 살아 계신 하나님을 섬기게 하지 못하겠느냐

② 하나님의 성령, 주 여호와의 영, 살아계신 하나님의 영

엡 4:30 : 하나님의 성령을 근심하게 하지 말라 그 안에서 너희가 구원의 날까지 인치심을 받았느니라

사 61:1 : 주 여호와의 영이 내게 내리셨으니 이는 여호와께서 내게 기름을 부으사 가난한 자에게 아름다운 소식을 전하게 하려 하심이라

고후 3:3 : 너희는 우리로 말미암아 나타난 그리스도의 편지니 이는 먹으로 쓴 것이 아니요 오직 살아 계신 하나님의 영으로 쓴 것이며 또 돌판에 쓴 것이 아니요 오직 육의 마음판에 쓴 것이라

③ 그리스도의 영, 예수의 영, 아들의 영

엡 4:30 : 만일 너희 속에 하나님의 영이 거하시면 너희가 육신에 있지 아니하고 영에 있나니 누구든지 그리스도의 영이 없으면 그리스도의 사람이 아니라

행 16:7 : 무시아 앞에 이르러 비두니아로 가고자 애쓰되 예수의 영이 허락하지 아니하시는지라

갈 4:6 : 너희가 아들이므로 하나님이 그 아들의 영을 우리 마음 가운데 보내사 아빠 아버지라 부르게 하셨느니라

(2) 성령 하나님의 사역적 명칭들

① 진리의 영, 성결의 영

요 14:17 : 그는 진리의 영이라 세상은 능히 그를 받지 못하나니 이는 그를 보지도 못하고 알지도 못함이라 그러나 너희는 그를 아나니 그는 너희와 함께 거하심이요

롬 1:8 : 성결의 영으로는 죽은 자들 가운데서 부활하사 능력으로 하나님의 아들로 선포되셨으니 곧 우리 주 예수 그리스도시니라

② 생명의 성령, 은혜의 성령

롬 8:2 : 이는 그리스도 예수 안에 있는 생명의 성령의 법이 죄와 사망의 법에서 너를 해방하였음이라

히 10:29 : 하물며 하나님의 아들을 짓밟고 자기를 거룩하게 한 언약의 피를 부정한 것으로 여기고 은혜의 성령을 욕되게 하는 자가 당연히 받을 형벌은 얼마나 더 무겁겠느냐

③ 보혜사

요 15:26 : 내가 아버지께로부터 너희에게 보낼 보혜사 곧 아버지께로부터 나오시는 진리의 성령이 오실 때에 그가 나를 증언하실 것이요

3. 성령 하나님에 대한 여러 가지 표현들

① 비둘기

요 1:32 : 요한이 또 증언하여 이르되 내가 보매 성령이 비둘기 같이 하늘로부터 내려와서 그의 위에 머물렀더라

② 물

요 7:38-39 : 나를 믿는 자는 성경에 이름과 같이 그 배에서 생수의 강이 흘러나오리라 하시니 이는 그를 믿는 자들이 받을 성령을 가리켜

말씀하신 것이라

③ 불

행 1:32 : 마치 불의 혀처럼 갈라지는 것들이 그들에게 보여 각사람 위에 하나씩 임하여 있더니

④ 바람

행 2:1-2 : 오순절 날이 이미 이르매 그들이 다같이 한 곳에 모였더니 홀연히 하늘로부터 급하고 강한 바람 같은 소리가 있어 그들이 앉은 온 집에 가득하며

⑤ 호흡(숨)

요 20:22 : 이 말씀을 하시고 그들을 향하사 숨을 내쉬며 이르시되 성령을 받으라

⑥ 기름

눅 4:18 : 주의 성령이 내게 임하셨으니 이는 가난한 자에게 복음을 전하게 하시려고 내게 기름을 부으시고 나를 보내사 포로 된 자에게 자유를, 눈 먼 자에게 다시 보게 함을 전파하며

⑦ 보증, 인침

엡 1:13-14 : 그 안에서 너희도 진리의 말씀 곧 너희의 구원의 복음을 듣고 그 안에서 또한 믿어 약속의 성령으로 인치심을 받았으니 이는 우리 기업의 보증이 되사 그 얻으신 것을 속량하시고 그의 영광을 찬송하게 하려 하심이라

고후 1:22 : 그가 또한 우리에게 인치시고 보증으로 우리 마음에 성령을 주셨느니라

4. 성령 하나님의 여러 가지 사역들[4)]

① 천지창조(Creation): 창조사역에 동참하심
  창 1:2 : 땅이 혼돈하고 공허하며 흑암이 깊음 위에 있고 하나님의 영은 수면 위에 운행하시니라
  시 33:6 : 여호와의 말씀으로 하늘이 지음이 되었으며 그 만상을 그의 입 기운으로 이루었도다

② 성육신(Incarnation): 성자 하나님을 잉태케 하심
  마 1:20 : 이 일을 생각할 때에 주의 사자가 현몽하여 이르되 다윗의 자손 요셉아 네 아내 마리아 데려오기를 무서워하지 말라 그에게 잉태된 자는 성령으로 된 것이라

③ 성경의 영감(Inspiration): 성경의 인간저자들을 영감시키심
  벧후 1:21 : 예언은 언제든지 사람의 뜻으로 낸 것이 아니요 오직 성령의 감동하심을 받은 사람들이 하나님께 받아 말한 것임이라
  딤후 3:16-17 : 모든 성경은 하나님의 감동으로 된 것으로 교훈과 책망과 바르게 함과 의로 교육하기에 유익하니 이는 하나님의 사람으로 온전하게 하며 모든 선한 일을 행할 능력을 갖추게 하려 함이라

④ 구원을 이루심: 성부께서 택한 자들에게 성자께서 이루신 구원의 은혜를 적용하심
  요 14:26 : 보혜사 곧 아버지께서 내 이름으로 보내실 성령 그가 너희에게 모든 것을 가르치고 내가 너희에게 말한 모든 것을 생각나게 하리라
  요 3:3-5 : 예수께서 대답하여 이르시되 진실로 진실로 네게 이르노니 사람이 거듭나지 아니하면 하나님의 나라를 볼 수 없느니라 … 사람이 물과 성령으로 나지 아니하면 하나님의 나라에 들어갈 수 없느니라

딛 3:5-7 : 우리를 구원하시되 우리가 행한 바 의로운 행위로 말미암지 아니하고 오직 그의 긍휼하심을 따라 중생의 씻음과 성령의 새롭게 하심으로 하셨나니 우리 구주 예수 그리스도로 말미암아 우리에게 그 성령을 풍성히 부어 주사 우리로 그의 은혜를 힘입어 의롭다 하심을 얻어 영생의 소망을 따라 상속자가 되게 하려 하심이라

살후 2:13 : 주께서 사랑하시는 형제들아 우리가 항상 너희에 관하여 마땅히 하나님께 감사할 것은 하나님이 처음부터 너희를 택하사 성령의 거룩하게 하심과 진리를 믿음으로 구원을 받게 하심이니

⑤ 교회를 세우시고 보호하심

행 20:28 : 여러분은 자기를 위하여 또는 온 양 떼를 위하여 삼가라 성령이 그들 가운데 여러분을 감독자로 삼고 하나님이 자기 피로 사신 교회를 보살피게 하셨느니라

엡 2:22 : 너희도 성령 안에서 하나님이 거하실 처소가 되기 위하여 그리스도 예수 안에서 함께 지어져 가느니라

⑥ 증거의 사역: 전도와 선교의 사역을 감당하게 하심

요 16:13-15 : 그러나 진리의 성령이 오시면 그가 너희를 모든 진리 가운데로 인도하시리니 그가 스스로 말하지 않고 오직 들은 것을 말하며 장래 일을 너희에게 알리시리라 그가 내 영광을 나타내리니 내 것을 가지고 너희에게 알리시겠음이라 … 그러므로 내가 말하기를 그가 내 것을 가지고 너희에게 알리시리라 하였노라

행 1:8 : 오직 성령이 너희에게 임하시면 너희가 권능을 받고 예루살렘과 온 유대와 사마리아와 땅 끝까지 이르러 내 증인이 되리라 하시니라

5. 성령 하나님께서 주시는 은사와 그 열매

(1) 성령 하나님께서 주시는 은사

성령의 은사는 믿는 자에게 값없이 주어지는 하나님의 주권적인 은혜의 선물이며, 아주 다양한 모습으로 나타난다. 또한 그러한 은사를 주시는 목적은 궁극적으로는 성도로 하여금 하나님을 영화롭게 하는 삶을 살 수 있도록 온전하게 하고, 섬김과 봉사의 일을 하게 하는 것이다. 구체적으로는 하나님의 말씀을 통하여 신자들의 믿음을 굳건히 하고, 말씀을 행하여 살게 하며, 또한 그 말씀을 효과적으로 증거하고 가르치게 하며, 교회 안에서 이루어지는 모든 사역들을 통하여 하나님과 주님의 몸된 교회, 그리고 이웃을 잘 섬기며, 봉사의 일을 하게 함으로써 하나님의 나라를 세워가게 하기 위함이다. 그러나 우리에게 주시는 다양한 은사들은 한 성령으로 말미암은 것이기 때문에 서로 동격이다. 따라서 모든 은사는 결코 서로 간의 우열과 경쟁의 관계에 있지 않고, 오직 협력하여 서로를 세우는 상호간의 사랑의 사귐과 섬김의 관계로 존재해야만 한다.

> **고전 12:4-11** : 은사는 여러 가지나 성령은 같고 직분은 여러 가지나 주는 같으며 또 사역은 여러 가지나 모든 것을 모든 사람 가운데서 이루시는 하나님은 같으니 각 사람에게 성령을 나타내심은 유익하게 하려 하심이라 어떤 사람에게는 성령으로 말미암아 지혜의 말씀을 … 이 모든 일은 같은 한 성령이 행하사 그의 뜻대로 각 사람에게 나누어 주시는 것이니라
>
> **롬 12:6-8** : 우리에게 주신 은혜대로 받은 은사가 각각 다르니 혹 예언이면 믿음의 분수대로 … 긍휼을 베푸는 자는 즐거움으로 할 것이니라
>
> **엡 4:11-12** : 그가 어떤 사람은 사도로, 어떤 사람은 선지자로, 어떤 사람은

복음 전하는 자로, 어떤 사람은 목사와 교사로 삼으셨으니 이는 성도를 온전하게 하여 봉사의 일을 하게 하며 그리스도의 몸을 세우려 하심이라

(2) 성령의 열매

성령의 열매는 성도들이 자신에게 주어진 성령의 은사를 행함과 더불어 성령의 충만한 삶을 통하여 나타나는 신앙적인 인격의 풍성한 열매요 그 결과들이다. 모든 성령의 은사를 행함에 있어 항상 이러한 성령의 열매들이 동반되어야 한다.[5] 즉, 성령의 열매가 없는 성령의 은사는 있을 수 없다고 말할 수 있다. 그러므로 이러한 성령의 열매들을 통하여 우리는 참된 영을 분별할 수 있다.

갈 5:22 : 오직 성령의 열매는 사랑과 희락과 화평과 오래 참음과 자비와 양선과 충성과 온유와 절제니 이같은 것을 금지할 법이 없느니라

엡 4:1-4 : 너희가 부르심을 받은 일에 합당하게 행하여 모든 겸손과 온유로 하고 … 평안의 매는 줄로 성령이 하나 되게 하신 것을 힘써 지키라 몸이 하나요 성령도 한 분이시니 이와 같이 너희가 부르심의 한 소망 안에서 부르심을 받았느니라

고전 13:1-3 : 내가 사람의 방언과 천사의 말을 할지라도 사랑이 없으면 소리 나는 구리와 울리는 꽹과리가 되고 내가 예언하는 능력이 있어 모든 비밀과 모든 지식을 알고 … 사랑이 없으면 내가 아무 것도 아니요 내가 내게 있는 모든 것으로 구제하고 또 내 몸을 불사르게 내줄지라도 사랑이 없으면 내게 아무 유익이 없느니라

마 7:16-20 : 그들의 열매로 그들을 알지니 가시나무에서 포도를, 또는 엉겅퀴에서 무화과를 따겠느냐 이와 같이 좋은 나무마다 아름다운 열매를 맺고 못된 나무가 나쁜 열매를 맺나니 … 이러므로 그들의 열매로 그들을 알리라

II. 구원의 본질과 구원의 서정

1. 성경적인 구원의 개념

구원이란 무엇인가?[20] 구원이란 전적으로 타락하여 죄와 죽음의 종노릇 하는 인간을 죄와 죽음의 속박으로부터 자유케 하여 그에게 참된 영원한 생명을 주시는 삼위일체 하나님의 주권적이며 경륜적인 사역이다. 즉, 구원이란 오직 하나님께서 성령을 통하여 주시는 은혜의 선물인 믿음으로 말미암아 그의 택하신 자들을 예수 그리스도와 연합하게 하심으로 죄와 그로 말미암은 죄책과 모든 결과들로부터 구속하시는 것, 곧 죄를 용서하시고 의롭다 하시며, 거룩하게 하시고, 또한 영화롭게 하심으로써 영원한 생명을 주시는 것이다.

> 마 1:21 : 아들을 낳으리니 이름을 예수라 하라 이는 그가 자기 백성을 그들의 죄에서 구원할 자이심이라 하니라
>
> 롬 8:1-2 : 그러므로 이제 그리스도 예수 안에 있는 자에게는 결코 정죄함이 없나니 이는 그리스도 예수 안에 있는 생명의 성령의 법이 죄와 사망의 법에서 너를 해방하였음이라
>
> 엡 2:8-9 : 너희는 그 은혜에 의하여 믿음으로 말미암아 구원을 받았으니 이것은 너희에게서 난 것이 아니요 하나님의 선물이라 행위에서 난 것이 아니니 이는 누구든지 자랑하지 못하게 함이라
>
> 롬 5:15-21 : 곧 한 사람의 범죄를 인하여 많은 사람이 죽었은즉 더욱 하나님의 은혜와 또한 한 사람 예수 그리스도의 은혜로 말미암은 선물은 많은 사람에게 넘쳤느니라 … 한 사람의 범죄로 말미암아 사망이 그 한 사람을 통하여 왕 노릇 하였은즉 더욱 은혜와 의의 선물을 넘치게 받는 자들은 한 분 예수 그리스도를 통하여 생명 안에서

왕 노릇 하리로다 … 이는 죄가 사망 안에서 왕 노릇 한 것 같이 은혜도 또한 의로 말미암아 왕 노릇 하여 우리 주 예수 그리스도로 말미암아 영생에 이르게 하려 함이라

2. 구원에 있어 삼위일체 하나님의 사역 [7]

(1) 성부 하나님: 계획 → 예정과 선택

엡 1:3-5 : 찬송하리로다 하나님 곧 우리 주 예수 그리스도의 아버지께서 … 곧 창세 전에 그리스도 안에서 우리를 택하사 우리로 사랑 안에서 그 앞에 거룩하고 흠이 없게 하시려고 그 기쁘신 뜻대로 우리를 예정하사 예수 그리스도로 말미암아 자기의 아들들이 되게 하셨으니

벧전 1:3-5 : 우리 주 예수 그리스도의 아버지 하나님을 찬송하리로다 그의 많으신 긍휼대로 예수 그리스도를 죽은 자 가운데서 부활하게 하심으로 말미암아 우리를 거듭나게 하사 산 소망이 있게 하시며 썩지 않고 더럽지 않고 쇠하지 아니하는 유업을 잇게 하시나니 곧 너희를 위하여 하늘에 간직하신 것이라

(2) 성자 하나님: 성취 → 십자가의 죽으심과 부활

행 4:12 : 다른 이로써는 구원을 받을 수 없나니 천하 사람 중에 구원을 받을 만한 다른 이름을 우리에게 주신 일이 없음이라 하였더라

엡 1:7 : 우리는 그리스도 안에서 그의 은혜의 풍성함을 따라 그의 피로 말미암아 속량 곧 죄 사함을 받았느니라

롬 10:9-10 : 네가 만일 네 입으로 예수를 주로 시인하며 또 하나님께서 그를 죽은 자 가운데서 살리신 것을 네 마음에 믿으면 구원을 받으리라 사람이 마음으로 믿어 의에 이르고 입으로 시인하여 구원에 이르느니라

(3) 성령 하나님: 적용 → 구원을 적용하여 완성하심

고전 12:3 : 하나님의 영으로 말하는 자는 누구든지 예수를 저주할 자라 하지 아니하고 또 성령으로 아니하고는 누구든지 예수를 주시라 할 수 없느니라

요 3:3-5 : 예수께서 대답하여 이르시되 진실로 진실로 네게 이르노니 사람이 거듭나지 아니하면 하나님의 나라를 볼 수 없느니라 … 사람이 물과 성령으로 나지 아니하면 하나님의 나라에 들어갈 수 없느니라

딛 3:5-7 : 우리를 구원하시되 우리가 행한 바 의로운 행위로 말미암지 아니하고 오직 그의 긍휼하심을 따라 중생의 씻음과 성령의 새롭게 하심으로 하셨나니 우리 구주 예수 그리스도로 말미암아 우리에게 그 성령을 풍성히 부어 주사 우리로 그의 은혜를 힘입어 의롭다 하심을 얻어 영생의 소망을 따라 상속자가 되게 하려 하심이라

3. 그리스도와의 연합(the Union with Christ)[8]

구원의 본질은 성부께서 택하신 언약 백성들에게 성령께서 참된 믿음을 주심으로 생명의 주님이신 예수 그리스도와 연합(unio cum Christo)하게 함으로써 그의 자녀 삼아 주시고, 또한 영생을 누리게 하시는 것이다.[9] 즉, 구원이란 성부께서 택하신 자들을 성령께서 부르시어 믿음을 주심으로 예수 그리스도에게 접붙여 하나되게(연합) 하심으로써 예수께서 우리를 위하여 이루신 구원의 모든 유익을 누리게 하는 것이다.[10] 따라서 존 칼빈(John Calvin)은 말하기를, 성령은 우리를 그리스도에게 연합시키는 '띠'(vinculum)라고 하며, 이것이 우리의 구원을 위한 성령의 본질적인 사역이라고 했다. 또한 칭의(Justification)와 성화(Sanctification)는 그리스도와의 연합의 결과로서 우리에게 동시적으로 주어지는 하나님의 '이중은혜'(duplex gratia)라고 했다.

그러므로 그리스도와의 연합 교리는 구원론의 핵심이며, '구원의 서정'(Ordo Salutis)에서 나타나는 다양한 국면들은 그리스도와 하나됨의 결과로서 주어지는 은혜의 다양한 측면을 일련의 논리적 과정으로 설명한 것이라 할 수 있다.

- 요 15:4-5 : 내 안에 거하라 나도 너희 안에 거하리라 가지가 포도나무에 붙어 있지 아니하면 스스로 열매를 맺을 수 없음 같이 너희도 내 안에 있지 아니하면 그러하리라 나는 포도나무요 너희는 가지라 그가 내 안에, 내가 그 안에 거하면 사람이 열매를 많이 맺나니 나를 떠나서는 너희가 아무 것도 할 수 없음이라
- 롬 6:3, 5 : 무릇 그리스도 예수와 합하여 세례를 받은 우리는 그의 죽으심과 합하여 세례를 받은 줄을 알지 못하느냐 … 만일 우리가 그의 죽으심과 같은 모양으로 연합한 자가 되었으면 또한 그의 부활과 같은 모양으로 연합한 자도 되리라
- 요일 5:11-12 : 하나님이 우리에게 영생을 주신 것과 이 생명이 그의 아들 안에 있는 그것이니라 아들이 있는 자에게는 생명이 있고 하나님의 아들이 없는 자에게는 생명이 없느니라
- 요일 1:3 : 우리의 사귐은 아버지와 그의 아들 예수 그리스도와 더불어 누림이라

4. 구원의 서정(Ordo Salutis)

'구원의 서정'이란 성령께서 믿음으로 우리를 예수 그리스도에게 연합하게 하시고, 그로 말미암아 그리스도의 구원의 은덕들을 각 개인에게 적용하심으로써 누리게 하시는 구원의 다양한 국면들을 일련의 전체적인 과정 혹은 순서에 따라 조직화하여 말하는 것이다.[11] 그러나 이것은 시간적

인 순서나 과정이 아니라 일련의 논리적인 순서를 말한다. 이러한 구원의 서정과 관련된 순서에 대하여는 학자들 간에 다양한 견해들이 있기 때문에, 우리는 단순히 그것을 그리스도와 연합함으로써 누리게 되는 구원의 은혜에 대한 다양한 측면들로 이해하는 것이 좋겠다. 〈웨스트민스터 소교리문답〉에서 제시하는 구원의 서정의 순서는 일반적으로 다음과 같이 정리할 수 있다.

① 소명(Calling): 부르심
② 중생(Regeneration): 거듭남
③ 신앙(Faith): 참된 믿음
④ 회심(Conversion): 회개(돌이킴)
⑤ 칭의(Justification): 의롭다 하심
⑥ 양자(Adoption): 자녀 삼으심
⑦ 성화(Sanctification): 거룩하게 하심
⑧ 성도의 견인(Perseverance of the Saints): 끝까지 성도들을 지키고 보존하심
⑨ 영화(Glorification): 영화롭게 하심

우리 구주 하나님의 자비와 사람 사랑하심이 나타날 때에

우리를 구원하시되

우리가 행한 바 의로운 행위로 말미암지 아니하고

오직 그의 긍휼하심을 따라

중생의 씻음과 성령의 새롭게 하심으로 하셨나니

우리 구주 예수 그리스도로 말미암아

우리에게 그 성령을 풍성히 부어 주사

우리로 그의 은혜를 힘입어 의롭다 하심을 얻어

영생의 소망을 따라 상속자가 되게 하려 하심이라

(딛 3:4-7)

제 17 과
부르심과 중생

제31문 : 효과있는 부르심이란 무엇입니까?

답 : 효과있는 부르심이란 하나님의 영의 사역인 바, 우리의 죄와 비참을 확실히 알게 하시고, 그리스도에 대한 지식으로 우리의 마음을 밝게 하시며, 우리의 뜻을 새롭게 하십니다. 그는 복음 안에서 우리에게 값없이 주신 예수 그리스도를 받아들이도록 우리를 설복하시며 또한 그렇게 할 힘을 주십니다.

딤후 1:8-9; 엡 1:18-20; 2:5; 행 2:37; 26:18; 겔 11:19; 36:26-27; 요 6:44-45; 살후 2:13; 빌 2:13

제32문 : 효과있는 부르심을 받은 자들이 이 세상에서 누리는 혜택이 무엇입니까?

답 : 효과있는 부르심을 받은 자들은 이 세상에서 의롭다 하심과 양자로 삼으심과 거룩하게 하심과 그리고 이 세상에서 이것들을 곁따르거나 또는 이것들로부터 나오는 여러 가지 혜택을 누립니다.

롬 8:30; 엡 1:5; 고전 1:30

I. 소명 - 유효적인 부르심(Effectual Calling)

1. 소명의 정의와 구분

(1) 소명의 정의

성령께서 그리스도의 구원의 은혜를 우리에게 구체적으로 적용시킴으로 구원을 이루시는 첫 번째 국면을 일반적으로 '소명'(召命) 또는 '부르심'(Calling)이라고 하는데, 이것은 "그리스도의 십자가의 죽으심과 부활로 말미암아 준비된 구원의 은혜를 믿음을 통하여 받으라고 사람들을 초청하는 하나님의 은혜로운 행위"를 말한다.[1]

> 행 4:12 : 다른 이로써는 구원을 받을 수 없나니 천하 사람 중에 구원을 받을 만한 다른 이름을 우리에게 주신 일이 없음이라 하였더라
>
> 엡 1:7 : 우리는 그리스도 안에서 그의 은혜의 풍성함을 따라 그의 피로 말미암아 속량 곧 죄 사함을 받았느니라
>
> 롬 1:16 : 내가 복음을 부끄러워하지 아니하노니 이 복음은 모든 믿는 자에게 구원을 주시는 하나님의 능력이 됨이라
>
> 롬 10:9-10 : 네가 만일 네 입으로 예수를 주로 시인하며 또 하나님께서 그를 죽은 자 가운데서 살리신 것을 네 마음에 믿으면 구원을 받으리라 사람이 마음으로 믿어 의에 이르고 입으로 시인하여 구원에 이르느니라
>
> 롬 10:13-15 : 누구든지 주의 이름을 부르는 자는 구원을 받으리라 그런즉 그들이 믿지 아니하는 이를 어찌 부르리요 듣지도 못한 이를 어찌 믿으리요 전파하는 자가 없이 어찌 들으리요 보내심을 받지 아니하였으면 어찌 전파하리요 기록된 바 아름답도다 좋은 소식을 전하는 자들의 발이여 함과 같으니라

마 28:19-20 : 그러므로 너희는 가서 모든 민족을 제자로 삼아 아버지와 아들과 성령의 이름으로 세례를 베풀고 내가 너희에게 분부한 모든 것을 가르쳐 지키게 하라 볼지어다 내가 세상 끝날까지 너희와 항상 함께 있으리라 하시니라

(2) 소명의 구분

하나님께서는 일반적으로 말씀의 선포, 즉 복음의 선포를 통하여 죄인들을 구원의 길로 이끄신다. 이러한 말씀의 선포를 통한 부르심은 ① 외적소명(보편소명, Universal Calling)과 ② 내적소명(특별소명 – Special Calling / 유효적 소명 – Effectual Calling)으로 구별한다. 그러나 이러한 구별은 부르심의 형식에 따른 것이 아니라 부르심에 따르는 결과에 의한 구별이다. 즉, 복음을 전하는 형식에 있어서는 외적소명과 내적소명에 차이가 있는 것이 아니다. 오히려 성령의 역사에 의한 내적소명은 외적소명에 뒤따르는 것이라고 할 수 있다.

고전 1:21 : 하나님의 지혜에 있어서는 이 세상이 자기 지혜로 하나님을 알지 못하므로 하나님께서 전도의 미련한 것으로 믿는 자들을 구원하시기를 기뻐하셨도다

막 16:15 : 너희는 온 천하에 다니며 만민에게 복음을 전파하라

롬 10:8-13 : 그러면 무엇을 말하느냐 말씀이 네게 가까워 네 입에 있으며 네 마음에 있다 하였으니 곧 우리가 전파하는 믿음의 말씀이라 네가 만일 네 입으로 예수를 주로 시인하며 또 하나님께서 그를 죽은 자 가운데서 살리신 것을 네 마음에 믿으면 구원을 받으리라 사람이 마음으로 믿어 의에 이르고 입으로 시인하여 구원에 이르느니라 … 누구든지 주의 이름을 부르는 자는 구원을 받으리라

롬 10:16-17 : 그러나 그들이 다 복음을 순종하지 아니하였도다 이사야가 이르되 주여 우리가 전한 것을 누가 믿었나이까 하였으니 그러므로 믿음은 들음에서 나며 들음은 그리스도의 말씀으로 말미암았느니라

2. 외적소명(보편적 소명 - Universal Calling)

(1) 외적소명의 정의

외적소명은 죄인들에게 예수 그리스도 안에 있는 복음의 진리를 믿음으로써 죄사함과 영생을 얻으라고 복음을 전하며 열렬히 권면하는 것, 곧 복음전도와 선교행위를 말한다.[2] 이것을 '외적소명'이라고 부르는 것은 전도의 행위로 외적으로 복음을 권면하는 행위이기 때문이요, '보편적 소명'이라고 하는 것은 모든 사람 누구에게나 보편적으로 주어지는 복음의 초청이기 때문이다.

> 막 16:15-16 : 너희는 온 천하에 다니며 만민에게 복음을 전파하라 믿고 세례를 받는 사람은 구원을 얻을 것이요 믿지 않는 사람은 정죄를 받으리라
>
> 행 1:80 : 오직 성령이 너희에게 임하시면 너희가 권능을 받고 예루살렘과 온 유대와 사마리아와 땅 끝까지 이르러 내 증인이 되리라 하시니라

(2) 외적소명의 구성요소
① 복음의 분명한 제시

가장 먼저, 예수 그리스도 안에 있는 구원의 방법과 복음의 진리가 분명하게 제시되어야 한다.

> 요 3:16-17 : 하나님이 세상을 이처럼 사랑하사 독생자를 주셨으니 이는 그를 믿는 자마다 멸망하지 않고 영생을 얻게 하려 하심이라 하나님이 그 아들을 세상에 보내신 것은 세상을 심판하려 하심이 아니요 그로 말미암아 세상이 구원을 받게 하려 하심이라

② 참된 회개와 신앙의 촉구

복음의 진리와 더불어 죄에 대한 회개와 예수 그리스도를 믿으라는 신앙에로의 진지한 초청이 있어야 한다.

> **행 17:30-31** : 알지 못하던 시대에는 하나님이 간과하셨거니와 이제는 어디든지 사람에게 다 명하사 회개하라 하셨으니 이는 정하신 사람으로 하여금 천하를 공의로 심판할 날을 작정하시고 이에 그를 죽은 자 가운데서 다시 살리신 것으로 모든 사람에게 믿을 만한 증거를 주셨음이니라 하니라
>
> **행 16:31** : 이르되 주 예수를 믿으라 그리하면 너와 네 집이 구원을 받으리라

③ 죄용서와 영생에 이르는 구원의 약속과 심판의 경고

예수 그리스도를 믿음으로 얻는 죄용서와 영생의 약속이 분명하게 제시되어야 할뿐만 아니라, 동시에 믿지 아니하는 자에게 주어질 무서운 최후 심판과 형벌에 대한 분명한 경고도 주어져야 한다.

> **요 3:36** : 아들을 믿는 자에게는 영생이 있고 아들에게 순종하지 아니하는 자는 영생을 보지 못하고 도리어 하나님의 진노가 그 위에 머물러 있느니라
>
> **고후 5:18-20** : 모든 것이 하나님께로서 났으며 그가 그리스도로 말미암아 우리를 자기와 화목하게 하시고 또 우리에게 화목하게 하는 직분을 주셨으니 곧 하나님께서 그리스도 안에 계시사 세상을 자기와 화목하게 하시며 그들의 죄를 그들에게 돌리지 아니하시고 화목하게 하는 말씀을 우리에게 부탁하셨느니라 그러므로 우리가 그리스도를 대신하여 사신이 되어 하나님이 우리를 통하여 너희를 권면하시는 것 같이 그리스도를 대신하여 간청하노니 너희는 하나님과 화목하라

(3) 외적소명의 특징

① 외적소명은 세상 모든 사람들에게 일반적이며 보편적으로 주어지는 복음의 초청이다.

> 마 11:28 : 수고하고 무거운 짐 진 자들아 다 내게로 오라 내가 너희를 쉬게 하리라

② 복음을 전하는 전도는 사람들을 신앙으로 인도하는 하나님께서 정하신 방법이다.

> 고전 1:21 : 하나님의 지혜에 있어서는 이 세상이 자기 지혜로 하나님을 알지 못하므로 하나님께서 전도의 미련한 것으로 믿는 자들을 구원하시기를 기뻐하셨도다
> 롬 10:17 : 그러므로 믿음은 들음에서 나며 들음은 그리스도의 말씀으로 말미암았느니라

③ 비록 모든 사람이 이러한 외적 소명에 응답하는 것은 아니지만, 이러한 부르심은 결과적으로 회개하지 않고 복음을 받아들이지 않는 자들로 하여금 핑계하거나 변명하지 못하게 한다.[3]

> 마 22:14 : 청함을 받은 자는 많되 택함을 입은 자는 적으니라
> 고전 2:14 : 육에 속한 사람은 하나님의 성령의 일을 받지 아니하나니 저희에게는 미련하게 보임이요 또 깨닫지도 못하나니 이런 일은 영적으로라야 분별함이니라
> 마 10:14 : 누구든지 너희를 영접하지도 아니하고 너희 말을 듣지도 아니하거든 그 집이나 성에서 나가 너희 발의 먼지를 떨어 버리라

3. 내적소명(유효적 소명 - Effectual Calling)

(1) 내적소명의 정의

내적소명, 곧 '유효적 부르심'[4]이란 누구에게나 동일하게 제시되고 선포된 외적소명에 "거듭나게 하시는 성령의 사역이 동반된 것"으로서,[5] 우리의 죄와 비참함을 확실히 깨달아 알게 할 뿐만 아니라, 또한 예수 그리스도에 대한 참된 지식으로 우리의 마음을 밝게 하시고, 복음 안에서 우리에게 값없이 은혜의 선물로 주신 예수 그리스도를 영접하도록 우리를 설복하시어 마침내 참된 믿음에 이르게 하는 것이다.[6]

> **롬 8:28-30** : 우리가 알거니와 하나님을 사랑하는 자 곧 그 뜻대로 부르심을 입은 자들에게는 모든 것이 합력하여 선을 이루느니라 하나님이 미리 아신 자들로 또한 그 아들의 형상을 본받게 하기 위하여 미리 정하셨으니 이는 그로 많은 형제 중에서 맏아들이 되게 하려 하심이니라 또 미리 정하신 그들을 또한 부르시고 부르신 그들을 또한 의롭다 하시고 의롭다 하신 그들을 또한 영화롭게 하셨느니라
>
> **행 2:37-38** : 그들이 이 말을 듣고 마음에 찔려 베드로와 다른 사도들에게 물어 이르되 형제들아 우리가 어찌할꼬 하거늘 베드로가 이르되 너희가 회개하여 각각 예수 그리스도의 이름으로 세례를 받고 죄 사함을 받으라
>
> **행 16:29-32** : 간수가 등불을 달라고 하며 뛰어 들어가 무서워 떨며 바울과 실라 앞에 엎드리고 그들을 데리고 나가 이르되 선생들이여 내가 어떻게 하여야 구원을 받으리이까 하거늘 이르되 주 예수를 믿으라 그리하면 너와 네 집이 구원을 받으리라 하고 주의 말씀을 그 사람과 그 집에 있는 모든 사람에게 전하더라

(2) 내적소명의 특징

① 택함을 입은 자들은 내적 소명을 받음으로, 즉 성령의 특별한 사역으로 말미암아 반드시 신앙으로 예수 그리스도를 영접하고 하나님 앞으로 나아오게 된다.

계 22:17 : 성령과 신부가 말씀하시기를 오라 하시는도다 듣는 자도 오라 할 것이요 목마른 자도 올 것이요 또 원하는 자는 값없이 생명수를 받으라 하시더라

고전 1:9 : 너희를 불러 그의 아들 예수 그리스도 우리 주와 더불어 교제하게 하시는 하나님은 미쁘시도다

② 내적소명은 거룩한 하늘의 부르심이며, 이러한 하나님의 부르심은 영원토록 불변한다.

빌 3:14 : 푯대를 향하여 그리스도 예수 안에서 하나님이 위에서 부르신 부름의 상을 위하여 달려가노라

히 3:1 : 그러므로 함께 하늘의 부르심을 입은 거룩한 형제들아 우리의 믿는 도리의 사도시며 대제사장이신 예수를 깊이 생각하라

롬 11:29 : 하나님의 은사와 부르심에는 후회하심이 없느니라

③ 내적소명, 즉 구원에 이르는 하나님의 부르심은 영원한 계획, 즉 예정에 따른 것이며 이것은 예수 그리스도 안에서 오직 은혜로 우리에게 주어지는 것이다.

딤후 1:9 : 하나님이 우리를 구원하사 거룩하신 부르심으로 부르심은 우리의 행위대로 하심이 아니요 오직 자기 뜻과 영원한 때 전부터 그리스도 예수 안에서 우리에게 주신 은혜대로 하심이라

II. 중생 - 거듭남(Regeneration)

1. 성경적인 중생의 개념

중생(거듭남)이란 무엇인가?[7] 중생이란 전적으로 타락하여 죄와 허물로 죽었던 우리의 영적인 생명을 예수 그리스도 안에서 다시 살리시는 성령의 역사를 말하는 것으로서, 성경은 이것을 말씀과 성령으로 말미암아 예수 그리스도 안에서 '새롭게 됨', '다시 태어남', '말씀으로 거듭남', '새로운 창조' 등의 여러 가지 표현으로 말하고 있다.

(1) '새롭게 됨' : 영적, 도덕적 변화

딛 3:5 : 우리를 구원하시되 우리의 행한바 의로운 행위로 말미암지 아니하고 오직 그의 긍휼하심을 따라 중생의 씻음과 성령의 새롭게 하심으로 하셨나니

(2) '거듭남' : 다시태어 남(regeneration, to be born again)

요 3:3 : 예수께서 대답하여 이르시되 진실로 진실로 네게 이르노니 사람이 거듭나지 아니하면 하나님의 나라를 볼 수 없느니라

(3) '말씀으로 낳으심'

약 1:18 : 그가 그 피조물 중에 우리로 한 첫 열매가 되게 하시려고 자기의

뜻을 따라 진리의 말씀으로 우리를 낳으셨느니라

벧전 1:23 : 너희가 거듭난 것은 썩어질 씨로 된 것이 아니요 썩지 아니할 씨로 된 것이니 살아 있고 항상 있는 하나님의 말씀으로 되었느니라

(4) '새로운 창조': 새로운 피조물(a new creation)

고후 5:17 : 그런즉 누구든지 그리스도 안에 있으면 새로운 피조물이라 이전 것은 지나갔으니 보라 새것이 되었도다

(5) '죽었던 영적인 생명을 다시 살리심'

엡 2:5 : 허물로 죽은 우리를 그리스도와 함께 살리셨고 (너희가 은혜로 구원을 받은 것이라)

2. 중생의 특징

① 중생은 죄와 허물로 죽은 영적 생명을 다시 살리시는 하나님의 창조적 사역이며, 이것은 범죄하여 타락한 인간에게 전인적인 변화를 가져오게 한다.

요일 3:9 : 하나님께로부터 난 자마다 죄를 짓지 아니하나니 이는 하나님의 씨가 그의 속에 거함이요 그도 범죄하지 못하는 것은 하나님께로부터 났음이라

엡 4:22-24 : 너희는 유혹의 욕심을 따라 썩어져 가는 구습을 따르는 옛 사람을 벗어 버리고 오직 너희의 심령이 새롭게 되어 하나님을 따라 의와 진리의 거룩함으로 지으심을 받은 새 사람을 입으라

② 중생은 병에 걸렸던 사람이 회복되는 것과 같은 점진적이며 발전적인 개념이 아니라 어느 순간에 즉각적으로 이루어지는 근본적인 변화, 곧 출생의 개념이다. 그러므로 이것을 성령으로 거듭남이라고 한다.

고후 5:17 : 그런즉 누구든지 그리스도 안에 있으면 새로운 피조물이라 이전 것은 지나갔으니 보라 새 것이 되었도다

③ 중생은 대체로 우리가 의식하지 못하게 성령의 역사하심에 의해 초자연적으로 이루어진다. 중생의 순간은 우리가 결코 알 수 없다.

요 3:7-8 : 내가 네게 거듭나야 하겠다 하는 말을 놀랍게 여기지 말라 바람이 임의로 불매 네가 그 소리는 들어도 어디서 와서 어디로 가는지 알지 못하나니 성령으로 난 사람은 다 그러하니라

④ 중생은 인간의 의지나 행동이나, 어떤 인간적인 공로에 의한 것이 아니라 하나님의 주권적인 은혜의 역사로 말미암은 것이다.[8]

요 1:13 : 이는 혈통으로나 육정으로나 사람의 뜻으로 나지 아니하고 오직 하나님께로부터 난 자들이니라
엡 2:8-10 : 너희는 그 은혜에 의하여 믿음으로 말미암아 구원을 받았으니 이것은 너희에게서 난 것이 아니요 하나님의 선물이라 행위에서 난 것이 아니니 이는 누구든지 자랑하지 못하게 함이라 우리는 그가 만드신 바라 그리스도 예수 안에서 선한 일을 위하여 지으심을 받은 자니 이 일은 하나님이 전에 예비하사 우리로 그 가운데서 행하게 하려 하심이니라
딛 3:4-7 : 우리 구주 하나님의 자비와 사람 사랑하심이 나타날 때에 우리

를 구원하시되 우리가 행한 바 의로운 행위로 말미암지 아니하고 오직 그의 긍휼하심을 따라 중생의 씻음과 성령의 새롭게 하심으로 하셨나니 우리 구주 예수 그리스도로 말미암아 우리에게 그 성령을 풍성히 부어 주사 우리로 그의 은혜를 힘입어 의롭다 하심을 얻어 영생의 소망을 따라 상속자가 되게 하려 하심이라

⑤ 중생의 은혜는 인간이 자신의 의지로 거부하거나 취소할 수 있는 것이 아니며, 오직 무조건적이며 불가항력적인 하나님의 은혜에 따라 성령의 주권적인 역사에 의해 이루어지는 것이다.

요 3:5 : 예수께서 대답하시되 진실로 진실로 네게 이르노니 사람이 물과 성령으로 나지 아니하면 하나님의 나라에 들어갈 수 없느니라

엡 3:16 : 그의 영광의 풍성함을 따라 그의 성령으로 말미암아 너희 속사람을 능력으로 강건하게 하시오며

예수께서 대답하시되
진실로 진실로 네게 이르노니
사람이 물과 성령으로 나지 아니하면
하나님의 나라에 들어갈 수 없느니라

(요 3:5)

제 18 과
회심
: 구원에 이르는 참된 믿음과 회개

제85문 : 죄 때문에 마땅히 당할 하나님의 진노와 저주를 피하게 하시려고 하나님이 우리에게 요구하시는 것이 무엇입니까?

답 : 죄 때문에 마땅히 당할 하나님의 진노와 저주를 피하게 하시려고 하나님께서 우리에게 요구하시는 것은 그리스도께서 구속의 혜택을 우리에게 전달하는 데 사용하시는 모든 외형적 방법을 우리가 힘써 사용하면서 예수 그리스도를 믿고 생명에 이르는 회개를 하는 일입니다.

행 20:21; 막 1:15; 요 3:18; 벧후 1:10; 히 2:3; 딤전 4:16

제86문 : 예수 그리스도를 믿는다는 것이 무엇입니까?

답 : 예수 그리스도를 믿는다는 것은 일종의 구원의 은총입니다. 그것에 의하여 우리는 복음에서 우리에게 제시된 대로의 그분만을 받아들이고 의지하여 구원을 얻는 것입니다.

엡 2:8; 갈 2:16; 요 1:12; 빌 3:9

제87문 : 생명에 이르는 회개란 무엇입니까?

답 : 생명에 이르는 회개는 일종의 구원의 은총입니다. 그것에 의하여 죄인이 자기의 죄에 대한 참된 의식을 가지고 그리스도 안에서 베푸신 하나님의 자비를 이해하는 가운데 자기 죄를 슬퍼하고 미워하며 그의 죄에서 돌이켜

하나님을 향하고 새로운 복종을 최고의 목적으로 삼고 또 그것을 위하여 노력하는 것입니다.

행 11:18; 2:37-38; 26:18; 렘 31:18-19; 욜 2:13; 시 119:59; 롬 6:18; 겔 36:31; 고후 7:10-11

I. 회심 - 돌이킴(Conversion)

1. 회심의 정의

성령의 역사로 부르심을 받아 중생한 사람은 이제 반드시 의식적으로 회심의 놀라운 체험을 겪는다. 즉, 성령의 주권적인 역사에 의하여 알지 못하는 사이에 중생(거듭남)한 사람은 이제 참된 믿음을 은혜의 선물로 받게 된다. 오직 거듭난 사람 안에 내주하시는 성령께서 구원에 이르는 참된 믿음을 주실 뿐만 아니라, 또한 생명에 이르는 회개를 일으키시는 것이다. 그러므로 믿음과 마찬가지로 회개도 성령의 사역이다. 이와 같이 성령의 사역으로 말미암아 예수 그리스도를 믿음으로 인하여 그의 인격과 삶의 전체적인 과정에서 구체적으로 변화가 일어나 하나님께로 향한 삶으로 그 방향을 완전히 돌이키는 것이 곧 회심이다.[1] 이것은 하나님의 말씀과 그리스도 안에 있는 복음의 진리를 들어 그것을 분명히 깨달아 알고 믿으며, 또한 죄의 비참한 상태에 있는 자신의 처지를 분명히 인식함으로써 죄에 물든 세상적인 삶에서 완전히 돌이킨 채, 오직 믿음으로 하나님의 말씀에 순종하며 살고자하는 극적이고도 전적인 삶의 방향전환을 말한다. 다시 말하자면, "회심은 참된 믿음으로 그리스도를 영접하며 자신의 죄를 회개함으로써 돌이켜 하나님을 의지하는 결의적인 행위"인 것이다.

- **렘 3:22 :** 배역한 자식들아 돌아오라 내가 너희의 배역함을 고치리라 하시니라
- **사 6:10 :** 그들이 눈으로 보고 귀로 듣고 마음으로 깨닫고 다시 돌아와 고침을 받을까 하노라
- **마 13:15 :** 이 백성들의 마음이 완악하여져서 그 귀는 듣기에 둔하고 눈은 감았으니 이는 눈으로 보고 귀로 듣고 마음으로 깨달아 돌이켜 내게 고침을 받을까 두려워함이라 하였느니라
- **롬 10:7 :** 그러므로 믿음은 들음에서 나며 들음은 그리스도의 말씀으로 말미암았느니라
- **히 4:12 :** 하나님의 말씀은 살아 있고 활력이 있어 좌우에 날선 어떤 검보다도 예리하여 혼과 영과 및 관절과 골수를 찔러 쪼개기까지 하며 또 마음의 생각과 뜻을 판단하나니
- **행 20:21 :** 유대인과 헬라인들에게 하나님께 대한 회개와 우리 주 예수 그리스도께 대한 믿음을 증언한 것이라

2. 회심의 두 가지 측면: 믿음과 회개

이러한 삶의 극적이며 근본적인 전환을 일으키는 회심은 ① 믿음(Faith)과 ② 회개(Repentance)라는 한 행동의 두 가지 측면을 말한다. 먼저, 믿음은 복음에 계시된 말씀을 듣고 내주하시는 성령의 역사로 말미암아 예수 그리스도를 구주로 영접하는 것이며, 회개는 그러한 믿음으로 말미암아 자신의 비참한 죄를 깨닫고 그의 옛 생활, 즉 죄로부터 완전히 돌이켜 오직 하나님을 향하고 바라보는 새로운 삶으로 나아가는 것이다. 그러므로 믿음과 회개는 회심이라는 한 사건의 두 가지 측면이라고 할 수 있으며, 반드시 서로 동반하는 것으로 불가분리의 관계에 있다.[2] 즉, 참된 믿음이 없이는 진정한 회개가 일어나지 않으며, 반대로 참된 회개 없이 온전한 믿음이

있을 수도 없다.

따라서 회심은 "믿음으로 그리스도를 영접하며 참된 회개를 통하여 죄로부터 돌이켜 그리스도를 의지하는 하나의 동시적인 행동"이라고 할 수 있다. 이러한 구원에 이르는 참된 믿음과 생명에 이르는 회개는 인간의 영혼과 마음의 깊은 곳에서부터 시작하지만, 또한 그의 의지적인 행동과 삶을 통해 드러나는 것이다.[3]

- 막 1:14-15 : 예수께서 갈릴리에 오셔서 하나님의 복음을 전파하여 이르시되 때가 찼고 하나님의 나라가 가까이 왔으니 회개하고 복음을 믿으라 하시더라
- 눅 19:5-9 : 예수께서 그 곳에 이르사 쳐다 보시고 이르시되 삭개오야 속히 내려오라 내가 오늘 네 집에 유하여야 하겠다 하시니 급히 내려와 즐거워하며 영접하거늘 … 삭개오가 서서 주께 여짜오되 주여 보시옵소서 내 소유의 절반을 가난한 자들에게 주겠사오며 만일 누구의 것을 속여 빼앗은 일이 있으면 네 갑절이나 갚겠나이다 **(삭개오의 회심)**
- 행 9:3-22 : 사울이 길을 가다가 다메섹에 가까이 이르더니 홀연히 하늘로부터 빛이 그를 둘러 비추는지라 땅에 엎드러져 들으매 소리가 있어 이르시되 사울아 사울아 네가 어찌하여 나를 박해하느냐 하시거늘 대답하되 주여 누구시니이까 이르시되 나는 네가 박해하는 예수라 너는 일어나 시내로 들어가라 네가 행할 것을 네게 이를 자가 있느니라 하시니 … 즉시로 각 회당에서 예수가 하나님의 아들이심을 전파하니 … 사울은 힘을 더 얻어 예수를 그리스도라 증언하여 다메섹에 사는 유대인들을 당혹하게 하니라 **(바울의 회심)**

II. 구원에 이르는 믿음(Saving Faith)

1. 믿음의 성경적 의미[4]

(1) 구약성경

① 에무나 – '신실함', '성실함', '진실됨' (합 2:4; cf. 롬 1:17; 갈 3:11)
② 헤에민(아만) – '(증거가 참된 줄로) 믿는다', '(확정된 것으로) 간주하다' (창 15:6)
③ 바타트 – '신뢰하다', '의지하다', '신앙하다' (시 25:2; 대상 5:20)

(2) 신약성경

① 피스티스 – (종교적 진술)에 대한 믿음 혹은 받아들임, (예수 그리스도의) 인격에 대한 신뢰와 의뢰, (예수 그리스도의) 사역에 대한 믿음(요일 4:1; 갈 3:25, etc.).

2. 참된 믿음의 의미

구원에 이르는 참된 믿음은 오직 성령 하나님의 주권적인 사역에 의한 것이며, 그것은 전적으로 하나님의 은혜의 선물이다. 따라서 성령으로 말미암은 참된 신앙은 그리스도의 복음의 진리를 들어 깨달아 알 뿐만 아니라 이것을 마음으로 믿어 확신하여 예수 그리스도를 구주로 영접하며, 또한 생명의 구원을 주시는 하나님을 전적으로 신뢰하고 그를 의지함으로써 전인격적인 변화를 가져오는 것이다.[5] 그러므로 "너희는 그 은혜에 의하여 믿음으로 말미암아 구원을 받았으니 이것은 너희에게서 난 것이 아니요 하나님의 선물이라"(엡 2:8)고 했으며, 또한 "하나님의 영으로 말하는 자는 누구든지 예수를 저주할 자라 하지 아니하고 또 성령으로 아니하고는 누구든지 예수를 주시라 할 수 없느니라"(고전 12:3)고 했다.

롬 10:8-10, 13-15 : 그러면 무엇을 말하느냐 말씀이 네게 가까워 네 입에 있으며 네 마음에 있다 하였으니 곧 우리가 전파하는 믿음의 말씀이라 네가 만일 네 입으로 예수를 주로 시인하며 또 하나님께서 그를 죽은 자 가운데서 살리신 것을 네 마음에 믿으면 구원을 받으리라 사람이 마음으로 믿어 의에 이르고 입으로 시인하여 구원에 이르느니라 … 누구든지 주의 이름을 부르는 자는 구원을 받으리라 그런즉 그들이 믿지 아니하는 이를 어찌 부르리요 듣지도 못한 이를 어찌 믿으리요 전파하는 자가 없이 어찌 들으리요 보내심을 받지 아니하였으면 어찌 전파하리요 기록된 바 아름답도다 좋은 소식을 전하는 자들의 발이여 함과 같으니라

요 6:44 : 나를 보내신 아버지께서 이끌지 아니하시면 아무도 내게 올 수 없으니 오는 그를 내가 마지막 날에 다시 살리리라

고후 5:17 : 그런즉 누구든지 그리스도 안에 있으면 새로운 피조물이라 이전 것은 지나갔으니 보라 새 것이 되었도다

3. 구원에 이르는 믿음의 세 가지 요소[6]

(1) 지적 요소

먼저 구원에 이르는 믿음이 있기 위해서는 성경이 가르치는 신앙의 내용, 곧 복음의 진리와 참된 믿음의 대상인 삼위일체 하나님의 존재와 구원 사역 등에 대한 모든 사실들에 대하여 깨달아 알아야 한다. 예수 그리스도의 십자가와 부활은 우리가 알아야 할 복음의 핵심이다. 그러므로 우리는 하나님의 말씀을 사모하며, 성경 말씀을 늘 가까이 하고 깊이 묵상하여야 한다.

> **롬 10:14, 17** : 그런즉 그들이 믿지 아니하는 이를 어찌 부르리요 듣지도 못한 이를 어찌 믿으리요 전파하는 자가 없이 어찌 들으리요 … 그러므로 믿음은 들음에서 나며 들음은 그리스도의 말씀으로 말미암았느니라
>
> **롬 10:9-10** : 네가 만일 네 입으로 예수를 주로 시인하며 또 하나님께서 그를 죽은 자 가운데서 살리신 것을 네 마음에 믿으면 구원을 받으리라 사람이 마음으로 믿어 의에 이르고 입으로 시인하여 구원에 이르느니라

(2) 감정적 요소

성경의 가르침과 복음의 진리에 대하여 깨달아 알고 이에 대하여 기쁨과 감사와 더불어 마음의 깊은 감격에 의한 찬동과 승인이 필요하다. 이것은 지적으로 알고 깨달은 확실한 진리에 대한 깊은 내면의 확신 및 신뢰를 동반한 동의를 말한다.

> **요 21:17** : 세 번째 이르시되 요한의 아들 시몬아 네가 나를 사랑하느냐 하시니 주께서 세 번째 네가 나를 사랑하느냐 하시므로 베드로가 근심하여 이르되 주님 모든 것을 아시오매 내가 주님을 사랑하는 줄을 주님께서 아시나이다

(3) 결의적 요소

믿음의 가장 중요한 요소로서 복음의 진리에 대한 지식 및 이에 대한 내면적인 확신과 더불어 구주이신 예수 그리스도를 전적으로 의지하고, 하나님에 대한 인격적인 신뢰가 행동으로 나타나는 의지적인 행위를 말한다. 즉, 구원에 이르는 믿음이란 단순히 어떤 사실에 대하여 인지하고 아는 지식, 그리고 그것이 사실이라고 믿는 믿음의 차원뿐만 아니라 그리스

도에 대한 인격적이고도 전적인 신뢰까지를 포함한다. 즉, 인격적인 신뢰로서의 믿음이란 마치 배가 물위로 안전하게 운항할 것이라는 것을 알고, 그 사실을 믿음으로 그 배에 자신의 몸을 완전히 실어 맡기는 것 같이 자신의 전인격을 온전히 내맡기는 것을 의미한다.

> **수 24:15** : 만일 여호와를 섬기는 것이 너희에게 좋지 않게 보이거든 … 너희가 섬길 자를 오늘 택하라 오직 나와 내 집은 여호와를 섬기겠노라
>
> **룻 1:16-17** : 룻이 이르되 내게 어머니를 떠나며 어머니를 따르지 말고 돌아가라 강권하지 마옵소서 어머니께서 가시는 곳에 나도 가고 어머니께서 머무시는 곳에서 나도 머물겠나이다 어머니의 백성이 나의 백성이 되고 어머니의 하나님이 나의 하나님이 되시리니
>
> **왕하 5:14, 17** : 나아만이 이에 내려가서 하나님의 사람의 말대로 요단 강에 일곱 번 몸을 잠그니 … 나아만이 이르되 … 이제부터는 종이 번제물과 다른 희생제사를 여호와 외 다른 신에게는 드리지 아니하고 다만 여호와께 드리겠나이다
>
> **마 5:4-5** : 말씀을 마치시고 시몬에게 이르시되 깊은 데로 가서 그물을 내려 고기를 잡으라 시몬이 대답하여 이르되 선생님 우리들이 밤이 새도록 수고하였으되 잡은 것이 없지마는 말씀에 의지하여 내가 그물을 내리리이다

III. 생명에 이르는 참된 회개(True Repentance)

1. 회개의 성경적 의미[7]

(1) 구약성경

① 나캄 – '후회하다', '뉘우치다' (렘 8:6)

② 슈브 – '돌이키다' (방향전환의 의미, 렘 3:22; 시 51:13; 사 6:10)

(2) 신약성경

① 메타노이아 – '회개하다' (어원적 의미 – '후에 깨닫다', 행 8:22; 고후 7:10; 딤후 2:25)

② 에피스트로페 – '돌이키다', '돌아오다' (마 13:15; 눅 22:32; 행 15:3)

③ 메타말로마이 – '뉘우치다', '후회하다' (마 21:30; 고후 7:10)

2. 참된 회개의 정의

생명에 이르는 회개란 "죄인이 자기의 죄에 대한 참된 의식을 가지고 그리스도 안에서 베푸신 하나님의 한량 없으신 긍휼과 자비를 이해하는 가운데 자기 죄를 슬퍼하고 미워하며 그 죄에서 돌이켜 하나님을 향하고 새로운 복종을 최고의 목적으로 삼고 또 그것을 위하여 노력하는 것"이다.[8] 이와 같이 회개란 성령의 사역으로 말미암아 자신의 죄인된 상태를 깨닫고, 이것을 심히 애통해 함은 물론, 이것으로부터 돌이켜 하나님의 말씀대로 순종하며 살아가기로 삶의 방향을 전환하는 것이다. 즉, 이것은 죄로부터 돌이켜 하나님께로 돌아가는 극적이며 전적인 돌이킴으로서, 생명에 이르는 첫 회개를 말하는 것이다. 그러나 이러한 회개는 그 후에도 성도의 삶 가운데 하나님 앞에서 범죄할 때마다 계속하여 이루어져야 할 지속적인 행위이기도 하다.[9]

사 55:6-7 : 너희는 여호와를 만날 만한 때에 찾으라 가까이 계실 때에 그를 부르라 악인은 그의 길을, 불의한 자는 그의 생각을 버리고 여

호와께로 돌아오라 그리하면 그가 긍휼히 여기시리라 우리 하나님
께로 돌아오라 그가 너그럽게 용서하시리라

눅 5:32 : 내가 의인을 부르러 온 것이 아니요 죄인을 불러 회개시키러 왔
노라

고후 7:9-10 : 내가 지금 기뻐함은 너희로 근심하게 한 까닭이 아니요 도리
어 너희가 근심함으로 회개함에 이른 까닭이라 너희가 하나님의
뜻대로 근심하게 된 것은 우리에게서 아무 해도 받지 않게 하려
함이라 하나님의 뜻대로 하는 근심은 후회할 것이 없는 구원에 이
르게 하는 회개를 이루는 것이요 세상 근심은 사망을 이루는 것이
니라

행 2:37-38 : 그들이 이 말을 듣고 마음에 찔려 베드로와 다른 사도들에게
물어 이르되 형제들아 우리가 어찌할꼬 하거늘 베드로가 이르되
너희가 회개하여 각각 예수 그리스도의 이름으로 세례를 받고 죄
사함을 받으라

요일 1:8-9 : 만일 우리가 죄가 없다고 말하면 스스로 속이고 또 진리가 우
리 속에 있지 아니할 것이요 만일 우리가 우리 죄를 자백하면 그
는 미쁘시고 의로우사 우리 죄를 사하시며 우리를 모든 불의에서
깨끗하게 하실 것이요

삼상 7:5-6 : 사무엘이 이르되 온 이스라엘은 미스바로 모이라 내가 너희를
위하여 여호와께 기도하리라 하매 그들이 미스바에 모여 물을 길
어 여호와 앞에 붓고 그 날 종일 금식하고 거기에서 이르되 우리
가 여호와께 범죄하였나이다 하니라 (이스라엘의 민족적 회개)

욘 3:5-6 : 니느웨 사람들이 하나님을 믿고 금식을 선포하고 높고 낮은 자
를 막론하고 굵은 베 옷을 입은지라 그 일이 니느웨 왕에게 들리
매 왕이 보좌에서 일어나 왕복을 벗고 굵은 베 옷을 입고 재 위에
앉으니라 (이방민족의 국가적 회개)

3. 참된 회개의 세 가지 요소[10]

참된 구원에 이르게 하는 진정한 회개는 단순히 죄를 깨닫고 일시적으로 그것을 후회하는 것으로 그치는 것이 아니라, 그것으로부터 돌이키며 삶의 방향을 완전히 전환하는 의지적인 결단의 행동을 포함하는 전인격적인 변화를 말한다. 그러므로 성경은 "죽은 행실을 회개함과 하나님께 대한 신앙"(히 6:1)을 촉구할 뿐만 아니라, "회개하고 하나님께로 돌아와서 회개에 합당한 일을 하라"(행 26:20)고 하였다.

욜 2:12-13 : 여호와의 말씀에 너희는 이제라도 금식하고 울며 애통하고 마음을 다하여 내게로 돌아오라 하셨나니 너희는 옷을 찢지 말고 마음을 찢고 너희 하나님 여호와께로 돌아올지어다 그는 은혜로우시며 자비로우시며 노하기를 더디하시며 인애가 크시사 뜻을 돌이켜 재앙을 내리지 아니하시나니

시 51:17 : 하나님께서 구하시는 제사는 상한 심령이라 하나님이여 상하고 통회하는 마음을 주께서 멸시하지 아니하시리이다

마 27:3-5 : 그 때에 예수를 판 유다가 그의 정죄됨을 보고 스스로 뉘우쳐 그 은 삼십을 대제사장들과 장로들에게 도로 갖다 주며 이르되 내가 무죄한 피를 팔고 죄를 범하였도다 하니 그들이 이르되 그것이 우리에게 무슨 상관이냐 네가 당하라 하거늘 유다가 은을 성소에 던져 넣고 물러가서 스스로 목매어 죽은지라 (거짓 회개의 경우)

눅 22:60-62 : 베드로가 이르되 이 사람아 나는 네가 하는 말을 알지 못하노라고 아직 말하고 있을 때에 닭이 곧 울더라 주께서 돌이켜 베드로를 보시니 베드로가 주의 말씀 곧 오늘 닭 울기 전에 네가 세 번 나를 부인하리라 하심이 생각나서 밖에 나가서 심히 통곡하니라 (생명에 이르는 참된 회개의 경우)

(1) 지성적인 요소 → 지적인 인식의 변화

참된 회개는 가장 먼저 자신의 죄를 깨닫는 것, 즉 자신이 영적으로 타락했으며 전적으로 무능한 죄인이라는 비참한 상태를 분명하게 인식하는 것이다.

롬 3:20 : 그러므로 율법의 행위로 그의 앞에 의롭다 하심을 얻을 육체가 없나니 율법으로는 죄를 깨달음이니라
시 51:3 : 무릇 나는 내 죄과를 아오니 내 죄가 항상 내 앞에 있나이다

(2) 감정적인 요소 → 감정의 변화

이는 자신의 죄에 대하여 진정으로 슬퍼하며 애통해할 뿐만 아니라, 이제는 죄를 적극적으로 미워하고 싫어하는 감정적인 변화를 말한다.

시 51:17 : 하나님께서 구하시는 제사는 상한 심령이라 하나님이여 상하고 통회하는 마음을 주께서 멸시하지 아니하시리이다
롬 7:24 : 오호라 나는 곤고한 사람이로다 이 사망의 몸에서 누가 나를 건져 내랴
고후 7:10 : 하나님의 뜻대로 하는 근심은 후회할 것이 없는 구원에 이르게 하는 회개를 이루는 것이요 세상 근심은 사망을 이루는 것이니라

(3) 의지적인 요소 → 의지의 변화

이는 죄에서 떠나 그 죄의 길로부터 돌이켜 하나님의 말씀에 순종하며 사는 삶의 길로 완전히 전환하는 의지의 결단을 말한다.

히 6:1-2 : 그러므로 우리가 그리스도의 도의 초보를 버리고 죽은 행실을 회개함과 하나님께 대한 신앙과 … 완전한 데로 나아갈지니라

마 3:8 : 그러므로 회개에 합당한 열매를 맺고

행 26:20 : 회개하고 하나님께로 돌아와서 회개에 합당한 일을 하라

오라 우리가 여호와께로 돌아가자

여호와께서 우리를 찢으셨으나 도로 낫게 하실 것이요

우리를 치셨으나 싸매어 주실 것임이라

여호와께서 이틀 후에 우리를 살리시며

셋째 날에 우리를 일으키시리니

우리가 그의 앞에서 살리라

(호 6:1-2)

제 19 과
칭의(의롭다 하심)와 양자 삼으심

제33문 : 의롭다 하심이 무엇입니까?

답 : 의롭다 하심은 하나님이 값없이 주시는 은혜의 행동으로서 하나님께서 우리의 모든 죄를 용서하시고 그가 보시기에 의로운 자로 우리를 받아 주시는 것을 말합니다. 그것은 오직 그리스도의 의를 우리에게 덧입혀 주시기 때문이고, 그리고 오직 그것을 믿음으로 받아들임으로 이루어지는 것입니다.

엡 1:7; 고후 5:19-21; 롬 4:5-8; 3:22, 24, 25; 5:1, 17-19; 행 10:43; 갈 2:16

제34문 : 양자로 삼으심이란 무엇입니까?

답 : 양자로 삼으심이란 하나님이 값없이 주시는 은혜로서 하나님께서 우리를 그의 자녀들의 수효 속에 받아 주시며, 그의 모든 특권을 우리에게 주시는 것입니다.

요일 3:1-2; 요 1:12; 롬 8:17

I. 칭의 - 의롭다 하심(Justification)[1]

1. 칭의의 의미

칭의는 "예수 그리스도의 완전한 의의 전가에 근거하여 우리의 죄를 용서하시고 죄인(선택함을 입은 죄인)을 의롭다고 선언하시는 하나님의 법정적 행위를 말하는 것"이다.[2] 이것은 죄인의 죄책(법적책임)을 제거시킴으로 죄인의 신분을 회복시켜 주는 법적인 행위이다. 즉, 죄인의 오염된 본성의 내적 상태를 변화시키는 것(cf. 성화, Sanctification)이 아니라, 죄인의 법적인 신분을 회복시키는 선언적 행위(cf. 칭의, Justification)이다. 또한 이것은 오직 예수 그리스도를 믿음으로 이루어지는 것이며, 이 믿음 또한 하나님의 은혜의 선물로 주어지는 것이다.[3]

> **사 50:8-9** : 나를 의롭다 하시는 이가 가까이 계시니 나와 다툴 자가 누구냐 나와 함께 설지어다 나의 대적이 누구냐 내게 가까이 나아올지어다 보라 주 여호와께서 나를 도우시리니 나를 정죄할 자 누구냐
>
> **롬 3:24** : 그리스도 예수 안에 있는 속량으로 말미암아 하나님의 은혜로 값 없이 의롭다 하심을 얻은 자 되었느니라
>
> **롬 8:33-34** : 누가 능히 하나님께서 택하신 자들을 고발하리요 의롭다 하신 이는 하나님이시니 누가 정죄하리요 죽으실 뿐 아니라 다시 살아나신 이는 그리스도 예수시니 그는 하나님 우편에 계신 자요 우리를 위하여 간구하시는 자시니라
>
> **엡 2:8** : 너희는 그 은혜에 의하여 믿음으로 말미암아 구원을 받았으니 이것은 너희에게서 난 것이 아니요 하나님의 선물이라

2. 칭의의 특징

(1) 오직 은혜만으로(Sola Gratia)

죄인이 의롭다 함을 입는 것은 어떤 행위의 공로에 의한 것이 아니라 하

나님의 주권적인 은혜로 말미암은 것이다. 이러한 칭의는 오직 예수 그리스도를 믿는 믿음으로 주어지는 것이다.

> **갈 2:16** : 사람이 의롭게 되는 것은 율법의 행위로 말미암음이 아니요 오직 예수 그리스도를 믿음으로 말미암는 줄 알므로 우리도 그리스도 예수를 믿나니 이는 우리가 율법의 행위로써가 아니고 그리스도를 믿음으로써 의롭다 함을 얻으려 함이라 율법의 행위로써는 의롭다 함을 얻을 육체가 없느니라
>
> **빌 3:9** : 내가 가진 의는 율법에서 난 것이 아니요 오직 그리스도를 믿음으로 말미암은 것이니 곧 믿음으로 하나님께로부터 난 의라

(2) 의롭다고 선언하시는 법적인 행위임

중생이 우리의 죄인된 상태에서 내적으로 근본적이며 돌이킬 수 없는 변화를 일으키는 것이라면, 칭의는 실질적으로는 아직 죄인인 우리를 예수 그리스도로부터 전가된 의에 근거하여 의인으로 선언하시는 성부 하나님의 법적인 행위요, 그로 말미암아 우리의 법적인 신분 상태가 죄인에서 의인으로 변화된 것을 말한다.

> **신 25:1** : 사람들 사이에 시비가 생겨 재판을 청하면 재판장은 그들을 재판하여 의인은 의롭다 하고 악인은 정죄할 것이며
>
> **롬 8:33-34** : 누가 능히 하나님께서 택하신 자들을 고발하리요 의롭다 하신 이는 하나님이시니 누가 정죄하리요 죽으실 뿐 아니라 다시 살아나신 이는 그리스도 예수시니 그는 하나님 우편에 계신 자요 우리를 위하여 간구하시는 자시니라

(3) 오직 그리스도만으로(Solus Christus)

하나님께서 죄인을 의롭다고 선언하시는 것은 아무런 근거없이 그리하시거나 또는 다른 어떤 이유 때문이 아니다. 오직 예수 그리스도의 십자가에서 이룩하신 공로로 말미암은 완전한 의의 전가에 근거한 것이다.[4]

> 잠 17:15 : 악인을 의롭다 하고 의인을 악하다 하는 이 두 사람은 다 여호와께 미움을 받느니라
> 롬 5:18-19 : 그런즉 한 범죄로 많은 사람이 정죄에 이른 것 같이 한 의로운 행위로 말미암아 많은 사람이 의롭다 하심을 받아 생명에 이르렀느니라 한 사람이 순종하지 아니함으로 많은 사람이 죄인 된 것 같이 한 사람이 순종하심으로 많은 사람이 의인이 되리라
> 고후 5:21 : 하나님이 죄를 알지도 못하신 이를 우리를 대신하여 죄로 삼으신 것은 우리로 하여금 그 안에서 하나님의 의가 되게 하려 하심이라

(4) 단회적이며 즉각적인 은혜이다

칭의는 하나의 법정적인 선언이기 때문에 어떤 점진적인 과정이 아니라 단회적인 것이며, 또한 즉각적으로 완성되는 것이다.

> 벧전 3:18 : 그리스도께서도 단번에 죄를 위하여 죽으사 의인으로서 불의한 자를 대신하셨으니 이는 우리를 하나님 앞으로 인도하려 하심이라
> 히 10:10 : 이 뜻을 따라 예수 그리스도의 몸을 단번에 드리심으로 말미암아 우리가 거룩함을 얻었노라

3. 칭의의 수단: 오직 믿음만으로(Sola Fide)

칭의가 실제적으로 일어나는 것은 성령께서 우리 안에 내주하심으로 믿음을 불러 일으키시기 때문이다. 성령은 우리의 믿음을 도구로 하여 우리를 예수 그리스도에게 연합(the Union with Christ)시킴으로써, 칭의의 은혜를 누리게 하신다.[5] 그러므로 칭의의 시기는 성령께서 주시는 참된 믿음으로 우리가 예수 그리스도를 영접함으로써 그리스도의 몸에 연합될 때이다.[6] 그런데 이때 우리의 믿음은 칭의의 조건이 아니라 단지 그것을 이루는 도구적인 수단이 된다.[7] 그러므로 이것을 오직 믿음으로 의롭다 칭함을 받는다는 '이신칭의'(the justification by faith alone)라고 한다.

- 롬 3:22 : 예수 그리스도를 믿음으로 말미암아 모든 믿는 자에게 미치는 하나님의 의니 차별이 없느니라
- 롬 5:1 : 그러므로 우리가 믿음으로 의롭다 하심을 받았으니 우리 주 예수 그리스도로 말미암아 하나님과 화평을 누리자
- 빌 3:9 : 내가 가진 의는 율법에서 난 것이 아니요 오직 그리스도를 믿음으로 말미암은 것이니 곧 믿음으로 하나님께로부터 난 의라

4. 칭의의 본질: 의의 전가와 죄의 용서

칭의의 본질적인 내용은 그리스도의 완전한 의의 전가로 말미암아 우리의 모든 죄를 용서받는 것이다. 이때 죄 용서함은 우리의 원죄와 자범죄에 있어 과거, 현재, 미래의 모든 죄에 대한 포괄적인 면책을 말한다. 그러므로 칭의는 즉각적이고 완전하며 단회적인 것이다. 이것을 좀 더 상술하자면, 성령 안에서 우리가 그리스도에게 연합됨으로써 신자들과 그리스도

사이에는 하나의 '위대한 교환'(the great exchange)이 일어난다. 먼저, 우리의 죄에 대한 책임과 형벌은 그리스도에게로 넘어가게 되는데, 이것이 우리의 죄에 대한 용서이다(우리의 죄에 대한 형벌적 책임이 그리스도에게로 전가됨). 동일한 순간에 그리스도의 의가 우리에게로 넘어오는데, 이렇게 전가된 그리스도의 의로 말미암아 하나님께서 우리를 의롭다고 간주하심으로써(그리스도의 의가 우리에게로 전가됨), 법적으로 의롭다고 선언하시는 것이 바로 칭의이다.

> **고후 5:21** : 하나님이 죄를 알지도 못하신 이를 우리를 대신하여 죄로 삼으신 것은 우리로 하여금 그 안에서 하나님의 의가 되게 하려 하심이라
>
> **롬 8:1-2** : 그러므로 이제 그리스도 예수 안에 있는 자에게는 결코 정죄함이 없나니 이는 그리스도 예수 안에 있는 생명의 성령의 법이 죄와 사망의 법에서 너를 해방하였음이라
>
> **롬 8:33-34** : 누가 능히 하나님께서 택하신 자들을 고발하리요 의롭다 하신 이는 하나님이시니 누가 정죄하리요 죽으실 뿐 아니라 다시 살아나신 이는 그리스도 예수시니 그는 하나님 우편에 계신 자요 우리를 위하여 간구하시는 자시니라

5. 칭의의 결과: 하나님의 자녀가 됨

칭의로 말미암아 하나님께서는 우리에게 하나님의 자녀가 되는 권세를 주시며,[8] 예수 그리스도 안에 있는 그 모든 상속권과 영원한 기업과 영생을 누리는 축복을 주신다.[9]

> **요 1:12** : 영접하는 자 곧 그 이름을 믿는 자들에게는 하나님의 자녀가 되는 권세를 주셨으니

롬 8:16-17 : 성령이 친히 우리의 영과 더불어 우리가 하나님의 자녀인 것을 증언하시나니 자녀이면 또한 상속자 곧 하나님의 상속자요 그리스도와 함께 한 상속자니

벧전 1:3-4 : 우리를 거듭나게 하사 산 소망이 있게 하시며 썩지 않고 더럽지 않고 쇠하지 아니하는 유업을 잇게 하시나니 곧 너희를 위하여 하늘에 간직하신 것이라

II. 양자 삼으심(Adoption)

1. 양자 삼으심의 정의

칭의 결과로서 우리는 즉각적으로 하나님의 자녀가 되는 법적인 신분을 획득하게 된다. 즉, 양자는 하나님의 자녀로서의 우리의 법적인 신분의 회복을 말하는 것이며, 중생과 성화를 통하여 우리는 내적으로 변화되어 실제적으로 합당하고도 온전한 하나님의 자녀가 된다.[10]

엡 1:5 : 그 기쁘신 뜻대로 우리를 예정하사 예수 그리스도로 말미암아 자기의 아들들이 되게 하셨으니

요 1:12 : 영접하는 자 곧 그 이름을 믿는 자들에게는 하나님의 자녀가 되는 권세를 주셨으니

갈 4:5-7 : 율법 아래에 있는 자들을 속량하시고 우리로 아들의 명분을 얻게 하려 하심이라 너희가 아들이므로 하나님이 그 아들의 영을 우리 마음 가운데 보내사 아빠 아버지라 부르게 하셨느니라 그러므로 네가 이 후로는 종이 아니요 아들이니 아들이면 하나님으로 말미암아 유업을 받을 자니라

롬 8:14-15 : 무릇 하나님의 영으로 인도함을 받는 사람은 곧 하나님의 아들이라 너희는 다시 무서워하는 종의 영을 받지 아니하고 양자의 영을 받았으므로 우리가 아빠 아버지라고 부르짖느니라

2. 양자의 특징

① 오직 참된 하나님의 아들은 '독생자'이신 성자 하나님, 곧 예수 그리스도뿐이시다.

요 3:16 : 하나님이 세상을 이처럼 사랑하사 독생자를 주셨으니 이는 그를 믿는 자마다 멸망하지 않고 영생을 얻게 하려 하심이라

② 모든 인간은 날 때부터 본래적으로 진노의 자녀요 죄와 죽음의 종이었다.

엡 2:3, 12 : 전에는 우리도 다 그 가운데서 우리 육체의 욕심을 따라 지내며 육체와 마음의 원하는 것을 하여 다른 이들과 같이 본질상 진노의 자녀이었더니 … 그 때에 너희는 그리스도 밖에 있었고 이스라엘 나라 밖의 사람이라 약속의 언약들에 대하여는 외인이요 세상에서 소망이 없고 하나님도 없는 자이더니

갈 4:8 : 너희가 그 때에는 하나님을 알지 못하여 본질상 하나님이 아닌 자들에게 종 노릇 하였더니

③ 예수 그리스도를 믿음으로 영접함으로써 예수 그리스도에게 접붙임을 받아(cf. 그리스도와의 연합, the union with Christ) 우리는 하나님의 자녀, 곧 양자가 되는 권리를 획득하게 된다.

갈 4:4-5 : 때가 차매 하나님이 그 아들을 보내사 여자에게서 나게 하시고 율법 아래에 나게 하신 것은 율법 아래에 있는 자들을 속량하시고 우리로 아들의 명분을 얻게 하려 하심이라

갈 3:26 : 너희가 다 믿음으로 말미암아 그리스도 예수 안에서 하나님의 아들이 되었으니

요 1:12 : 영접하는 자 곧 그 이름을 믿는 자들에게는 하나님의 자녀가 되는 권세를 주셨으니

롬 8:15 : 너희는 다시 무서워하는 종의 영을 받지 아니하고 양자의 영을 받았으므로 우리가 아빠 아버지라고 부르짖느니라

④ 성령의 증거로 말미암아 하나님의 자녀로서의 확신을 가지게 하시고, 하나님을 아빠 아버지로 부르게 하신다.

갈 4:6 : 너희가 아들이므로 하나님이 그 아들의 영을 우리 마음 가운데 보내사 아빠 아버지라 부르게 하셨느니라

롬 8:14-16 : 무릇 하나님의 영으로 인도함을 받는 사람은 곧 하나님의 아들이라 너희는 다시 무서워하는 종의 영을 받지 아니하고 양자의 영을 받았으므로 우리가 아빠 아버지라고 부르짖느니라 성령이 친히 우리의 영과 더불어 우리가 하나님의 자녀인 것을 증언하시나니

⑤ 예수 그리스도와 함께한 상속자로서 그의 모든 소유, 즉 약속된 영원한 기업을 상속하게 되는 권리와 축복을 누린다.

롬 8:32 : 자기 아들을 아끼지 아니하시고 우리 모든 사람을 위하여 내주신 이가 어찌 그 아들과 함께 모든 것을 우리에게 주시지 아니하겠느냐

롬 8:17 : 자녀이면 또한 상속자 곧 하나님의 상속자요 그리스도와 함께 한 상속자니

벧전 1:3-4 : 우리를 거듭나게 하사 산 소망이 있게 하시며 썩지 않고 더럽지 않고 쇠하지 아니하는 유업을 잇게 하시나니 곧 너희를 위하여 하늘에 간직하신 것이라

갈 4:7 : 그러므로 네가 이 후로는 종이 아니요 아들이니 아들이면 하나님으로 말미암아 유업을 받을 자니라

딛 3:6-7 : 우리 구주 예수 그리스도로 말미암아 우리에게 그 성령을 풍성히 부어 주사 우리로 그의 은혜를 힘입어 의롭다 하심을 얻어 영생의 소망을 따라 상속자가 되게 하려 하심이라

⑥ 우리가 아빠 아버지라고 부르는 칭호는 대체로 삼위일체 하나님의 제1위격이신 성부 하나님에게만 적용된다.[11]

마 6:9 : 하늘에 계신 우리 아버지여 이름이 거룩히 여김을 받으시오며

요 20:17 : 예수께서 이르시되 나를 붙들지 말라 내가 아직 아버지께로 올라가지 아니하였노라 너는 내 형제들에게 가서 이르되 내가 내 아버지 곧 너희 아버지, 내 하나님 곧 너희 하나님께로 올라간다 하라 하시니

롬 1:7 : 로마에서 하나님의 사랑하심을 받고 성도로 부르심을 받은 모든 자에게 하나님 우리 아버지와 주 예수 그리스도로부터 은혜와 평강이 있기를 원하노라

모든 사람이 죄를 범하였으매

하나님의 영광에 이르지 못하더니

그리스도 예수 안에 있는 속량으로 말미암아

하나님의 은혜로

값 없이 의롭다 하심을 얻은 자 되었느니라

(롬 3:23)

제 20 과
성화
: 거룩하게 하심

제35문 : 거룩하게 하심이란 무엇입니까?

답 : 거룩하게 하심은 하나님의 값없는 은혜의 역사로 이로 인해 우리가 하나님의 형상을 좇아 전 인격이 새로워지게 되고, 죄에 대하여는 점점 능히 죽고 의에 대하여는 능히 살게 되는 것입니다.

살후 2:13; 엡 4:23-24; 벧전 1:2; 롬 6:4, 6, 14; 8:4

1. 성화의 의미

우리 안에 내주하시는 성령의 주권적인 역사로 말미암아 값없이 주시는 믿음을 은혜의 선물로 받은 자들은 그리스도에게 연합됨으로써 칭의(justification)의 은혜를 입어 그리스도의 의가 전가되고 죄 용서함을 받아 법적으로 의롭다함을 받음과 동시에(simul) 또한 성화(sanctification)의 은혜를 입게 된다.[1] 칭의가 우리의 죄책을 제거하는 것이라면, 성화는 전적으로 타락한 우리의 본성을 회복하는 것이다.[2] 즉, 성화란 비록 법적으로 죄 용서함을 받고 의롭다함을 받았지만, 아직 우리의 본성이 죄의 오염으로 말미암아 전적으로 부패되어 있기 때문에 성령께서 즉각적으로, 또 지속적으로 우리의 본성을 변화시켜 참 하나님의 형상이신 예수 그리스도를 닮아가게 하심과 동시에 참된 하나님의 자녀로 거룩하게 하시는 사역을 말한다.[3]

> **벧전 1:15-16** : 오직 너희를 부르신 거룩한 이처럼 너희도 모든 행실에 거룩한 자가 되라 기록되었으되 내가 거룩하니 너희도 거룩할지어다 하셨느니라
> **골 3:10** : 새 사람을 입었으니 이는 자기를 창조하신 이의 형상을 따라 지식에까지 새롭게 하심을 입은 자니라
> **엡 4:22-24** : 너희는 유혹의 욕심을 따라 썩어져 가는 구습을 따르는 옛 사람을 벗어 버리고 오직 너희의 심령이 새롭게 되어 하나님을 따라 의와 진리의 거룩함으로 지으심을 받은 새 사람을 입으라

2. 성화의 특징

① 성도가 거룩하여야 할 근본적인 이유는 하나님의 거룩하심이다. 즉, 하나님께서 거룩하시니 그의 택한 백성이요 자녀인 성도들도 거룩하여야 한다.[4]

> **사 6:3** : 서로 불러 이르되 거룩하다 거룩하다 거룩하다 만군의 여호와여 그의 영광이 온 땅에 충만하도다 하더라
> **레 11:45** : 나는 너희의 하나님이 되려고 너희를 애굽 땅에서 인도하여 낸 여호와라 내가 거룩하니 너희도 거룩할지어다
> **벧전 1:15-16** : 오직 너희를 부르신 거룩한 이처럼 너희도 모든 행실에 거룩한 자가 되라 기록되었으되 내가 거룩하니 너희도 거룩할지어다 하셨느니라

② 우리를 흠없는 거룩한 하나님의 백성(하나님의 자녀)으로 날로 새롭게 하시는 성화의 은혜 역시도 오직 하나님의 은혜로 말미암아 주어지는 것이다.

살후 2:13 : 주께서 사랑하시는 형제들아 우리가 항상 너희에 관하여 마땅히 하나님께 감사할 것은 하나님이 처음부터 너희를 택하사 성령의 거룩하게 하심과 진리를 믿음으로 구원을 받게 하심이니

엡 1:4 : 곧 창세 전에 그리스도 안에서 우리를 택하사 우리로 사랑 안에서 그 앞에 거룩하고 흠이 없게 하시려고

살전 5:23 : 평강의 하나님이 친히 너희를 온전히 거룩하게 하시고 또 너희의 온 영과 혼과 몸이 우리 주 예수 그리스도께서 강림하실 때에 흠 없게 보전되기를 원하노라

③ 성화는 성령 하나님의 사역을 통하여 그리스도에게 연합됨으로써 참된 하나님의 형상이신 그리스도를 닮고, 이에 따라 우리의 전인격이 변화되어 새사람이 되고, 또한 더욱 온전하게 되어가는 것이다.

골 3:10 : 새 사람을 입었으니 이는 자기를 창조하신 이의 형상을 따라 지식에까지 새롭게 하심을 입은 자니라

④ 중생이 영적인 새 생명의 출생이라면, 성화는 그러한 영적 생명이 자라가는 영적인 성장과정이다.

벧후 3:18 : 오직 우리 주 곧 구주 예수 그리스도의 은혜와 그를 아는 지식에서 자라 가라 영광이 이제와 영원한 날까지 그에게 있을지어다

⑤ 중생과 칭의는 단회적이고 즉각적인 것이지만, 성화는 즉각적임과 동시에 또한 옛사람을 버리고 새사람이 되어가는 점진적이고 지속적인 과정으로서 일평생에 걸쳐 계속되는 사역이다.[5] 즉, 신자들은 그리스도에게 접붙여짐으로써 즉각적으로 죄와 사망의 종노릇에서 의와 거룩과 생명으로 옮겨졌지만, 그럼에도 불구하고 타락함으로 말미암아 오염된 우리의 본성은 점진적인 삶의 과정 속에서 지속적으로 새 사람으로 변화되어 가야 한다.

롬 6:11-13 : 이와 같이 너희도 너희 자신을 죄에 대하여는 죽은 자요 그리스도 예수 안에서 하나님께 대하여는 살아 있는 자로 여길지어다 그러므로 너희는 죄가 너희 죽을 몸을 지배하지 못하게 하여 몸의 사욕에 순종하지 말고 또한 너희 지체를 불의의 무기로 죄에게 내주지 말고 오직 너희 자신을 죽은 자 가운데서 다시 살아난 자 같이 하나님께 드리며 너희 지체를 의의 무기로 하나님께 드리라

엡 4:22-24 : 너희는 유혹의 욕심을 따라 썩어져 가는 구습을 따르는 옛 사람을 벗어 버리고 오직 너희의 심령이 새롭게 되어 하나님을 따라 의와 진리의 거룩함으로 지으심을 받은 새 사람을 입으라

⑥ 칭의는 우리의 법적인 신분의 변화를 가져오지만, 성화는 그에 따른 실제적인 심령의 변화로 말미암는 상태의 변화를 일으킴으로 온전한 하나님의 자녀로서 새사람이 되게 하는 사역이다. 그리고 칭의는 죄책과 형벌을 제거하는 것이나, 성화는 죄의 오염과 부패로부터 성도들을 온전하게 하는 것이다.

살전 5:23 : 평강의 하나님이 친히 너희를 온전히 거룩하게 하시고 또 너희의 온 영과 혼과 몸이 우리 주 예수 그리스도께서 강림하실 때에 흠 없게 보전되기를 원하노라

⑦ 성화는 성도로 하여금 육체의 소욕은 온전히 버림과 동시에 성령의 능력 안에서 도우심을 받아 하나님의 거룩하신 뜻에 따라 거룩하고 의롭게 살 수 있도록 한다.

롬 6:12-13 : 그러므로 너희는 죄가 너희 죽을 몸을 지배하지 못하게 하여 몸의 사욕에 순종하지 말고 또한 너희 지체를 불의의 무기로 죄에게 내주지 말고 오직 너희 자신을 죽은 자 가운데서 다시 살아난 자 같이 하나님께 드리며 너희 지체를 의의 무기로 하나님께 드리라

3. 성화의 근거

성화의 근거는 우리의 선한 행위나 공로가 아니라, 예수 그리스도의 십자가의 보혈과 그의 거룩하심이다. 신자들은 그리스도와 연합됨으로 그리스도의 십자가와 함께 죽고 또한 함께 부활의 새 생명에 동참하게 된다.

히 10:10, 12 : 이 뜻을 따라 예수 그리스도의 몸을 단번에 드리심으로 말미암아 우리가 거룩함을 얻었노라 … 그러므로 예수도 자기 피로써 백성을 거룩하게 하려고 성문 밖에서 고난을 받으셨느니라

롬 6:3-5 : 무릇 그리스도 예수와 합하여 세례를 받은 우리는 그의 죽으심과 합하여 세례를 받은 줄을 알지 못하느냐 그러므로 우리가

그의 죽으심과 합하여 세례를 받음으로 그와 함께 장사되었나
니 이는 아버지의 영광으로 말미암아 그리스도를 죽은 자 가운
데서 살리심과 같이 우리로 또한 새 생명 가운데서 행하게 하
려 함이라 만일 우리가 그의 죽으심과 같은 모양으로 연합한
자가 되었으면 또한 그의 부활과 같은 모양으로 연합한 자도
되리라

4. 성화의 주체

① 성화는 삼위일체 하나님의 사역이긴 하지만, 특별히 성결의 영이신 성령 하나님의 초자연적인 사역이다.[6]

   고전 6:11 : 너희 중에 이와 같은 자들이 있더니 주 예수 그리스도의 이
               름과 우리 하나님의 성령 안에서 씻음과 거룩함과 의롭다 하심
               을 받았느니라
   롬 8:11 : 예수를 죽은 자 가운데서 살리신 이의 영이 너희 안에 거하시
               면 그리스도 예수를 죽은 자 가운데서 살리신 이가 너희 안에
               거하시는 그의 영으로 말미암아 너희 죽을 몸도 살리시리라
   롬 15:16 : 이 은혜는 곧 나로 이방인을 위하여 그리스도 예수의 일꾼이
                되어 하나님의 복음의 제사장 직분을 하게 하사 이방인을 제물
                로 드리는 것이 성령 안에서 거룩하게 되어 받으실 만하게 하
                려 하심이라

② 그러나 또한 성령에 의한 성화의 과정은 인간과의 의식적인 협력의 과정이기도 하다. 그러므로 성도들은 성령 안에서 그의 도우심을 받아 죄를 피하고 거룩한 생활을 하기 위하여 끊임없이 노력하여야 한다.[7]

갈 5:16 : 내가 이르노니 너희는 성령을 따라 행하라 그리하면 육체의 욕심을 이루지 아니하리라

롬 8:5-8 : 육신을 따르는 자는 육신의 일을, 영을 따르는 자는 영의 일을 생각하나니 육신의 생각은 사망이요 영의 생각은 생명과 평안이니라 육신의 생각은 하나님과 원수가 되나니 이는 하나님의 법에 굴복하지 아니할 뿐 아니라 할 수도 없음이라 육신에 있는 자들은 하나님을 기쁘시게 할 수 없느니라

롬 12:1-2 : 그러므로 형제들아 내가 하나님의 모든 자비하심으로 너희를 권하노니 너희 몸을 하나님이 기뻐하시는 거룩한 산 제물로 드리라 이는 너희가 드릴 영적 예배니라 너희는 이 세대를 본받지 말고 오직 마음을 새롭게 함으로 변화를 받아 하나님의 선하시고 기뻐하시고 온전하신 뜻이 무엇인지 분별하도록 하라

갈 6:7-8 : 스스로 속이지 말라 하나님은 업신여김을 받지 아니하시나니 사람이 무엇으로 심든지 그대로 거두리라 자기의 육체를 위하여 심는 자는 육체로부터 썩어질 것을 거두고 성령을 위하여 심는 자는 성령으로부터 영생을 거두리라

5. 성화의 수단

우리를 거룩하게 하시는 성화의 수단 또는 방편은 오직 하나님의 진리의 말씀과 성령의 사역이다.[8]

요 17:17-19 : 그들을 진리로 거룩하게 하옵소서 아버지의 말씀은 진리니이다 아버지께서 나를 세상에 보내신 것 같이 나도 그들을 세상에 보내었고 또 그들을 위하여 내가 나를 거룩하게 하오니 이는 그들도 진리로 거룩함을 얻게 하려 함이니이다

벧전 1:2 : 곧 하나님 아버지의 미리 아심을 따라 성령이 거룩하게 하심

으로 순종함과 예수 그리스도의 피 뿌림을 얻기 위하여 택하심을 받은 자들에게 편지하노니 은혜와 평강이 너희에게 더욱 많을지어다

6. 성화의 결과

① 성화의 소극적인 측면은 죄로 말미암은 인간 본성의 오염과 타락의 점진적인 제거의 과정이며, 우리의 죄로 오염된 본성을 죽이는 것이다.

> **롬 6:6** : 우리가 알거니와 우리의 옛 사람이 예수와 함께 십자가에 못 박힌 것은 죄의 몸이 죽어 다시는 우리가 죄에게 종 노릇 하지 아니하려 함이니
>
> **갈 5:24-25** : 그리스도 예수의 사람들은 육체와 함께 그 정욕과 탐심을 십자가에 못 박았느니라 만일 우리가 성령으로 살면 또한 성령으로 행할지니

② 성화의 적극적인 측면은 하나님의 말씀에 전적으로 순종하며 하나님께 헌신하는 새로운 삶의 모습으로의 점진적인 성장과 발전의 과정이다. 즉, 우리의 새로운 속사람이 날마다 더 살아나고 더 자라가는 것이다.

> **롬 6:13** : 또한 너희 지체를 불의의 무기로 죄에게 내주지 말고 오직 너희 자신을 죽은 자 가운데서 다시 살아난 자 같이 하나님께 드리며 너희 지체를 의의 무기로 하나님께 드리라
>
> **롬 6:19** : 너희 육신이 연약하므로 … 전에 너희가 너희 지체를 부정과 불법에 내주어 불법에 이른 것 같이 이제는 너희 지체를 의에

게 종으로 내주어 거룩함에 이르라

갈 2:20 : 내가 그리스도와 함께 십자가에 못 박혔나니 그런즉 이제는 내가 사는 것이 아니요 오직 내 안에 그리스도께서 사시는 것이라 이제 내가 육체 가운데 사는 것은 나를 사랑하사 나를 위하여 자기 자신을 버리신 하나님의 아들을 믿는 믿음 안에서 사는 것이라

골 3:9-17 : 옛 사람과 그 행위를 벗어 버리고 새 사람을 입었으니 이는 자기를 창조하신 이의 형상을 따라 지식에까지 새롭게 하심을 입은 자니라 … 그러므로 너희는 하나님이 택하사 거룩하고 사랑 받는 자처럼 긍휼과 자비와 겸손과 온유와 오래 참음을 옷 입고 누가 누구에게 불만이 있거든 서로 용납하여 피차 용서하되 주께서 너희를 용서하신 것 같이 너희도 그리하고 이 모든 것 위에 사랑을 더하라 이는 온전하게 매는 띠니라 그리스도의 평강이 너희 마음을 주장하게 하라 너희는 평강을 위하여 한 몸으로 부르심을 받았나니 너희는 또한 감사하는 자가 되라 그리스도의 말씀이 너희 속에 풍성히 거하여 모든 지혜로 피차 가르치며 권면하고 시와 찬송과 신령한 노래를 부르며 감사하는 마음으로 하나님을 찬양하고 또 무엇을 하든지 말에나 일에나 다 주 예수의 이름으로 하고 그를 힘입어 하나님 아버지께 감사하라

7. 성화의 목표

성화의 목표는 타락으로 말미암아 잃어버린 본래적인 하나님의 형상을 회복하는 것이며, 나아가 참된 하나님의 형상인 그리스도의 형상을 완전히 닮아가는 것이다.

갈 4:19 : 나의 자녀들아 너희 속에 그리스도의 형상을 이루기까지 다시 너희를 위하여 해산하는 수고를 하노니

엡 4:13-15 : 우리가 다 하나님의 아들을 믿는 것과 아는 일에 하나가 되어 온전한 사람을 이루어 그리스도의 장성한 분량이 충만한 데까지 이르리니 이는 … 오직 사랑 안에서 참된 것을 하여 범사에 그에게까지 자랄지라 그는 머리니 곧 그리스도라

8. 성화의 완성

성화의 지난한 과정, 곧 믿음의 선한 싸움은 이 세상에서는 결코 완성되지 않고 죽음의 순간에서야 비로소 완성된다.[9] 즉, 우리 영혼의 성화는 육체적 죽음 직후에 완성되며, 또한 육체의 성화는 마지막 부활 때에 완전히 이루어질 것이다.

요일 3:1-2 : 보라 아버지께서 어떠한 사랑을 우리에게 베푸사 하나님의 자녀라 일컬음을 받게 하셨는가, 우리가 그러하도다 그러므로 세상이 우리를 알지 못함은 그를 알지 못함이라 사랑하는 자들아 우리가 지금은 하나님의 자녀라 장래에 어떻게 될지는 아직 나타나지 아니하였으나 그가 나타나시면 우리가 그와 같을 줄을 아는 것은 그의 참모습 그대로 볼 것이기 때문이니

고후 3:18 : 우리가 다 수건을 벗은 얼굴로 거울을 보는 것 같이 주의 영광을 보매 그와 같은 형상으로 변화하여 영광에서 영광에 이르니 곧 주의 영으로 말미암음이니라

고전 15:42-44 : 죽은 자의 부활도 그와 같으니 썩을 것으로 심고 썩지 아니할 것으로 다시 살아나며 욕된 것으로 심고 영광스러운 것으로 다시 살아나며 약한 것으로 심고 강한 것으로 다시 살아나며 육의 몸으로 심고 신령한 몸으로 다시 살아나나니 육의

몸이 있은즉 또 영의 몸도 있느니라

고전 15:51-54 : 보라 내가 너희에게 비밀을 말하노니 우리가 다 잠 잘 것이 아니요 마지막 나팔에 순식간에 홀연히 다 변화되리니 나팔 소리가 나매 죽은 자들이 썩지 아니할 것으로 다시 살아나고 우리도 변화되리라 이 썩을 것이 반드시 썩지 아니할 것을 입겠고 이 죽을 것이 죽지 아니함을 입으리로다 이 썩을 것이 썩지 아니함을 입고 이 죽을 것이 죽지 아니함을 입을 때에는 사망을 삼키고 이기리라고 기록된 말씀이 이루어지리라

너희는 유혹의 욕심을 따라

썩어져 가는 구습을 따르는 옛 사람을 벗어 버리고

오직 너희의 심령이

새롭게 되어

하나님을 따라 의와 진리의 거룩함으로

지으심을 받은 새 사람을 입으라

(엡 4:22-24)

제 21 과
구원의 확신과 성도의 견인

제36문 : 이 세상에서 의롭다 하심과 양자 삼으심과 거룩하게 하심으로 인하여 함께 받게 되거나 또는 여기서 나오는 유익들은 무엇입니까?
답 : 이 세상에서 의롭다 하심과 양자 삼으심과 거룩하게 하심으로 인하여 함께 받거나 또는 여기서 나오는 유익들은 하나님의 사랑을 확실히 아는 것과 양심이 평안한 것과 성령 안에서 얻는 기쁨과 은혜의 증진과 끝까지 굳게 참는 것입니다.
롬 5:1,2,5; 벧전 1:6; 골 1:10-11; 잠 4:18; 엡 3:16-18; 요 1:16; 계 14:12; 마 24:13; 벧후 1:10

I. 구원의 확신(the Assurance of Salvation)[1]

하나님께서 값없이 주시는 은혜의 복음을 통해 효과적인 부르심(소명)을 받고 생명의 성령의 역사로 말미암아 '그리스도와 연합'(the union with Christ)되어 거듭나고(중생), 또한 믿음을 은혜의 선물로 받아 오직 생명에 이르는 회개와 믿음으로 의롭다함(칭의)을 받은 성도들은 이제 하나님의 자녀가 되어 성화의 길, 영원한 생명의 길을 걸어가게 된다. 기독교 문학의 탁월한 고전 가운데 하나로 꼽히는 존 번연(John Bunyan, 1628-1688)의 『천로역정』(The Pilgrim's Progress)[2]은 이렇게 '장망성'(cf. 장차 망할 이 세상)을 떠나 하나님의 자녀들에게 영원한 약속의 기업으로 주어진 '천성'을 향하여 가는 '성도의 거룩한 구원의 여정'을 드라마틱하게 잘 그려내고 있다. 그러나 우리가 날마다의 삶 속에서 체험하듯이, 이 세상에서 성도로서 살아가는 삶의 여정은 결코 간단하지도 쉽지도 않다.

때로는 가도 가도 끝나지 않을 것 같은 숨이 턱턱 막히는 사막과 같은 광야길이 끝없이 이어지기도 하고, 사방천지를 온갖 장애물과 높은 산들이 둘러싸며 막아서기도 한다. 또 때로는 비바람이 거세게 몰아치는 인생의 거친 들판에 문득 홀로 외롭게 떨며 서있는 자신을 발견하고는 끝없는 두려움에 휩싸이기도 한다. 그런가 하면 또 어떨 때에는 '사망의 음침한 골짜기'와 '환난의 계곡'을 지나며 말할 수 없는 눈물어린 고난의 날들을 감내해야 하는 순간들도 있다. 또 때로는 휘황찬란한 '허영의 도시'를 지나며 감당하기 어려운 세상의 유혹들을 이겨내야 할 때도 있고, 어쩌다 들어간 '의심의 성'에서 믿음에 대한 끝없는 회의와 절망의 깊은 늪에서 빠져나오기 위하여 부단히 몸부림쳐야만 할 때도 있다.

자 그렇다면, 이러한 간단치 않은 믿음의 순례자의 길을 가면서 그 많고 많은 우여곡절 속에서도 우리가 움직일 수 없는 구원의 확신을 가질 수 있는 근거는 무엇인가? 우리는 왜 이 믿음의 선한 싸움을 결코 포기할 수 없는가? 또한 우리는 어떻게 끝까지 믿음의 최후 승리를 장담할 수 있는가? 그리고 왜 우리는 환난 가운데서 즐거워하며, 고난 중에서도 기뻐할 수 있는가?

1. 하나님의 언약의 신실하심과 사랑에 대한 확신

우리가 온갖 어려움과 고난 가운데서도 분명한 구원의 확신을 가질 수 있는 것은 가장 먼저 예수 그리스도 안에서 당신의 자녀 삼으신 우리를 향한 하나님의 끝없는 사랑과 영원히 변치 않는 그의 언약의 신실하심을 확실하고도 분명하게 깨달아 아는 것이다.[3] 뿐만 아니라, 우리의 일상의 삶 가운데서 그의 쉬지 않으시는 섭리와 다함없는 은혜의 도우심의 손길을 순간순간 느끼고 체험하는 것이다. 이와 같이 변함없는 하나님의 간섭하심과 은혜의 손길이 항상 우리와 함께하고 있다는 깨달음과 체험은 우리에게 움직일 수 없는 구원의 확신을 가져다준다.[4]

> 요일 4:7-8, 16-18 : 사랑하는 자들아 우리가 서로 사랑하자 사랑은 하나님께 속한 것이니 사랑하는 자마다 하나님으로부터 나서 하나님을 알고 사랑하지 아니하는 자는 하나님을 알지 못하나니 이는 하나님은 사랑이심이라 … 사랑 안에 거하는 자는 하나님 안에 거하고 하나님도 그의 안에 거하시느니라
>
> 롬 5:8 : 우리가 아직 죄인 되었을 때에 그리스도께서 우리를 위하여 죽으심으로 하나님께서 우리에 대한 자기의 사랑을 확증하셨느니라
>
> 갈 2:30 : 내가 그리스도와 함께 십자가에 못 박혔나니 그런즉 이제는 내가 사는 것이 아니요 오직 내 안에 그리스도께서 사시는 것이라 이제 내가 육체 가운데 사는 것은 나를 사랑하사 나를 위하여 자기 자신을 버리신 하나님의 아들을 믿는 믿음 안에서 사는 것이라
>
> 롬 8:32 : 자기 아들을 아끼지 아니하시고 우리 모든 사람을 위하여 내주신 이가 어찌 그 아들과 함께 모든 것을 우리에게 주시지 아니하겠느냐
>
> 마 7:11 : 너희가 악한 자라도 좋은 것으로 자식에게 줄 줄 알거든 하물며 하늘에 계신 너희 아버지께서 구하는 자에게 좋은 것으로 주시지 않겠느냐

2. 하나님 안에서 누리는 양심의 평안

구원받은 성도들은 말할 수 없는 그의 양심의 평안을 누리게 되는데, 그것은 예수 그리스도 안에서 하나님과 화목함으로 인해 하나님으로부터 오는 참된 평안, 곧 샬롬의 축복이다. 그러므로 세상의 그 어떤 것으로도 대신할 수 없는 성도가 누리는 이러한 진정한 삶의 평안은, 우리가 구원의 확신에 이르는 명확한 증거 가운데 하나이다.[5]

> 히 10:22 : 우리가 마음에 뿌림을 받아 악한 양심으로부터 벗어나고 몸은 맑은 물로 씻음을 받았으니 참 마음과 온전한 믿음으로 하나님께 나아가자
> 롬 5:1 : 그러므로 우리가 믿음으로 의롭다 하심을 받았으니 우리 주 예수 그리스도로 말미암아 하나님과 화평을 누리자
> 롬 15:13 : 소망의 하나님이 모든 기쁨과 평강을 믿음 안에서 너희에게 충만하게 하사 성령의 능력으로 소망이 넘치게 하시기를 원하노라
> 요 14:27 : 평안을 너희에게 끼치노니 곧 나의 평안을 너희에게 주노라 내가 너희에게 주는 것은 세상이 주는 것과 같지 아니하니라 너희는 마음에 근심하지도 말고 두려워하지도 말라

3. 성령 안에서 누리는 진정한 희락

구속함을 받은 성도가 누리는 축복인 참된 희락은 이 세상으로부터 오는 것이 아니라 하나님께서 주시는 것이다. 따라서 성령 하나님의 은혜로운 구원의 열매는 참된 기쁨과 즐거움으로 충만한 것이며, 이러한 기쁨은 이 세상의 그 무엇도 빼앗아 갈 수 없는 것이다. 따라서 구원의 확신을 가

진 성도들은 환난과 고난 가운데서도 진정 기뻐하고 감사의 찬송을 부를 수 있다. 이것이 하나님께서 우리에게 주시는 말할 수 없는 은혜의 선물이요 구원의 능력이다. 그리하여 만일 우리가 고난과 환난 중에서도 이러한 참된 기쁨을 누리고 있다면, 그때 우리는 이미 장차 누릴 영원한 천국의 복락과 기쁨을 미리 맛보고 누리고 있는 것이다.[6]

- 요 15:10-11 : 내가 아버지의 계명을 지켜 그의 사랑 안에 거하는 것 같이 너희도 내 계명을 지키면 내 사랑 안에 거하리라 내가 이것을 너희에게 이름은 내 기쁨이 너희 안에 있어 너희 기쁨을 충만하게 하려 함이라
- 롬 14:17 : 하나님의 나라는 먹는 것과 마시는 것이 아니요 오직 성령 안에 있는 의와 평강과 희락이라
- 갈 5:22-23 : 오직 성령의 열매는 사랑과 희락과 화평과 오래 참음과 자비와 양선과 충성과 온유와 절제니 이같은 것을 금지할 법이 없느니라
- 합 3:17-18 : 비록 무화과나무가 무성하지 못하며 포도나무에 열매가 없으며 감람나무에 소출이 없으며 밭에 먹을 것이 없으며 우리에 양이 없으며 외양간에 소가 없을지라도 나는 여호와로 말미암아 즐거워하며 나의 구원의 하나님으로 말미암아 기뻐하리로다
- 고후 7:4 : 나는 너희를 향하여 담대한 것도 많고 너희를 위하여 자랑하는 것도 많으니 내가 우리의 모든 환난 가운데서도 위로가 가득하고 기쁨이 넘치는도다
- 빌 4:4 : 주 안에서 항상 기뻐하라 내가 다시 말하노니 기뻐하라

4. 성령 충만과 영적 성장

성도는 그의 믿음과 은혜가 충만한 가운데 영적으로 계속하여 자라가야 한다. 우리의 육신이 성장하는 것과 마찬가지로 우리의 믿음과 함께 우리

의 속사람도 계속하여 성장하고 성숙해야 하는 것이다. 이와 같이 우리가 영적으로 성장하기 위해서는 끊임없는 말씀의 양육과 성령의 충만함이 요구된다. 성령의 충만함이 없이는 영적 성장이 있을 수 없고, 믿음의 선한 싸움에서도 결코 승리할 수도 없다. 그러므로 성경은 "오직 성령으로 충만함을 받으라"(엡 5:18)고 하며, "오직 너 하나님의 사람아 이것들을 피하고 의와 경건과 믿음과 사랑과 인내와 온유를 따르며 믿음의 선한 싸움을 싸우라 영생을 취하라 이를 위하여 네가 부르심을 받았고 많은 증인 앞에서 선한 증언을 하였도다"(딤전 6:11-12)라고 한다.[7] 이와 같이 우리의 옛사람은 날마다 죽고 속사람은 날마다 자라가는 영적 성장과 더불어 우리의 삶속에 성화의 열매와 말씀에 대한 순종의 결과로 나타나는 선한 행위의 열매가 날로 많아진다면, 우리는 분명한 구원의 확신을 가질 수 있다(cf. 신비적 삼단논법/ 실천적 삼단논법).

골 1:9-12 : 너희로 하여금 모든 신령한 지혜와 총명에 하나님의 뜻을 아는 것으로 채우게 하시고 주께 합당하게 행하여 범사에 기쁘시게 하고 모든 선한 일에 열매를 맺게 하시며 하나님을 아는 것에 자라게 하시고 그의 영광의 힘을 따라 모든 능력으로 능하게 하시며 기쁨으로 모든 견딤과 오래 참음에 이르게 하시고 우리로 하여금 빛 가운데서 성도의 기업의 부분을 얻기에 합당하게 하신 아버지께 감사하게 하시기를 원하노라.

벧후 3:18 : 오직 우리 주 곧 구주 예수 그리스도의 은혜와 그를 아는 지식에서 자라 가라 영광이 이제와 영원한 날까지 그에게 있을지어다.

엡 3:16-19 : 그의 영광의 풍성함을 따라 그의 성령으로 말미암아 너희 속사람을 능력으로 강건하게 하시오며 믿음으로 말미암아 그리스도께서 너희 마음에 계시게 하시옵고 너희가 사랑 가운데서 뿌리가 박히고 터가 굳어져서 능히 모든 성도와 함께 지식에 넘치는 그리스도의 사랑을 알고 그 너비와 길이와 높이와 깊이가 어떠함을 깨달아 하나님의 모든 충만하신 것으로 너희에게 충만하게 하시기를 구하노라.

엡 4:13-15 : 우리가 다 하나님의 아들을 믿는 것과 아는 일에 하나가 되어 온전한 사람을 이루어 그리스도의 장성한 분량이 충만한 데까지 이르리니 … 오직 사랑 안에서 참된 것을 하여 범사에 그에게까지 자랄지라 그는 머리니 곧 그리스도라.

II. 성도의 견인(堅忍, Perseverance)

1. 견인의 의미

성령께서는 신자들의 심령을 새롭게 하는 구원의 역사를 시작하심은 물론, 이를 계속하시며 마침내 그 구원을 완성하시는데, 이것을 견인(堅忍)의 사역이라 한다. 이러한 성도의 견인 교리는 성도로 하여금 궁극적인 구원의 확신을 가지게 한다.[8]

빌 1:6 : 너희 안에서 착한 일을 시작하신 이가 그리스도 예수의 날까지 이루실 줄을 우리는 확신하노라

요 10:27-29 : 내 양은 내 음성을 들으며 나는 그들을 알며 그들은 나를 따르느니라 내가 그들에게 영생을 주노니 영원히 멸망하지 아니할 것이요 또 그들을 내 손에서 빼앗을 자가 없느니라 그들을 주신 내 아버지는 만물보다 크시매 아무도 아버지 손에서 빼앗을 수 없느니라

2. 견인의 근거 – 성도들의 구원의 확실성[9]

우리의 구원의 확실성은 우리 자신의 공로나 행위에 기초한 것이 아니라 전적으로 삼위일체 하나님의 사역과 은혜에 기초한 것이기 때문에 확실한 것으로 보장되는 것이다. 즉, 우리의 구원은 하나님의 영원한 언약에 근거한 것이다. 그런데 성경은 언약에 있어 그것의 확실한 이행을 위하여 반드시 두 사람 이상의 증인이 필요하다고 말한다. 그러므로 성부 하나님의 영원한 구속언약의 보증으로 우리의 중보자 되신 성자 하나님과 또 다른 보혜사 성령 하나님께서 보증이 되어 주심으로 우리의 구원의 확실성을 이중으로 보증하고 있는 것이다.

(1) 성부 하나님의 영원한 예정

가장 먼저, 구원의 확실성을 말하는 성도의 견인은 우리의 행위나 공로에 근거한 것이 아니라 오직 성부 하나님의 영원한 작정에 따른 선택과 예정의 불변성에 기초하며, 또한 변개할 수 없는 하나님의 신실한 언약에 기초한 것이기 때문에 성도의 구원의 확실성은 그 자체로서 결코 번복되거나 변할 수 없는 것이다.[10]

> **롬 8:30** : 또 미리 정하신 그들을 또한 부르시고 부르신 그들을 또한 의롭다 하시고 의롭다 하신 그들을 또한 영화롭게 하셨느니라
>
> **롬 11:29** : 하나님의 은사와 부르심에는 후회하심이 없느니라
>
> **히 6: 17-18** : 하나님은 약속을 기업으로 받는 자들에게 그 뜻이 변하지 아니함을 충분히 나타내시려고 그 일을 맹세로 보증하셨나니 이는 하나님이 거짓말을 하실 수 없는 이 두 가지 변하지 못할 사실로 말미암아 앞에 있는 소망을 얻으려고 피난처를 찾은 우리에게 큰 안위를 받게 하려 하심이라

(2) 성자 하나님의 구속의 중보사역

다음으로 우리의 영원한 중보자가 되시는 성자 하나님, 곧 예수 그리스도의 속죄의 완전성과 지금도 하나님 보좌 우편에서 계속되고 있는 그의 중보사역은 이것을 더욱 효과 있게 하시며, 반드시 이루어지게 하신다.[11]

> **마 28:20** : 볼지어다 내가 세상 끝날까지 너희와 항상 함께 있으리라 하시니라
>
> **히 7:24-25** : 예수는 영원히 계시므로 그 제사장 직분도 갈리지 아니하느니라 그러므로 자기를 힘입어 하나님께 나아가는 자들을 온전히 구원하실 수 있으니 이는 그가 항상 살아 계셔서 그들을 위하여 간구하심이라
>
> **요 6:39-40** : 나를 보내신 이의 뜻은 내게 주신 자 중에 내가 하나도 잃어버리지 아니하고 마지막 날에 다시 살리는 이것이니라 내 아버지의 뜻은 아들을 보고 믿는 자마다 영생을 얻는 이것이니 마지막 날에 내가 이를 다시 살리리라 하시니라
>
> **롬 8:39-40** : 내가 확신하노니 사망이나 생명이나 천사들이나 권세자들이나 현재 일이나 장래 일이나 능력이나 높음이나 깊음이나 다른 어떤 피조물이라도 우리를 우리 주 그리스도 예수 안에 있는 하나님의 사랑에서 끊을 수 없으리라

(3) 성령 하나님의 인치심과 보증

마지막으로, 우리 가운데 내주해 계시며 우리를 도우시는 보혜사 성령 하나님의 인치심과 보증의 증거는 우리의 구원의 확신을 결코 의심할 수 없는 것으로 만든다.[12]

> **고후 1:21-22** : 우리를 너희와 함께 그리스도 안에서 굳건하게 하시고 우리에게 기름을 부으신 이는 하나님이시니 그가 또한 우리에게 인치

시고 보증으로 우리 마음에 성령을 주셨느니라

엡 1:13-14 : 그 안에서 너희도 진리의 말씀 곧 너희의 구원의 복음을 듣고 그 안에서 또한 믿어 약속의 성령으로 인치심을 받았으니 이는 우리 기업의 보증이 되사 그 얻으신 것을 속량하시고 그의 영광을 찬송하게 하려 하심이라

엡 4:30 : 하나님의 성령을 근심하게 하지 말라 그 안에서 너희가 구원의 날까지 인치심을 받았느니라

3. 구원의 확신과 성도의 인내

(1) 성도의 믿음의 인내

참된 구원을 받은 성도들은 비록 그 믿음의 길을 가는 동안에 여러 가지 우여곡절과 고난과 환난이 있을 수 있으나, 담대한 믿음을 가지고 그 구원의 확신을 끝까지 견지해야 한다.[13] 이러한 성도의 믿음의 인내는 견인 교리의 또 다른 한 측면이라고 할 수 있다.

히 3:14 : 우리가 시작할 때에 확신한 것을 끝까지 견고히 잡고 있으면 그리스도와 함께 참여한 자가 되리라

(2) 천국에 대한 소망

구원받은 성도는 이미 이 세상에 속한 것이 아니라 하나님의 백성이기 때문에 참된 소망을 이 세상이 아니라 영원한 기업인 천국에 두어야 한다.

빌 3:19-20 : 그들의 마침은 멸망이요 그들의 신은 배요 그 영광은 그들의 부끄러움에 있고 땅의 일을 생각하는 자라 그러나 우리의 시민권은 하늘에 있는지라 거기로부터 구원하는 자 곧 주 예수 그리스도

를 기다리노니

롬 5:3-4 : 다만 이뿐 아니라 우리가 환난 중에도 즐거워하나니 이는 환난은 인내를, 인내는 연단을, 연단은 소망을 이루는 줄 앎이로다

(3) 이긴 자들에게 주실 상급을 바라봄

그리하여 믿음으로 끝까지 인내하고 믿음의 선한 싸움에서 승리한 성도에게는 하나님께서 주시는 영원한 부름의 상, 곧 영원한 천국의 기업과 생명의 면류관이 주어질 것이다.

약 1:12 : 시험을 참는 자는 복이 있나니 이는 시련을 견디어 낸 자가 주께서 자기를 사랑하는 자들에게 약속하신 생명의 면류관을 얻을 것이기 때문이라

계 2:7 : 귀 있는 자는 성령이 교회들에게 하시는 말씀을 들을지어다 이기는 그에게는 내가 하나님의 낙원에 있는 생명나무의 열매를 주어 먹게 하리라

계 2:25-26 : 다만 너희에게 있는 것을 내가 올 때까지 굳게 잡으라 이기는 자와 끝까지 내 일을 지키는 그에게 만국을 다스리는 권세를 주리니

누가 우리를 그리스도의 사랑에서 끊으리요

환난이나 곤고나 박해나 기근이나

적신이나 위험이나 칼이랴 …

그러나 이 모든 일에 우리를 사랑하시는

이로 말미암아 우리가 넉넉히 이기느니라

(롬 8:35, 37)

제 22 과
육체적 죽음과 중간상태

제37문 : 신자들이 죽을 때 그리스도로부터 받는 혜택들이 무엇입니까?
답 : 신자들은 죽을 때 그들의 영혼은 완전히 거룩하게 되어 그 즉시 영광에 들어가고, 그 육체는 그리스도와 연합된 그대로 부활 때까지 무덤에서 쉬게 되는 것입니다.
히 12:23; 계 14:13; 19:8; 요일 3:2; 엡 5:27; 눅 23:43; 살전 4:14; 요 5:28

I. 죽음이란 무엇인가?

종말론은 일반적으로 개인 종말론과 보편 종말론으로 나누는데, 개인 종말론은 육체의 죽음의 문제와 죽음 이후 영혼의 상태(사후존속 혹은 중간상태)를 다루고, 보편 종말론은 전체 역사의 종말을 다루면서 그 의미를 묻는 것인데, 특히 예수 그리스도의 재림과 최후심판 등의 문제들을 다룬다.[1]

1. 죽음의 종류

인간이 경험하는 죽음의 종류에는 다음과 같이 3가지가 있는데, 곧 ①
영적 죽음(spiritual death), ② 육체적 죽음(생물학적 죽음, biological death), 그리고 ③
영원한 죽음(eternal death)이 바로 그것이다.[2] 영적인 죽음은 죄로 말미암아
참된 생명이신 하나님과의 관계가 단절된 것을 말한다. 첫 인간 아담의 타
락으로 말미암아 모든 사람은 나면서부터 이미 영적인 죽음의 상태로 태
어나지만, 택함받은 자들은 생명의 영이신 성령으로 말미암아 그리스도
안에서 하나님과 화목함으로써 중생(거듭남)의 은혜를 입어 영적 생명이 다
시 주어진다. 그리고 육체의 부활과 최후 심판 후에 있을 영원한 죽음, 곧
하나님과의 완전한 분리를 말하는 '둘째 사망'(계 2:11)은 중생한 그리스도
인은 경험하지 아니하므로, 여기에서는 성도가 개인의 생애 마지막에 경
험하게 되는 육체적 죽음의 문제를 중점적으로 다루기로 한다.

(1) 영적인 죽음(Spiritual Death)

창 6:3 : 여호와께서 이르시되 나의 영이 영원히 사람과 함께 하지 아니하
리니 이는 그들이 육신이 됨이라

엡 2:3 : 전에는 우리도 다 그 가운데서 우리 육체의 욕심을 따라 지내며 육
체와 마음의 원하는 것을 하여 다른 이들과 같이 본질상 진노의 자
녀이었더니

(2) 육체적인 죽음(Biological Death)

창 3:19 : 너는 흙이니 흙으로 돌아갈 것이니라 하시니라
롬 6:23 : 죄의 삯은 사망이요
히 9:27 : 한번 죽는 것은 사람에게 정해진 것이요 그 후에는 심판이 있으리니

(3) 영원한 죽음(Eternal Death)

> 마 25:46 : 그들은 영벌에, 의인들은 영생에 들어가리라 하시니라
> 계 21:8 : 그러나 두려워하는 자들과 믿지 아니하는 자들과 흉악한 자들과 살인자들과 음행하는 자들과 점술가들과 우상 숭배자들과 거짓말 하는 모든 자들은 불과 유황으로 타는 못에 던져지리니 이것이 둘째 사망이라
> 계 2:11 : 귀 있는 자는 성령이 교회들에게 하시는 말씀을 들을지어다 이기는 자는 둘째 사망의 해를 받지 아니하리라(cf. 계 20:6 이하)

2. 육체적 죽음의 원인

(1) 육체적 죽음은 자연적인 것이 아니다

인간의 육체적인 죽음은 자연적인가 하는 질문은 창조의 본질에 대한 질문이다. 즉, 이 질문은 곧 인간이 본질적으로 죽을 존재로 창조되었는가 하는 것이다. 그러나 성경은 인간이 하나님의 형상으로 창조함을 받아 살아있는 존재(a living being), 곧 생명이 있는 존재가 되었으며, 생명나무 열매를 먹고 영생할 수 있는 가능성과 조건 속에 있었음을 가르친다.[3]

> 창 2:7 : 여호와 하나님이 땅의 흙으로 사람을 지으시고 생기를 그 코에 불어넣으시니 사람이 생령이 되니라(the LORD God formed the man from the dust of the ground and breathed into his nostrils the breath of life, and the man became a living being - NIV)
> 창 1:27-28 : 하나님이 자기 형상 곧 하나님의 형상대로 사람을 창조하시되 남자와 여자를 창조하시고 하나님이 그들에게 복을 주시며 하나님이 그들에게 이르시되 생육하고 번성하여 땅에 충만하라, 땅을 정

> 복하라, 바다의 물고기와 하늘의 새와 땅에 움직이는 모든 생물을 다스리라 하시니라
>
> **창 3:22** : 여호와 하나님이 이르시되 보라 이 사람이 선악을 아는 일에 우리 중 하나 같이 되었으니 그가 그의 손을 들어 생명 나무 열매도 따먹고 영생할까 하노라 하시고

(2) 육체적인 죽음은 죄로 말미암아 주어진 형벌이다

하나님께서 주신 축복 가운데서 영생할 수 있도록 창조함을 받은 인간에게 피할 수 없도록 육체적인 죽음이 찾아 온 것은 타락한 인간의 죄에 대한 하나님의 형벌의 결과임을 성경은 말한다.[4] 그러므로 인간에게 있어 죽음은 자연의 한 과정도 아니고 본래적인 삶의 일부도 아니므로, 죽음 자체를 미화할 수는 없다. 실제로 죽음은 우리와 원수된 것이며(고전 15:26 – "나중에 멸망 받을 원수는 사망이니라"), 하나님께서 우리에게 주시고자 하는 것은 영원한 생명이다(cf. 요 3:16).

> **창 2:17** : 선악을 알게 하는 나무의 열매는 먹지 말라 네가 먹는 날에는 반드시 죽으리라 하시니라
>
> **롬 6:23** : 죄의 삯은 사망이요
>
> **롬 5:12** : 그러므로 한 사람으로 말미암아 죄가 세상에 들어오고 죄로 말미암아 사망이 들어왔나니 이와 같이 모든 사람이 죄를 지었으므로 사망이 모든 사람에게 이르렀느니라

3. 그리스도인에게 있어 육체적인 죽음의 의미[5]

(1) 영혼과 육체의 분리로서의 죽음

믿음으로 거듭남으로 영적인 생명이 다시 회복된 그리스도인에게도 어

김없이 육체적인 죽음이 찾아온다. 그렇다면 그리스도인에게 있어 이 죽음의 의미는 과연 무엇인가? 먼저, 성경의 가르침에 따르면, 육체적인 죽음은 영혼과 육체의 분리이다.[6] 그러나 우리의 영혼은 결코 그 생명을 잃지 아니한다. 이미 살펴 본 바와 같이, 죽음은 하나님의 본래적인 계획의 일부가 아니라 죄의 즉각적인 결과였다(cf. 롬 5:12). 따라서 만일 죄가 없었더라면, 영혼과 육체의 분리는 일어나지 않았을 것이다. 죄가 세상에 들어왔을 때, 그것은 인간의 현세 삶이 영적 죽음뿐만 아니라 육체적인 죽음으로 가득 차게 했다. 그러나 육체적 죽음은 우리의 영혼까지 죽일 수는 없고, 단지 육체로부터 영혼의 분리를 야기한다. 이것이 성경의 가르침인데, 성경은 우리의 육체를 잠시 동안 거할 장막 혹은 오두막에 비유하며, 우리는 죽을 때 이것을 떠나게 된다. 그러므로 베드로는 임종을 가르켜 "장막을 벗을 때가 다가온 것"이라 했다(벧후 1:14).

그러므로 영혼과 육체의 분리는 우리가 죽을 때 우리의 존재가 완전히 사멸되는 것이 아님을 의미한다. 왜냐하면 그것은 단지 육체로부터 우리의 영혼의 분리를 말할 뿐이요, 존재의 다른 양태로의 이행을 말할 뿐이기 때문이다.

벧후 1:14 : 이는 우리 주 예수 그리스도께서 내게 지시하신 것 같이 나도 나의 장막을 벗어날 것이 임박한 줄을 앎이라

마 10:28 : 몸은 죽여도 영혼은 능히 죽이지 못하는 자들을 두려워하지 말고 오직 몸과 영혼을 능히 지옥에 멸하실 수 있는 이를 두려워하라

전 12:7 : 흙은 여전히 땅으로 돌아가고 영은 그것을 주신 하나님께로 돌아가기 전에 기억하라

(2) 영혼과 육체 사이의 갈등의 종말, 그리고 성화의 완성으로서의 죽음

성령의 능력으로 거듭난 그리스도인에게 있어 이 육체 안에서 사는 동안은 마치 계속되는 치열한 영적인 전쟁의 시간과도 같다. 그러나 우리가 우리의 육체를 벗어 버리는 순간, 마침내 이 영적 전투는 멈추고 끝날 것이며, 우리는 최후의 승리를 쟁취할 것이다. 그러므로 그리스도인에게 있어 죽음은 우리의 중생과 성화의 과정에 있어 영혼과 육체의 갈등의 종말, 곧 믿음의 선한 싸움이 끝나는 것을 말한다. 성경은 우리가 육체의 짐을 벗어버릴 그 때에 영혼과 육체의 싸움은 그친다고 한다. 왜냐하면 죽음을 맞이한 다음에야 비로소 모든 선함 믿음의 싸움이 끝나고 우리의 적들이 더 이상 우리를 공격할 수 없기 때문에, 우리는 최상의 확실성과 함께 그것을 얻게 되기 때문이다. 이러한 의미에서 죽음은 최종적인 죄로 타락한 본성으로서의 육체의 죽임이며, 그리고 우리의 거듭난 생명의 영이 충만하게 소성케 되는 것이다. 그러므로 죽음은 믿는 자들에게는 영혼과 육체 사이의 투쟁의 종말에 다름 아니다. 왜냐하면 그들이 육체로부터 자유롭게 될 때, 그들은 더 이상 육체의 욕망들과 싸울 필요가 없으며, 마치 전투의 장면들을 바깥에서 구경하듯이 서 있을 것이기 때문이다.

따라서 그리스도인에게 있어 죽음은 죄의 속박으로부터의 해방이며, 동시에 성화의 완성이다. 육체적 죽음의 순간에 하나님께서는 신실한 자들로부터 모든 죄를 제거하시고, 영적 전쟁을 종결하게 하신다. 그러므로 인간은 죽음에 의해서 비로소 이 죽을 육체로부터 자유로워지는 것이다. 그러므로 칼빈은 심지어 아주 역설적으로 "죽음 그 자체는 바로 죽음의 속박으로부터의 해방이다"라고 말한다. 이와 같이 바로 죽음에 의해서 성도들은 성화의 완전한 종결을 맞이하는데, 그것은 바로 죽음의 순간이 그들이 육체로부터 자유하게 되고 완전히 그리스도에게 연합하는 순간이 되기 때

문이다. 그러므로 참으로 역설적이지만, 어떤 의미에서는 성도에게 있어서 죽음이야말로 삶의 목표이며 종결이라 할 수 있다. 왜냐하면 우리는 죽음을 통하여 우리에게 약속된 기업, 곧 영원한 천국에 들어가기 때문이다. 따라서 우리는 육체적인 죽음을 결코 두려워할 필요가 없다.

> **갈 5:16-17** : 내가 이르노니 너희는 성령을 따라 행하라 그리하면 육체의 욕심을 이루지 아니하리라 육체의 소욕은 성령을 거스르고 성령은 육체를 거스르나니 이 둘이 서로 대적함으로 너희가 원하는 것을 하지 못하게 하려 함이니라
> **롬 8:10** : 또 그리스도께서 너희 안에 계시면 몸은 죄로 말미암아 죽은 것이나 영은 의로 말미암아 살아 있는 것이니라
> **빌 1:6** : 너희 안에서 착한 일을 시작하신 이가 그리스도 예수의 날까지 이루실 줄을 우리는 확신하노라

(3) 축복된 삶의 잠정적인 시작으로서의 죽음

마지막으로, 우리에게 있어 육체적 죽음의 순간은 바로 시간과 영원, 그리고 현세의 삶과 내세의 삶을 예리하게 구분하는 붉은 경계선이다. 구원받지 못한 자들에게 있어 육체적 죽음은 영원한 저주와 죽음으로 들어가는 첫 관문이다. 그러나 구원받은 성도들에게 있어 죽음은 바로 영원한 축복과 생명으로 들어가는 입구이다. 즉, 우리의 육체는 죽지만, 그러나 바로 그 죽음에 의해서 우리의 영혼은 영원한 생명으로 들어간다. 이러한 의미에서, 죽음이야 말로 핵심적인 종말론적 사건이다. 왜냐하면 죽음을 통하여 중생한 영혼이 그 미래 왕국의 완전함으로 들어가기 때문이다.

따라서 죽음은 영원한 생명에 들어가기 위하여, 또한 죄와 죽음으로부터 완전한 자유함을 얻기 위하여 이 세상을 떠나는 것에 다름 아니다. 바

로 그 죽음의 순간에, 주님께서는 그의 신실한 백성들을 그의 왕국으로 받아들이시며, "그의 눈에서 모든 눈물을 씻기실 것이며"(계 7:17; 사 25:8), 그들을 '영광과 기쁨의 예복' 으로 입히시고, 그의 희락의 말할 수 없는 단맛으로 먹이실 것이며, 그와의 영광된 생명의 친교에 들이시며, 또한 그들로 하여금 그의 지고지순한 행복에 참여하게 하실 것이다. 그러나 이 모든 것은 잠정적인 것이다. 왜냐하면 우리의 영혼은 아직 마지막 육체의 부활을 기다려야 하기 때문이다.

- **고후 5:1-2** : 만일 땅에 있는 우리의 장막 집이 무너지면 하나님께서 지으신 집 곧 손으로 지은 것이 아니요 하늘에 있는 영원한 집이 우리에게 있는 줄 아느니라 참으로 우리가 여기 있어 탄식하며 하늘로부터 오는 우리 처소로 덧입기를 간절히 사모하노라
- **딤후 4:6-8** : 전제와 같이 내가 벌써 부어지고 나의 떠날 시각이 가까웠도다 나는 선한 싸움을 싸우고 나의 달려갈 길을 마치고 믿음을 지켰으니 이제 후로는 나를 위하여 의의 면류관이 예비되었으므로 주 곧 의로우신 재판장이 그 날에 내게 주실 것이며 내게만 아니라 주의 나타나심을 사모하는 모든 자에게도니라
- **롬 8:18** : 생각하건대 현재의 고난은 장차 우리에게 나타날 영광과 비교할 수 없도다
- **눅 23:43** : 예수께서 이르시되 내가 진실로 네게 이르노니 오늘 네가 나와 함께 낙원에 있으리라 하시니라

II. 중간상태(the Intermediate State)[7]

1. 중간상태란 무엇인가?

중간상태(the Intermediate State)란 육체적 죽음과 마지막 부활 사이의 기간 동안에 육체와 분리된 영혼이 존재하는 영역과 그 영혼의 상태에 대한 성경적 가르침을 말한다.[8] 즉, 육체적 죽음으로 인해 육체와 분리된 우리의 영혼이 최후 종말의 때에 있을 육체의 부활까지 우리의 영혼이 어디에서 어떠한 상태로 존재하는가 하는 문제를 다루는 것이 곧 '중간상태에 대한 교리'이다. 따라서 그것은 완전한 인격(person - 영과 육의 전인)의 중간상태가 아니라 '영혼의 중간상태'를 말하는 것이다. 왜냐하면 그것은 우리의 몸으로부터 분리된 영혼만의 시간이기 때문이다.

성경의 가르침에 의하면, 성도들의 영혼은 죽음으로 인해 단순히 소멸되거나 무의식 상태로 잠드는 것이 아니라, 그것이 그리스도 안에서 다시 새롭게 될 육체의 부활을 기대하면서 이미 천상의 평안을 즐기는 것으로, 이는 마침내 몸이 부활할 때 축복의 완성을 가져 올 것이다. 그러나 불의한 자들의 영혼들은 그들에 대한 최종적인 저주에 대한 처참한 기대와 함께 고통을 의식하는 가운데 음부에 갇히게 된다.[9] 그러나 중간상태는 영혼만의 상태이기 때문에 그 모든 축복과 저주는 단지 잠정적인 것이다. 그러므로 중간상태의 본질적인 특징들 중의 하나는 바로 그것의 잠정성(provisionality)에 있다 할 것이다.

2. 중간상태(사후존속)의 의미

(1) 잠정적인 축복(Provisional Blessedness)

육체적 죽음 이후에, 택함 받아 중생한 자들의 영혼들은 즉각적으로 아브라함의 품에서 그리스도와 함께 이 땅에서의 삶과는 비교할 수 없는 영원한 평안의 안식(쉼)에 들어간다. 하나님께서는 믿는 자들을 그들의 죽음

이후에 즉각적으로 자신에게로 받아들이신다. 다시 말해서, 죽음과 중간상태의 삶 사이에 시간의 지체란 없다. 따라서 재세례파들이 주장한 바와 같이 중간상태에서 무의식의 상태로 영혼이 잠잔다는 영혼수면설(cf. 여호와 증인, 안식교 등)뿐만 아니라 로마 가톨릭의 연옥설은 명백하게 성경의 가르침과는 다른 것이다. 성경에 따르면, 구속 받은 자들에게 있어 중간상태란 하나님의 품 안에서의 평안의 쉼(안식), 기쁨, 그리고 충만한 위로의 시간이다. 성경은 '아브라함의 품'(cf. 눅 16:23)이라는 말로써 오직 이러한 안식(쉼, 휴식)을 말하는데, 그것은 하나님의 약속의 신실하심에 근거하여 육체로부터 자유롭게 되었을 때, 영혼이 누리는 평안의 안식을 의미하는 것이다.

그러나 이러한 안식이 무의식의 상태를 말하는 것은 전혀 아니다. 왜냐하면 유대인의 어법에 있어 '아브라함의 품'이 의미하는 바는 '하나님 안에서의 안식'이라는 것과 동일한 것이기 때문이다. 그러므로 구속받은 자들의 영혼들은 그들이 죽을 때에 즉각적으로 '낙원'의 영원한 축복으로 들어간다(눅 23:43). 그러나 그들은 아직 그것의 종말론적 완성, 즉 육체의 부활의 날까지 기다려야 한다. 말하자면, 구속함을 받은 영혼들은 아브라함의 품속에서 그리스도와의 천상의 연합을 이미 누린다는 점에 대하여는 의심할 여지가 없다. 그러나 아직은 구속의 완성이자 궁극적인 목표인 예수 그리스도께서 충만한 영광 가운데서 다시 오심과 더불어 마지막 육체의 부활까지 기다려야만 하기 때문에, 그들의 영혼이 누리는 천상의 축복은 잠정적인 것이다.

전 12:7 : 흙은 여전히 땅으로 돌아가고 영은 그것을 주신 하나님께로 돌아가기 전에 기억하라

고후 5:1 : 만일 땅에 있는 우리의 장막 집이 무너지면 하나님께서 지으신

집 곧 손으로 지은 것이 아니요 하늘에 있는 영원한 집이 우리에게
있는 줄 아느니라

눅 23:43 : 예수께서 이르시되 내가 진실로 네게 이르노니 오늘 네가 나와
함께 낙원에 있으리라 하시니라

눅 23:46 : 예수께서 큰 소리로 불러 이르시되 아버지 내 영혼을 아버지 손
에 부탁하나이다 하고 이 말씀을 하신 후 숨지시니라

(2) 잠정적인 저주(Provisional Damnation)

죽음의 순간에 택함을 받은 자들의 영혼이 아브라함의 품속에서의 축복, 혹은 낙원에 들어감으로 영원한 구원의 첫 열매들을 즐기는 동안, 버림받은 자들의 영혼들 역시 육체로부터 이탈되지만, 그렇다고 소멸되거나 무의식의 상태로 존재하지 않고, 하나님으로부터 완전히 소외된 죽음의 어두운 장소인 '음부'(스올, 하데스)에 갇혀 영원한 저주를 고통과 두려움 속에서 기다리게 된다.[10] 칼빈은 유다서를 인용하여 다음과 같이 말한다. "버림받은 수많은 자들의 운명은 의심할 바 없이 유다서에서 마귀들에게 주어진 것과 동일하다: 즉, 그들을 위해 정해진 처벌에 처해질 때까지 결박되어 있을 것이다"(cf. 유 1:6).[11] 그러므로 그들은 지옥의 불을 맛보는 고통을 당한다. 즉, 죽음으로 인하여 악하고 저주받은 자들에게는 결코 쉼(휴식)이 주어지지 않는다는 것이 분명하다.

그 불의한 자들의 영혼들은 무의식의 상태로 잠자는 것이 아니라 그들을 기다리는 마지막 심판에 대한 처절한 공포 가운데 계속 떨고 있을 것이다. 그들은 악한 부자(눅 16:23)와 마찬가지로 음부의 고통 속에서 하나님의 참담한 최후의 심판을 기다리는 가운데, 하나님의 진노를 경험하고 있을 것이다. 그러므로 버림받은 자들은 죄로 인한 영적인 죽음과 하나님으로부터 분리된 상태로 계속 남아 있을 것이다. 그 가운데서 그들이 깨달을

수 있는 것은 단지 이제 너무 늦었다는 것과 죽음 안에서 안식을 누린다는 것이 그들에게는 전혀 허락되지 않았다는 사실 뿐이다. 또한 그들에게는 죽음이 어떤 부드러운 잠과는 너무나 다른 것이라는 것을 깨닫게 되는 지극히 고통스럽고 비참한 의식이 있을 뿐이다.

> 유 1:6-7 : 또 자기 지위를 지키지 아니하고 자기 처소를 떠난 천사들을 큰 날의 심판까지 영원한 결박으로 흑암에 가두셨으며 소돔과 고모라와 그 이웃 도시들도 그들과 같은 행동으로 음란하며 다른 육체를 따라 가다가 영원한 불의 형벌을 받음으로 거울이 되었느니라
>
> 시 9:17 : 악인들이 스올로 돌아감이여 하나님을 잊어버린 모든 이방 나라들이 그리하리로다
>
> 눅 16:23 그가 음부에서 고통중에 눈을 들어 멀리 아브라함과 그의 품에 있는 나사로를 보고

(3) 〈웨스트민스터 신앙고백서〉 제32장 1항: "죽음 이후의 상태에 대하여"

인간의 육체는 죽은 후에 흙으로 돌아가 썩게 되나, 영혼은 – 결코 죽거나 잠들지 않음 – 불멸의 본질을 가지고 있기 때문에 그것을 주신 하나님께로 즉시 돌아간다. 의인의 영혼은 죽는 순간에 거룩함으로 완전케 되어 지극히 높은 천국에 들어가 거기서 빛과 영광 가운데서 하나님의 얼굴을 뵈오며, 그 몸의 온전한 구속을 기다린다. 그러나 악한 자의 영혼은 지옥에 던지어져 거기서 고통과 칠흑 같은 어두움 가운데 지내며, 마지막 날의 심판을 기다리게 된다. 성경은 죽은 후에 육신을 떠난 영혼이 갈 곳으로 이 두 장소(지옥과 천국) 외에는 아무 곳도 인정하지 않는다.

3. 중간상태에 대한 잘못된 이해들

(1) 로마 가톨릭의 연옥설(Purgatory) – 사후 영혼이 존재하는 장소의 문제

로마 가톨릭의 연옥교리에 따르면, 영세를 받은 신자들 가운데 순결한 영혼들은 곧 바로 천국으로 들어가지만(cf. 마 25:46; 빌 1:23), 아직 완전하게 깨끗함을 받지 못한 상태에 있는 대부분의 신자들은 죽음 후에 '연옥' 이라는 곳으로 가게 된다. 연옥은 아직 천국으로 바로 들어가기에는 부적합한 요소들이 있는 신자들의 영혼들이 정화되는 곳으로, 이러한 정화는 불에 의한 혹독한 형벌적 고통에 의하여 이루어진다. 그러나 그 기간이나 고통의 정도는 죽은 영혼이 필요로 하는 정화의 정도에 따라 다르며, 동시에 그것과 연결해서 이 세상에서 죽은 자들을 위한 모든 기도나 선행, 미사를 통하여서도 죽은 자들의 영혼의 정화 기간을 단축시키는 것이 가능하다고 생각한다. 뿐만 아니라, 그들은 교황이 이 연옥에 대한 관할권을 가지고 있다고 주장한다.

그러나 죽음 이후의 중간상태에서 그 영원한 운명을 바꾸는 어떠한 결정이나 혹은 기도와 같은 이 현세로부터의 영향들로 말미암는 어떠한 변화도 불가능하다는 것이 성경의 일관된 가르침이다. 특히 칼빈은 로마 가톨릭의 입장을 다음과 같이 격렬하게 비판한다. "연옥은 사탄의 치명적인 허구로서 그리스도의 십자가를 무가치한 것으로 만들며, 하나님의 자비에 참을 수 없는 모욕을 가하며, 우리의 신앙을 뒤집으며 파괴한다." "연옥은 많은 신성모독으로 구축된 것이며, 매일 새로운 것들로 지탱되며, 여러 가지 파멸적인 죄악을 선동하고 있으므로 도저히 묵과할 수 없다"[12] 사실 우리가 우리 자신의 죄에 대하여 보속(satisfaction)이 될 수 있다는 것은 불가능하며, 오직 그리스도의 십자가의 보혈만이 믿는 자들의 죄에 대한 유일한 보속이며, 유일한 속죄와 유일한 정화이다. 그러므로 연옥설을 주장하는 것은 그리스도에 대한 무서운 신성모독이며 불경건의 원천이다. 따라서 개혁주의 신앙은 연옥뿐만 아니라 세상을 떠난 자들의 영혼들을 위한 기도, 즉 그들이 연옥으로부터 풀려나게 하는 기도들에 대하여 비성경적이라고 강력하게 비난한다.

인간에게 있어서 죽음은 영원한 축복이나 또는 영원한 저주에로 열려진 결정적인 문인데, 한번 이 문을 지나면 다시 이 판결을 바꿀 수 있는 가능성이란 전혀 없다. 또한 연옥교리를 위해서 로마 가톨릭 교회가 초대 교부들에 호소하는 것이 전혀 무의미하다고 말하면서 칼빈은 다음과 같이 주장한다: "어거스틴은 가르치기를 육체의 부활과 영원한 영광이 모든 사람들을 기다리고 있으며, 만일 그들이 그러한 자격이 있다면, 모두가 죽은 후에 평안을 누릴 것이다. 그러므로 모든 신실한 자들은 선지자들이나 사도들, 그리고 순교자들과 마찬가지로 죽음 이후에 즉각적으로 복된 안식을 누린다고 증거한다. 만일 그들의 상태가 그러하다면, 우리의 기도가 과연 그들을 위해서 무엇을 줄 수 있겠는가 하고 묻고자 한다."[13]

(2) 영혼수면설 – 사후 영혼의 의식 상태에 대한 문제

영혼수면설에 의하면, 인간의 영혼이 죽음의 순간에 무의식 상태가 되며, 이 상태가 최후 부활의 순간까지 지속된다고 주장한다. 이 교리에 따르면 죽은 자들의 영혼들은 무덤, 곧 어떠한 지식이나 의식, 혹은 행위도 없는 침묵의 세계에서 잠을 잔다고 한다. 이러한 영혼수면설은 역사적으로 아주 적은 소종파들에 의하여 간간히 주장되었고, 현재로는 '여호와의 증인'과 '제7일 안식교'에 의하여 주장되고 있다. 실제로 성경에서는 죽은 자들을 '잠잔다'고 표현하는 곳이 있다(cf. 왕상 2:10; 마 9:24; 요 11:11; 행 7:60; 13:36; 고전 15:6, 18, 20, 51; 살전 4:13-15 등). 그러나 이러한 표현들은 죽음에 대한 관용적인 혹은 완곡어법의 표현이라고 할 수 있다. 즉, '잠잔다'는 표현은 죽음이란 우리의 현실 세계의 생활로부터 단절되어 더 이상 영향을 미치지 못함을 의미하는 것이며, 또한 죽은 자들이 부활의 소망 가운데 누리는 안식의 상태를 부드럽게 표현한 것일 뿐이다. 성경은 신자들이 죽음 후에 즉각적으로 하나님과 의식적인 교제의 삶을 누림을 말하고 있다(cf. 눅 16:19-31; 23:43; 행 7:59; 고후 5:8; 빌 1:23; 계 6:9; 7:9; 20:4). 그러므로 죽음 이후에 영혼이 무의식의 상태로 잠잔다고 보는 영혼수면설은 전혀 성경적인 가르침이라고 볼 수 없다.

> 만일 땅에 있는 우리의 장막 집이 무너지면
> 하나님께서 지으신 집 곧 손으로 지은 것이 아니요
> 하늘에 있는 영원한 집이 우리에게 있는 줄 아느니라
> 참으로 우리가 여기 있어 탄식하며
> 하늘로부터 오는 우리 처소로 덧입기를
> 간절히 사모하노라
> 이렇게 입음은 우리가 벗은 자들로
> 발견되지 않으려 함이라
>
> (고후 5:1-3)

제 23 과
예수 그리스도의 재림
: 부활과 최후심판

제38문 : 신자들이 부활할 때 그리스도로부터 받는 혜택들은 무엇입니까?
답 : 신자들은 부활할 때, 영광 중에 다시 일으킴을 받아서 심판 날에 신자임을 공적으로 인정을 받고 무죄선고를 받으며, 영원토록 하나님을 흡족하게 즐기는 완전한 축복을 받게 되는 것입니다.
살전 4:16-17; 요 5:28; 고전 13:12; 15:42-44; 마 10:32; 25:33-34; 요일 3:2; 시 16:11

I. 예수 그리스도의 재림

1. 예수 그리스도 재림의 확실성

일반적으로 보편 종말론(Eschatology)은 역사의 '마지막 때' (행 2:17; 딤후 3:1)와 그때에 이루어질 마지막 일들에 대하여 다룬다. 그러나 기독교 종말론은 단순히 앞으로 이루어질 법한 이 세상 역사의 불확실한 미래의 일들을 예견하고 논하는 과학적 미래학(Scientific Futurology)이나 혹은 세상을 미혹케 하는 미신적 예언(superstitious prophecy), 운명론적 점성술(fatalistic astrology)과 역술법 등과는 전혀 다른 것이다. 왜냐하면 그것은 단순히 미래의 일이나 역사의 파멸을 말하는 것이 아니라, 삼위일체 하나님의 우주적이며 역사적인 구속사의 완성과 성취를 말하는 것이며, 또한 성경이 예수 그리스도의 삶과 역사 속에서 이미 전체 역사의 마지막이 어떠할지에 대하여 확실히 보여 주고 있기 때문이다.

사실 우리는 예수 그리스도의 죽으심과 부활로 말미암아 이미 역사의 종말이 도래했지만, 아직은 완전히 완성되지 않은 '이미'와 '아직'(already, but not yet)이라는 독특한 역사적 시간, 곧 '마지막 때'를 살아가고 있다(cf. 히 1:1; 9:26; 벧전 1:20; 일 2:18; 딤전 4:1; 히 12:11; 요 13:36).[1] 그리고 각 개인의 삶의 종말도 단순히 육체적 죽음으로 끝나는 것이 아니라, 역사의 우주적인 종말에 있을 육체의 부활과 더불어 완성된다. 이 모든 것의 완성은 새 하늘과 새 땅을 가져오는 예수 그리스도의 재림으로 말미암는다. 그러므로 기독교 종말론의 핵심 사건은 예수 그리스도의 다시 오심(the Second Coming), 곧 재림(Parousia)이다. 그러나 우리는 예수 그리스도의 다시 오심을 어떻게 확신할 수 있는가?

(1) 예수 그리스도께서 친히 다시 오실 것을 말씀하시고, 또한 약속하셨다

> 요 14:2-3 : 내 아버지 집에 거할 곳이 많도다 그렇지 않으면 너희에게 일렀으리라 내가 너희를 위하여 거처를 예비하러 가노니 가서 너희를 위하여 거처를 예비하면 내가 다시 와서 너희를 내게로 영접하여 나 있는 곳에 너희도 있게 하리라
>
> 마 16:27 : 인자가 아버지의 영광으로 그 천사들과 함께 오리니 그 때에 각 사람이 행한 대로 갚으리라

> **마 24:30** : 그 때에 인자의 징조가 하늘에서 보이겠고 그 때에 땅의 모든 족속들이 통곡하며 그들이 인자가 구름을 타고 능력과 큰 영광으로 오는 것을 보리라

(2) 예수 그리스도께서 다시 오심은 선지자들이 예언하고, 천사와 사도들이 증거하고 있다. 그러므로 그리스도의 초림만큼이나 재림도 확실하다

> **행 1:11** : 이르되 갈릴리 사람들아 어찌하여 서서 하늘을 쳐다보느냐 너희 가운데서 하늘로 올려지신 이 예수는 하늘로 가심을 본 그대로 오시리라 하였느니라
>
> **히 9:28** : 이와 같이 그리스도도 많은 사람의 죄를 담당하시려고 단번에 드리신 바 되셨고 구원에 이르게 하기 위하여 죄와 상관 없이 자기를 바라는 자들에게 두 번째 나타나시리라
>
> **단 7:13-14** : 내가 또 밤 환상 중에 보니 인자 같은 이가 하늘 구름을 타고 와서 옛적부터 항상 계신 이에게 나아가 그 앞으로 인도되매 그에게 권세와 영광과 나라를 주고 모든 백성과 나라들과 다른 언어를 말하는 모든 자들이 그를 섬기게 하였으니 그의 권세는 소멸되지 아니하는 영원한 권세요 그의 나라는 멸망하지 아니할 것이니라

2. 재림 시기의 불확실성

예수 그리스도의 재림 그 자체는 그 어느 누구도 부인할 수 없는 확실한 사실이지만, 그 시기는 불확실하다.[2] 이러한 사실 때문에 역사적으로 수많은 종말론적 이단들이 출몰하고 있다.

> **마 24:36** : 그러나 그 날과 그 때는 아무도 모르나니 하늘의 천사들도, 아들

도 모르고 오직 아버지만 아시느니라

막 13:33 : 주의하라 깨어 있으라 그 때가 언제인지 알지 못함이라

마 24:44 : 너희도 준비하고 있으라 생각하지 않은 때에 인자가 오리라

3. 재림의 여러 가지 징조

하나님께서 예수 그리스도의 재림의 정확한 시기에 대해서는 우리에게 감추셨기 때문에 비록 그 때는 정확히 알지 못하나, 여러 가지 징조들을 통하여 재림의 때가 가까이 왔다는 것을 짐작할 수는 있다고 하셨다. 성경에 계시된 마지막 때에 대한 여러 가지 징조들은 다음과 같다.[3]

마 24:32-33 : 무화과나무의 비유를 배우라 그 가지가 연하여지고 잎사귀를 내면 여름이 가까운 줄을 아나니 이와같이 너희도 이 모든 일을 보거든 인자가 가까이 곧 문 앞에 이른 줄 알라

(1) 복음의 전 세계적인 전파

마 24:14 : 이 천국 복음이 모든 민족에게 증언되기 위하여 온 세상에 전파되리니 그제야 끝이 오리라

(2) 이스라엘의 민족적인 회심[4]

롬 11:25-26 : 이 신비는 이방인의 충만한 수가 들어오기까지 이스라엘의 더러는 우둔하게 된 것이라 그리하여 온 이스라엘이 구원을 받으리라

(3) 거짓 선지자들과 적 그리스도(Anti-Christ)의 출현[5]

마 24:5, 11 : 많은 사람이 내 이름으로 와서 이르되 나는 그리스도라 하여 많은 사람을 미혹하리라 … 거짓 선지자가 많이 일어나 많은 사람을 미혹하겠으며

살후 2:3-4 : 누가 어떻게 하여도 너희가 미혹되지 말라 먼저 배교하는 일이 있고 저 불법의 사람 곧 멸망의 아들이 나타나기 전에는 그 날이 이르지 아니하리니 그는 대적하는 자라 신이라고 불리는 모든 것과 숭배함을 받는 것에 대항하여 그 위에 자기를 높이고 하나님의 성전에 앉아 자기를 하나님이라고 내세우느니라

(4) 대배교와 대환난

마 24:6-13 : 난리와 난리 소문을 듣겠으나 너희는 삼가 두려워하지 말라 이런 일이 있어야 하되 아직 끝은 아니니라 민족이 민족을, 나라가 나라를 대적하여 일어나겠고 곳곳에 기근과 지진이 있으리니 이 모든 것은 재난의 시작이니라 그 때에 사람들이 너희를 환난에 넘겨주겠으며 너희를 죽이리니 너희가 내 이름 때문에 모든 민족에게 미움을 받으리라 … 그러나 끝까지 견디는 자는 구원을 얻으리라

마 24:29-30 : 그 날 환난 후에 즉시 해가 어두워지며 달이 빛을 내지 아니하며 별들이 하늘에서 떨어지며 하늘의 권능들이 흔들리리라 그 때에 인자의 징조가 하늘에서 보이겠고 … 그들이 인자가 구름을 타고 능력과 큰 영광으로 오는 것을 보리라

4. 재림의 방식

예수 그리스도의 재림의 형태와 방식에 대하여 성경은 다음과 같이 묘사하고 있다.[6]

(1) 인격적인 강림

행 1:11 : 이르되 갈릴리 사람들아 어찌하여 서서 하늘을 쳐다보느냐 너희 가운데서 하늘로 올려지신 이 예수는 하늘로 가심을 본 그대로 오시리라 하였느니라

(2) 육체적인 강림

계 1:7 : 볼지어다 그가 구름을 타고 오시리라 각 사람의 눈이 그를 보겠고 그를 찌른 자들도 볼 것이요 땅에 있는 모든 족속이 그로 말미암아 애곡하리니 그러하리라 아멘

히 9:28 : 이와 같이 그리스도도 많은 사람의 죄를 담당하시려고 단번에 드리신 바 되셨고 구원에 이르게 하기 위하여 죄와 상관 없이 자기를 바라는 자들에게 두 번째 나타나시리라

(3) 가시적인 강림

막 13:26 : 그 때에 인자가 구름을 타고 큰 권능과 영광으로 오는 것을 사람들이 보리라

마 24:26-27 : 그러면 사람들이 너희에게 말하되 보라 그리스도가 광야에 있다 하여도 나가지 말고 보라 골방에 있다 하여도 믿지 말라 번개가 동편에서 나서 서편까지 번쩍임 같이 인자의 임함도 그러하리라

(4) 갑작스럽고 돌연한 강림

마 24:36-37, 44 : 그러나 그 날과 그 때는 아무도 모르나니 하늘의 천사들도, 아들도 모르고 오직 아버지만 아시느니라 노아의 때와 같이

인자의 임함도 그러하리라 … 이러므로 너희도 준비하고 있으라 생각하지 않은 때에 인자가 오리라

살전 5:2 : 주의 날이 밤에 도둑 같이 이를 줄을 너희 자신이 자세히 알기 때문이라

(5) 영광스러운 강림

마 24:30 : 그 때에 인자의 징조가 하늘에서 보이겠고 그 때에 땅의 모든 족속들이 통곡하며 그들이 인자가 구름을 타고 능력과 큰 영광으로 오는 것을 보리라

살후 1:7 : 환난을 받는 너희에게는 우리와 함께 안식으로 갚으시는 것이 하나님의 공의시니 주 예수께서 자기의 능력의 천사들과 함께 하늘로부터 불꽃 가운데에 나타나실 때에

5. 재림의 목적[7]

(1) 죽은 자들의 육체적인 부활과 살아있는 성도들의 변화

요 5:28-29 : 이를 놀랍게 여기지 말라 무덤 속에 있는 자가 다 그의 음성을 들을 때가 오나니 선한 일을 행한 자는 생명의 부활로, 악한 일을 행한 자는 심판의 부활로 나오리라

고전 15:51-53 : 보라 내가 너희에게 비밀을 말하노니 우리가 다 잠 잘 것이 아니요 마지막 나팔에 순식간에 홀연히 다 변화되리니 나팔 소리가 나매 죽은 자들이 썩지 아니할 것으로 다시 살아나고 우리도 변화되리라 이 썩을 것이 반드시 썩지 아니할 것을 입겠고 이 죽을 것이 죽지 아니함을 입으리로다

(2) 구원의 완성

히 9:28 : 이와 같이 그리스도도 많은 사람의 죄를 담당하시려고 단번에 드리신 바 되셨고 구원에 이르게 하기 위하여 죄와 상관 없이 자기를 바라는 자들에게 두 번째 나타나시리라

(3) 의인의 상급과 악인의 심판

딤후 4:8 : 이제 후로는 나를 위하여 의의 면류관이 예비되었으므로 주 곧 의로우신 재판장이 그 날에 내게 주실 것이며 내게만 아니라 주의 나타나심을 사모하는 모든 자에게도니라

계 21:8 : 그러나 두려워하는 자들과 믿지 아니하는 자들과 흉악한 자들과 살인자들과 음행하는 자들과 점술가들과 우상 숭배자들과 거짓말하는 모든 자들은 불과 유황으로 타는 못에 던져지리니 이것이 둘째 사망이라

(4) 만물의 회복

사 11:6-9 : 그 때에 이리가 어린 양과 함께 살며 표범이 어린 염소와 함께 누우며 송아지와 어린 사자와 살진 짐승이 함께 있어 어린 아이에게 끌리며 암소와 곰이 함께 먹으며 … 내 거룩한 산 모든 곳에서 해 됨도 없고 상함도 없을 것이니 이는 물이 바다를 덮음 같이 여호와를 아는 지식이 세상에 충만할 것임이니라

(5) 만왕의 왕이신 그리스도의 완전한 통치

계 11:15 : 세상 나라가 우리 주와 그의 그리스도의 나라가 되어 그가 세세토록 왕 노릇 하시리로다

II. 죽은 자의 육체적 부활

1. 부활의 의미

사람은 죽음의 순간에 영혼과 육체가 분리되어 영혼은 의식이 있는 상태에서 각각 천국과 음부에서 머물다가, 그리스도의 재림 때에 땅에 묻혀 썩은 몸이 다시 살아 일어나 영혼과 육체가 다시 결합됨으로써, 영육통일체의 온전한 인간으로 다시 부활한다.[8] 이러한 부활은 의인과 악인 모두에게 해당되는 것이다. 이러한 죽은 자의 육체적 부활에 대한 확실한 증거는 예수 그리스도의 부활이다. 이와 같은 부활신앙은 기독교 복음의 핵심이며, 산 소망의 궁극적인 원천이다.

> **사 26:19** : 주의 죽은 자들은 살아나고 그들의 시체들은 일어나리이다 티끌에 누운 자들아 너희는 깨어 노래하라 주의 이슬은 빛난 이슬이니 땅이 죽은 자들을 내놓으리로다
>
> **요 11:25-26** : 예수께서 이르시되 나는 부활이요 생명이니 나를 믿는 자는 죽어도 살겠고 무릇 살아서 나를 믿는 자는 영원히 죽지 아니하리니 이것을 네가 믿느냐
>
> **고전 15:13-22** : 만일 죽은 자의 부활이 없으면 그리스도도 다시 살아나지 못하셨으리라 그리스도께서 만일 다시 살아나지 못하셨으면 우리가 전파하는 것도 헛것이요 또 너희 믿음도 헛것이며 … 만일 죽은 자가 다시 살아나는 일이 없으면 하나님이 그리스도를 다시 살리지 아니하셨으리라 만일 죽은 자가 다시 살아나는 일이 없으면 그리스도도 다시 살아나신 일이 없었을 터이요 … 그러나 이제 그리스도께서 죽은 자 가운데서 다시 살아나사 잠자는 자들의 첫 열매가 되셨도다 사망이 한 사람으로 말미암았으니 죽은 자의 부활도 한 사람으로 말미암는도다 아담 안에서 모든 사람이 죽은 것

같이 그리스도 안에서 모든 사람이 삶을 얻으리라

요 5:28-29 : 이를 놀랍게 여기지 말라 무덤 속에 있는 자가 다 그의 음성을 들을 때가 오나니 선한 일을 행한 자는 생명의 부활로, 악한 일을 행한 자는 심판의 부활로 나오리라

행 24:15 : 그들이 기다리는 바 하나님께 향한 소망을 나도 가졌으니 곧 의인과 악인의 부활이 있으리라 함이니이다

2. 부활한 몸(부활체)의 성질 [9]

(1) 먼저, 마지막에 부활한 육체는 죽어서 땅에 묻혔던 바로 그 몸의 부활을 말한다(동질성과 연속성)

눅 24:38-39 : 예수께서 이르시되 … 내 손과 발을 보고 나인 줄 알라 또 나를 만져 보라 영은 살과 뼈가 없으되 너희 보는 바와 같이 나는 있느니라

요 20:27 : 도마에게 이르시되 네 손가락을 이리 내밀어 내 손을 보고 네 손을 내밀어 내 옆구리에 넣어 보라 그리하여 믿음 없는 자가 되지 말고 믿는 자가 되라

롬 8:11 : 예수를 죽은 자 가운데서 살리신 이의 영이 너희 안에 거하시면 … 너희 안에 거하시는 그의 영으로 말미암아 너희 죽을 몸도 살리시리라

롬 8:23 : 그뿐 아니라 또한 우리 곧 성령의 처음 익은 열매를 받은 우리까지도 속으로 탄식하여 양자 될 것 곧 우리 몸의 속량을 기다리느니라

(2) 그러나 부활한 육체는 신령한 육체로 변화된 몸이다(차이성과 불연속성)

고전 15:44 : 죽은 자의 부활도 그와 같으니 썩을 것으로 심고 썩지 아니할 것으로 다시 살아나며 욕된 것으로 심고 영광스러운 것으로 다시

살아나며 약한 것으로 심고 강한 것으로 다시 살아나며 육의 몸으로 심고 신령한 몸으로 다시 살아나나니 육의 몸이 있은즉 또 영의 몸도 있느니라

(3) 다시 죽거나 썩지 않고, 강하며 영원히 사는 몸이다

계 21:4 : 다시는 사망이 없고 애통하는 것이나 곡하는 것이나 아픈 것이 다시 있지 아니하리니 처음 것들이 다 지나갔음이라라
고전 15:52-53 : 나팔 소리가 나매 죽은 자들이 썩지 아니할 것으로 다시 살아나고 우리도 변화되리라 이 썩을 것이 반드시 썩지 아니할 것을 입겠고 이 죽을 것이 죽지 아니함을 입으리로다
눅 20:36 : 그들은 다시 죽을 수도 없나니 이는 천사와 동등이요 부활의 자녀로서 하나님의 자녀임이라

(4) 부활한 몸은 영광스러운 것이다

빌 3:21 : 그는 만물을 자기에게 복종하게 하실 수 있는 자의 역사로 우리의 낮은 몸을 자기 영광의 몸의 형체와 같이 변하게 하시리라
골 3:4 : 우리 생명이신 그리스도께서 나타나실 그 때에 너희도 그와 함께 영광 중에 나타나리라

III. 최후 심판과 최후 상태

1. 최후 심판의 의미

최후의 심판은 세상의 종말에 하나님께서 모든 이성적 피조물들을 공의

로 판단하셔서 그들의 영원한 운명을 결정하시는 일이다. 이것은 마지막 심판이며, 단회적인 심판이다.

> **히 9:27** : 한번 죽는 것은 사람에게 정해진 것이요 그 후에는 심판이 있으리니
>
> **마 16:27** : 인자가 아버지의 영광으로 그 천사들과 함께 오리니 그 때에 각 사람이 행한 대로 갚으리라

2. 심판자

최후 심판의 심판장은 하늘과 땅의 모든 권세를 위임받아 영광 가운데 다시 오실 예수 그리스도이시다. 또한 천사들이 심판의 조력자가 되어 일할 것임을 말하고 있다.

> **빌 2:9-11** : 이러므로 하나님이 그를 지극히 높여 모든 이름 위에 뛰어난 이름을 주사 하늘에 있는 자들과 땅에 있는 자들과 땅 아래에 있는 자들로 모든 무릎을 예수의 이름에 꿇게 하시고 모든 입으로 예수 그리스도를 주라 시인하여 하나님 아버지께 영광을 돌리게 하셨느니라
>
> **마 25:31-32** : 인자가 자기 영광으로 모든 천사와 함께 올 때에 자기 영광의 보좌에 앉으리니 모든 민족을 그 앞에 모으고 각각 구분하기를 목자가 양과 염소를 구분하는 것 같이 하여
>
> **딤후 4:1** : 하나님 앞과 살아 있는 자와 죽은 자를 심판하실 그리스도 예수 앞에서 그가 나타나실 것과 그의 나라를 두고 엄히 명하노니
>
> **마 13:41-42** : 인자가 그 천사들을 보내리니 그들이 그 나라에서 모든 넘어지게 하는 것과 또 불법을 행하는 자들을 거두어 내어 풀무 불에 던져 넣으리니 거기서 울며 이를 갈게되리라

3. 심판의 대상

(1) 모든 인류: 성도와 불신자들(의인과 악인들)

> 계 20:12-15 : 또 내가 보니 죽은 자들이 큰 자나 작은 자나 그 보좌 앞에 서 있는데 책들이 펴 있고 또 다른 책이 펴졌으니 곧 생명책이라 죽은 자들이 자기 행위를 따라 책들에 기록된 대로 심판을 받으니 … 각 사람이 자기의 행위대로 심판을 받고 … 누구든지 생명책에 기록되지 못한 자는 불못에 던져지더라
>
> 고후 5:10 : 이는 우리가 다 반드시 그리스도의 심판대 앞에 나타나게 되어 각각 선악간에 그 몸으로 행한 것을 따라 받으려 함이라

(2) 사탄과 그 사자들

> 계 20:7-10 : 천 년이 차매 사탄이 그 옥에서 놓여 나와서 … 하늘에서 불이 내려와 그들을 태워버리고 또 그들을 미혹하는 마귀가 불과 유황 못에 던져지니 거기는 그 짐승과 거짓 선지자도 있어 세세토록 밤낮 괴로움을 받으리라
>
> 마 25:41 : 또 왼편에 있는 자들에게 이르시되 저주를 받은 자들아 나를 떠나 마귀와 그 사자들을 위하여 예비된 영원한 불에 들어가라

4. 심판의 근거-하나님의 나타난 뜻(공의)

(1) 믿음과 행위

> 고후 5:10 : 이는 우리가 다 반드시 그리스도의 심판대 앞에 나타나게 되어

각각 선악간에 그 몸으로 행한 것을 따라 받으려 함이라
마 16:27 : 인자가 아버지의 영광으로 그 천사들과 함께 오리니 그 때에 각 사람이 행한 대로 갚으리라

(2) 양심(이방인의 경우)과 율법(유대인의 경우)

롬 2:14-15 : 율법 없는 이방인이 본성으로 율법의 일을 행할 때에는 이 사람은 율법이 없어도 자기가 자기에게 율법이 되나니 이런 이들은 그 양심이 증거가 되어 그 생각들이 서로 혹은 고발하며 혹은 변명하여 그 마음에 새긴 율법의 행위를 나타내느니라
롬 2:12 : 무릇 율법 없이 범죄한 자는 또한 율법 없이 망하고 무릇 율법이 있고 범죄한 자는 율법으로 말미암아 심판을 받으리라

5. 심판의 결과: 최후의 상태[10]

(1) 악인들의 최후 상태

저주받은 악인들은 지옥에서 영원토록 형벌을 받는데, 이것이 '둘째 사망', 곧 하나님과 완전히 단절된 상태의 영원한 죽음이다.

살후 1:9 : 이런 자들은 주의 얼굴과 그의 힘의 영광을 떠나 영원한 멸망의 형벌을 받으리로다
계 20:10 : 또 그들을 미혹하는 마귀가 불과 유황 못에 던져지니 거기는 그 짐승과 거짓 선지자도 있어 세세토록 밤낮 괴로움을 받으리라

(2) 의인들의 최후 상태

구원함을 받은 의인들은 새 하늘과 새 땅, 곧 천국에서 삼위일체 하나님

과의 영원한 생명의 교제에 참여함으로써, 영광과 지복의 영원무궁한 안식과 생명을 누리게 되는데, 이것이 곧 '영생' 이다.

> **계 21:1-4** : 내가 새 하늘과 새 땅을 보니 처음 하늘과 처음 땅이 없어졌고 바다도 다시 있지 않더라 또 내가 보매 거룩한 성 새 예루살렘이 하나님께로부터 하늘에서 내려오니 그 준비한 것이 신부가 남편을 위하여 단장한 것 같더라 … 하나님이 그들과 함께 계시리니 그들은 하나님의 백성이 되고 하나님은 친히 그들과 함께 계셔서 … 다시는 사망이 없고 … 처음 것들이 다 지나갔음이러라
>
> **계 22:20** : 이것들을 증언하신 이가 이르시되 내가 진실로 속히 오리라 하시거늘 아멘 주 예수여 오시옵소서

> 한번 죽는 것은 사람에게 정해진 것이요
> 그 후에는 심판이 있으리니
> 이와 같이 그리스도도 많은 사람의 죄를 담당하시려고
> 단번에 드리신 바 되셨고
> 구원에 이르게 하기 위하여
> 죄와 상관 없이 자기를 바라는 자들에게
> 두 번째 나타나시리라
>
> (히 9:27-28)

제6부 교회와 은혜의 방편

제24과: 교회란 무엇인가? – 성경적인 교회 이해
제25과: 참된 교회의 본질 – 삼위일체론적 교회 이해
제26과: 참된 교회의 사명 – 교회의 5가지 사명
제27과: 참된 교회의 속성과 표지
제28과: 교회의 정치와 조직
제29과: 은혜의 방편 (1) – 하나님의 말씀
제30과: 은혜의 방편 (2) – 성례
제31과: 은혜의 방편 (3) – 세례와 성찬
제32과: 은혜의 방편 (4) – 기도

제 24 과
교회란 무엇인가?
: 성경적인 교회 이해

I. 교회의 성경적 의미

교회란 도대체 무엇인가?[1] 어떤 기구나 조직인가? 아니면 단순히 어떤 사람들의 모임이나 친목단체, 혹은 어떤 목적을 가진 결사체인가? 나아가 구약의 이스라엘 백성 그리고 현재의 유대인들(또는 오늘날 국가로서의 이스라엘)과 신약의 기독교회는 과연 어떠한 관계를 가지는가? 뿐만 아니라 복음전도와 선교일선에서 이루어지는 다양한 파라처치(Para-church) 운동, 에큐메니칼(교회일치) 운동, 인터넷 기반의 사이버교회의 출현 등 다양한 시대 조류 속에서 교회의 정체성이 다시금 문제가 되고 있다. 그러므로 우리는 가장 먼저 "과연 교회의 본질은 무엇이며, 참된 교회란 무엇인가?"라는 질문을 던져 보아야 한다. 여기에서 우리는 교회의 성경적인 의미를 살펴보고, 특별히 하나님의 구속역사를 통하여 나타난 교회의 본질에 대하여 먼저 공부하고자 한다.[2]

1. 구약성경

(1) 카할

구약성경에서 가장 대표적인 교회론적 용어는 '카할'[qahal: קהל, 콜(소리)에서 유래하였으며, '모임을 위해 부르다', '함께 부르다', '회집하다' 는 뜻을 지님]이다. 70인역 성경(LXX)은 카할을 약 100회 이상 '에클레시아'(ekklesia)로 번역하고, 36회 정도 '시나고게'(synagoge; 함께 모으다/회당)로 번역하였다. 그러나 구약의 카할의 의미를 가장 잘 반영하는 신약의 용어는 '에클레시아' 이다.[3] 역사적으로 볼 때, 구약성경의 앞부분에서 카할은 모임의 숫자나 목적과 관계없이 단순히 사람들의 모임 자체를 의미하였으나(창 49:6, 민 22:4), 점차 어떤 구체적인 목적을 가진 이스라엘의 회집을 의미하게 되었다(출 16:3; 민 10:3, 14:5, 16:2 등). 후자의 경우에 있어, 특히 카할은 여호와 하나님을 예배하기 위하여 이스라엘 백성들이 회집한 것을 의미하였다(욜 2:15; 시 22:22, 35:18, 40:9-10, 89:5, 107:32, 149:1). 즉, 신명기에서 카할은 율법을 수여받기 위해 회집된 이스라엘 백성(신 5:22, 9:10, 10:4, 18:16), 그리고 예배하기 위해 회집된 이스라엘 백성(신 23:2-3, 8)을 지칭하고 있다. 특별히 신약의 사도행전 7:38(cf. 신 9:10, 5:22, 10:4, 18:16)에서는 시내산에서 모였던 회집을 '광야교회' 로 지칭하는데, 이것은 언약공동체로서의 이스라엘이 예배공동체임을 말한다(하나님의 말씀을 듣기 위한 회집이지 어떤 특정의 조직이나 기구가 아니다). 특별히 느헤미야 13:1에서는 '하나님의 총회' 혹은 '여호와의 총회'(에클레시아 토우 데우 – LXX)라는 어구를 통해 이스라엘이 '하나님의 백성'(the people of God)임을 나타내고 있다.

> 신 31:30 : 그리고 모세가 이스라엘 총회에 이 노래의 말씀을 끝까지 읽어 들리니라

민 16:3 : 그들이 모여서 모세와 아론을 거슬러 그들에게 이르되 너희가 분수에 지나도다 회중이 다 각각 거룩하고 여호와께서도 그들 중에 계시거늘 너희가 어찌하여 여호와의 총회 위에 스스로 높이느냐

느 13:1 : 그 날 모세의 책을 낭독하여 백성에게 들렸는데 그 책에 기록하기를 암몬 사람과 모압 사람은 영원히 하나님의 총회에 들어오지 못하리니

욜 2:15 : 너희는 시온에서 나팔을 불어 거룩한 금식일을 정하고 성회를 소집하라

시 22:22 : 내가 주의 이름을 형제에게 선포하고 회중 가운데에서 주를 찬송하리이다

(2) 에다

'에다'[edah; '지정하다', '모이다', '만나다'라는 뜻을 지닌 '야아드'(jaad)에서 유래함; LXX에서 132회 정도 '시나고게'로 번역되었고, '에클레시아'로는 번역되지 않음]라는 용어는 실제적인 회집의 여부에 관계없이 하나의 지속적인 공동체로서의 이스라엘을 지칭하는데 쓰였다(시편: 10회, 렘 6:18, 호 7:12). 즉, '에다'는 말씀을 받고 예배를 드리기 위하여 모인 실제적인 회집만이 아니라, 주로 이스라엘의 '온 회중', 즉 하나의 지속하는 실체로서의 민족공동체를 뜻하기도 한다. 그러나 초기에는 종종 카할과 에다가 거의 같은 의미를 지니는 단어로 나타나며(출애굽기, 레위기, 민수기), 후기로 갈수록 카할이 에다를 대체하는 현상이 나타난다(역대상·하, 에스라, 느헤미야). 따라서 우리는 카할의 의미가 점차 변화의 과정을 거치다가 후기에 와서는 에다와 비슷한 의미를 가지게 된 것으로 생각할 수 있다. 요약하자면, 카할은 이스라엘 백성들이 어떤 목적으로 가지고 모인 실제적인 회집을 의미하는 반면, 에다는 주로 하나님의 백성으로서 지속적으로 존재하는 이스라엘 민족공동체를 의미한다고 할 수 있으나, 많

은 경우 서로 대체 가능한 의미로 쓰였다고 볼 수 있다.

> 출 16:1 : 이스라엘 자손의 온 회중이 엘림에서 떠나 엘림과 시내 산 사이에 있는 신 광야에 이르니 애굽에서 나온 후 둘째 달 십오일이라
> 민 3:7 : 그들이 회막 앞에서 아론의 직무와 온 회중의 직무를 위하여 회막에서 시무하되
> 호 7:12 : 그들이 갈 때에 내가 나의 그물을 그 위에 쳐서 공중의 새처럼 떨어뜨리고 전에 그 회중에 들려 준 대로 그들을 징계하리라

2. 신약성경

(1) 시나고게

신약성경에서 시나고게(συναγωγή)라는 말은 '함께오다' 라는 어원적 의미를 가지고 있으나, 대체로 유대인의 종교적 회집이나 공예배를 위하여 모이는 장소나 건물(cf. 회당)을 지칭하는데 사용되었다.

> 눅 7:5 : 그가 우리 민족을 사랑하고 또한 우리를 위하여 회당을 지었나이다
> 막 1:39 : 온 갈릴리에 다니시며 그들의 여러 회당에서 전도하시고 또 귀신들을 내쫓으시더라
> 행 18:7 : 거기서 옮겨 하나님을 경외하는 디도 유스도라 하는 사람의 집에 들어가니 그 집은 회당 옆이라

(2) 에클레시아

신약성경에서 교회를 지칭하는 가장 중요하고도 보편적인 용어는 에클레시아(ἐκκλησία; ekklesia)이다. 에클레시아에 대한 헬라어 사전의 의미를 찾아보면, ① '정치적, 법적인 이유로 의무적인 또는 일반적인 회집, 실제적인

모임'(고전 헬라어 문헌), ② '유대인의 종교적인 집회', ③ '신약의 교회' 등의 의미로 쓰이고 있다. 에클레시아(ἐκκλησία)는 '~로부터 불러내다' 라는 어원적 의미를 가지며, 원래 그리스 도시국가(폴리스) 시민들의 총회를 뜻하는 세속적인 용어였다. 이때 에클레시아는 정치적, 법적인 결정을 내리기 위해 소집된, 민주적인 성격을 띤 모임이었다. 그러나 초대 기독교의 모든 저자들은 특별히 예수님의 죽음과 부활 후에 시작된 공동체를 위하여 독특하게 '에클레시아' 라는 용어를 사용하였다.[4] 그러나 공관복음서에는 오직 마태복음 16:16-18; 18:17에서만 나타나고 있다. 그렇다면 예수님의 부활 이후에, 신약교회의 시작이라고 할 수 있는 사도행전에서 초대교회가 어떻게 자신들을 정체화(identification) 했는지 에클레시아의 용례를 통하여 살펴보기로 하자.

① 에클레시아의 일반용법 – 세속적 의미(행 19:32, 39, 40)

행 19:32 : 사람들이 외쳐 어떤 이는 이런 말을, 어떤 이는 저런 말을 하니 모인 무리가 분란하여 태반이나 어찌하여 모였는지 알지 못하더라

행 19:39 : 만일 그 외에 무엇을 원하면 정식으로 민회에서 결정할지라

② 에클레시아의 특수용법 – 종교적 의미
　a. 구약 이스라엘의 종교적 회집을 의미하는 경우(행 7:38)

행 7:38 : 시내 산에서 말하던 그 천사와 우리 조상들과 함께 광야 교회에 있었고 또 살아 있는 말씀을 받아 우리에게 주던 자가 이 사람이라

　b. 하나의 구체적인 지역교회를 의미하는 경우

- 단수: 행 5:11; 8:1, 3; 11:22, 26; 12:1, 5; 13:1; 14:23, 27; 15:3, 4, 22; 18:22; 20:17.
- 복수: 행 15:41; 16:15

행 5:11 : 온 교회와 이 일을 듣는 사람들이 다 크게 두려워하니라
행 8:1 : 사울은 그가 죽임 당함을 마땅히 여기더라 그 날에 예루살렘에 있는 교회에 큰 박해가 있어 사도 외에는 다 유대와 사마리아 모든 땅으로 흩어지니라
행 15:41 : 수리아와 길리기아로 다니며 교회들을 견고하게 하니라

c. 전체로서의 하나의 보편적인 기독교 공동체를 의미하는 경우
(행 9:31, 20:28)

행 9:31 : 그리하여 온 유대와 갈릴리와 사마리아 교회가 평안하여 든든히 서가고 주를 경외함과 성령의 위로로 진행하여 수가 더 많아지니라
행 20:28 : 여러분은 자기를 위하여 또는 온 양 떼를 위하여 삼가라 성령이 그들 가운데 여러분을 감독자로 삼고 하나님이 자기 피로 사신 교회를 보살피게 하셨느니라

특별히 70인역(LXX)에서 구약성경의 카할은 주로 '시나고게'가 아니라 '에클레시아'로 번역되었으며, 그 뜻은 주로 '참 하나님의 백성'(the true people of God), '하나님의 언약백성'(the covenant people of God)이라는 의미였다.[5)] 시나고게라는 말은 신구약 중간기를 거치면서 뜻이 변질되어 지역적인 개개의 회당(장소, 건물)을 의미하게 되었으며, 전체적 공동체로서의 의미를 상실하였다. 사도행전에서 이 용어가 교회를 의미하는 용례로 쓰인 것은 아주 단편적이다(cf. 행 5:11, 8:1, 3, 9:31, 11:22, 26, 12:1, 5, 13:1, 14:23, 27, 15:3, 4, 22, 41, 16:5,

18:22, 20:17, 28). 그러므로 신약에서는 참된 구약의 '하나님의 백성'의 상속자임을 드러내기 위해 시나고게보다는 에클레시아라는 용어를 차용했음을 알 수 있으며, 이는 '하나님의 언약백성'(the covenant people of God)을 의미한다고 볼 수 있다.

> ※ 영어 Church의 기원 - 교회를 의미하는 단어로 영어에서는 'Church', 독일어는 'Kirche'가 쓰이는데, 이것은 헬라어 '퀴리아콘'(the Lord's - '주께 속한 것'이라는 의미)에서 유래한 것이다.[6]

II. 교회의 구속사적 이해 - "하나님의 언약백성"의 역사

1. 에덴동산 → 족장시대: 가정교회

천지창조와 더불어 인간을 창조하신 다음 특별히 하나님께서 직접 창설하신 제도는 가정과 교회이다.[7] 그러나 천지창조로부터 족장시대까지 하나님을 예배하는 모임으로서의 교회는 대체로 가정교회의 형태를 가지고 있었다고 볼 수 있다.[8]

2. 언약백성의 창설 - 아브라함 언약

구체적인 하나님의 언약백성의 역사는 하나님께서 특별히 한 사람 아브라함을 택하시고 부르신 후, 그와 언약을 맺음으로써 시작된다(창 12:1-3).

창 12:1-3 : 여호와께서 아브람에게 이르시되 너는 너의 고향과 친척과 아버지의 집을 떠나 내가 네게 보여 줄 땅으로 가라 내가 너로 큰 민족을 이루고 네게 복을 주어 네 이름을 창대하게 하리니 너는 복이 될지라 너를 축복하는 자에게는 내가 복을 내리고 너를 저주하는 자에게는 내가 저주하리니 땅의 모든 족속이 너로 말미암아 복을 얻을 것이라 하신지라

창 17:7-11 : 내가 내 언약을 나와 너 및 네 대대 후손 사이에 세워서 영원한 언약을 삼고 너와 네 후손의 하나님이 되리라 ⋯ 하나님이 또 아브라함에게 이르시되 그런즉 너는 내 언약을 지키고 네 후손도 대대로 지키라 너희 중 남자는 다 할례를 받으라 이것이 나와 너희와 너희 후손 사이에 지킬 내 언약이니라 너희는 포피를 베어라 이것이 나와 너희 사이의 언약의 표징이니라

3. 출애굽 사건 – 옛 이스라엘(Old Israel)의 역사적 출현과 성장

모세와 더불어서 시작된 출애굽의 역사는 하나의 역사적 실체로서의 이스라엘, 곧 '하나님의 언약백성'의 창설이며 역사적 출현을 의미한다. 구약의 이스라엘은 선택된 하나님의 백성이다. 하나님의 백성은 일차적으로 정치적이며 인종학적인 것이 아니라, 하나의 '신학적 실체'이다. 즉, 하나님의 백성은 오직 하나님의 부름을 통하여 형성된 거룩한 백성이다(신 7:6, 14:2, 21, 26:19, 28:9 등). 이와 같이 교회는 하나님의 자유로운 선택과 부름을 전제로 하며, 이 부름은 개인의 모든 행위에 선행하여 온 백성을 상대로 한 것이기 때문에, 근본적으로 중요한 것은 개인으로 구성된 하나님의 언약백성으로서의 공동체 전체이다. 그러나 구약에서도 하나님의 백성이 되는 조건은 아브라함의 혈통이 아니라, 하나님의 언약공동체의 일원이 되는 것이었다(cf. 이드로, 라합, 룻 등). 하나님과 그의 백성이 되는 구체적인 언약은

"나는 너희 하나님이 되고 너는 내 백성이 되리라"는 것으로 나타났다(I will be your God, and you shall be my people; 출 6:7, 레 26:12, 렘 7:23, 11:4, 30:22, 31:1, 33, 32:38, 고후 6:16, 히 8:10, 계 21:3). 그리고 그러한 이스라엘이 하나님의 언약백성으로 계속하여 존속하기 위한 조건으로 율법이 주어졌다.

> 출 6:1-7 : 여호와께서 모세에게 이르시되 이제 내가 바로에게 하는 일을 네가 보리라 … 가나안 땅 곧 그들이 거류하는 땅을 그들에게 주기로 그들과 언약하였더니 이제 애굽 사람이 종으로 삼은 이스라엘 자손의 신음 소리를 내가 듣고 나의 언약을 기억하노라 … 너희를 속량하여 너희를 내 백성으로 삼고 나는 너희의 하나님이 되리니 … 내가 아브라함과 이삭과 야곱에게 주기로 맹세한 땅으로 너희를 인도하고 그 땅을 너희에게 주어 기업을 삼게 하리라 나는 여호와라 하셨다 하라
>
> 출 19:3-8 : 하나님 앞에 올라가니 여호와께서 산에서 그를 불러 말씀하시되 너는 이같이 야곱의 집에 말하고 이스라엘 자손들에게 말하라 내가 애굽 사람에게 어떻게 행하였음과 내가 어떻게 독수리 날개로 너희를 업어 내게로 인도하였음을 너희가 보았느니라 세계가 다 내게 속하였나니 너희가 내 말을 잘 듣고 내 언약을 지키면 너희는 모든 민족 중에서 내 소유가 되겠고 너희가 내게 대하여 제사장 나라가 되며 거룩한 백성이 되리라 … 백성이 일제히 응답하여 이르되 여호와께서 명령하신 대로 우리가 다 행하리이다(cf. 벧전 2:9)

4. 하나님의 백성들의 타락 - 로암미

그러나 구약은 또한 하나님의 말씀에 대한 불순종과 우상숭배로 타락한 하나님의 백성의 실체를 보여준다(호 1:9-10). 하나님의 말씀에 대한 이스라엘의 불순종과 패역함은 그들로 하여금 로암미(Lo-ammi - "더 이상 하나님의 백성이 아

니다")가 되게 했다. 그리하여 마침내 하나님의 말씀을 지킨 참된 하나님의 백성은 바알에 무릎 꿇지 않은 자 7천명, 즉 '남은 자'들(the Remnants)로 축소되고(왕상 19:18), 이것은 다시 '야웨의 종'으로 축소된다(사 53장). 그러나 이 야웨의 종으로 인하여 이스라엘과 이방인들에게서 '새 이스라엘', '새 언약의 백성'이 다시금 회집될 것이 약속되었다.[9]

> **호 1:9-10** : 여호와께서 이르시되 그의 이름을 로암미라 하라 너희는 내 백성이 아니요 나는 너희 하나님이 되지 아니할 것임이니라(you are not my people and I am not your God) 그러나 이스라엘 자손의 수가 바닷가의 모래 같이 되어서 헤아릴 수도 없고 셀 수도 없을 것이며 전에 그들에게 이르기를 너희는 내 백성이 아니라 한 그 곳에서 그들에게 이르기를 너희는 살아 계신 하나님의 아들들이라 할 것이라
>
> **단 9:4-5, 11** : 크시고 두려워할 주 하나님, 주를 사랑하고 주의 계명을 지키는 자를 위하여 언약을 지키시고 그에게 인자를 베푸시는 이시여 우리는 이미 범죄하여 패역하며 행악하며 반역하여 주의 법도와 규례를 떠났사오며 … 온 이스라엘이 주의 율법을 범하고 치우쳐 가서 주의 목소리를 듣지 아니하였으므로 이 저주가 우리에게 내렸으되 곧 하나님의 종 모세의 율법에 기록된 맹세대로 되었사오니 이는 우리가 주께 범죄하였음이니이다
>
> **왕상 19:18** : 그러나 내가 이스라엘 가운데에 칠천 명을 남기리니 다 바알에게 무릎을 꿇지 아니하고 다 바알에게 입맞추지 아니한 자니라

5. 언약의 갱신 - 새 언약의(New Covenant)에 대한 약속

하나님께서는 이제 이스라엘의 남은 자들(the Remnants)뿐만 아니라 이방족속들(the Gentiles) 가운데 택함 받은 자들과 더불어 새로운 언약관계를 갱신하시고, 새로운 언약백성을 회집하실 것을 약속하셨다(cf. 사 2:2-4, 56:6-8; 욜

2:27-32; 행 2:16-21, 39), 특별히 선지자 예레미야를 통하여 '새 언약'(New Covenant)에 대한 분명한 약속이 주어졌으며(렘 31:31-34), 이것은 신약의 마태복음 26:28, 마가복음 14:24, 누가복음 22:20, 고린도전서 11:25에서 구체적으로 성취되었음을 보여주고 있다. 이와 같은 새 언약에 대한 약속은 특별히 '야웨의 종'에 의하여 성취될 것이 또한 예언되었다(cf. 사 42:1-13; 53:1-12).

- 렘 31:31-33 : 여호와의 말씀이니라 보라 날이 이르리니 내가 이스라엘 집과 유다 집에 새 언약을 맺으리라 … 그러나 그 날 후에 내가 이스라엘 집과 맺을 언약은 이러하니 곧 내가 나의 법을 그들의 속에 두며 그들의 마음에 기록하여 나는 그들의 하나님이 되고 그들은 내 백성이 될 것이라 여호와의 말씀이니라
- 사 42:1, 6-7 : 내가 붙드는 나의 종, 내 마음에 기뻐하는 자 곧 내가 택한 사람을 보라 내가 나의 영을 그에게 주었은즉 그가 이방에 정의를 베풀리라 … 나 여호와가 의로 너를 불렀은즉 내가 네 손을 잡아 너를 보호하며 너를 세워 백성의 언약과 이방의 빛이 되게 하리니 네가 눈먼 자들의 눈을 밝히며 갇힌 자를 감옥에서 이끌어 내며 흑암에 앉은 자를 감방에서 나오게 하리라
- 사 56:6-8 : 또 여호와와 연합하여 그를 섬기며 여호와의 이름을 사랑하며 그의 종이 되며 안식일을 지켜 더럽히지 아니하며 나의 언약을 굳게 지키는 이방인마다 내가 곧 그들을 나의 성산으로 인도하여 기도하는 내 집에서 그들을 기쁘게 할 것이며 … 내가 이미 모은 백성 외에 또 모아 그에게 속하게 하리라 하셨느니라

6. 예수 그리스도의 오심 – 새 언약의 성취

성경은 예수 그리스도 자신이 바로 약속된 '야웨의 종'이요, 구약의 선지자들을 통하여 주어진 하나님의 새 언약의 성취라고 분명하게 말한다.

그러므로 예수 그리스도는 참으로 이스라엘 가운데 유일한 '남은 자' 이시요, 오직 홀로 '참 이스라엘' 이셨다(cf. 빌 2:8 – "죽기까지 복종하셨으니 곧 십자가에 죽으심이라"). 우리는 이러한 사실을 예수 그리스도께서 자신의 구체적인 역사적 삶을 통하여 구약 이스라엘 백성의 전체적인 역사를 반복하시며 새롭게 하시는 것에서 분명히 알 수 있다. 먼저, 예수께서 탄생하신 후에 헤롯이 사람들을 보내어 사내아이들을 죽인 것은 애굽에서 바로 왕이 산파들을 시켜 사내아이들을 죽인 핍박의 반복이며, 또한 이것을 피하여 예수께서 애굽으로 가셨다 다시 돌아오신 것은 구약 이스라엘의 출애굽의 역사를 반복하신 것으로 볼 수 있다(cf. 마 2:11-23). 그리고 공생애를 시작하시면서 광야로 나가시어 40일 동안 주리시며 금식하신 것은 구약의 이스라엘 백성들이 40년 동안 광야에서 연단의 시험을 받은 것의 반복이라고 할 수 있을 것이다(cf. 마 4:1-2).

그리고 특별히 예수께서 그의 공생에 초기에 12제자를 택하여 부르신 것은 상징적으로 아주 중요한 의미를 가지는데, 이것은 바로 구약 이스라엘 백성의 12지파를 온전히 대체하여 새 이스라엘 백성들을 다시 회집하신 것을 의미하기 때문이다.[10] 따라서 12사도 가운데 하나였던 가롯 유다는 맛디아로 반드시 보충되어야 했지만(행 1:26), 순교자 스데반 집사는 대체되지 않는다. 그러므로 예수 그리스도로 말미암아 새로운 하나님의 언약백성, 곧 새 이스라엘을 다시 회집하리라는 하나님의 새 언약에 대한 약속이 온전히 성취된 것으로, 그의 12제자의 부르심은 새 언약백성(new covenant people)의 시작이요 바로 신약교회의 창설을 뜻한다.

이러한 의미에서 우리는 12사도들을 특별히 신약교회의 '창설직원' 이라고 부른다. 또한 12제자를 부르신 후, '산에 오르시어' 나아온 제자들에게 선포하신 산상보훈과 더불어 율법전체를 재해석하여 새롭게 하신 것은 그 옛날 시내산 위에서 모세를 통하여 옛 언약백성의 삶의 규범으로서 율법을 주신 것과 마찬가지로 새 언약백성들을 위하여 주신 새로운 삶의 규범이라고 할 수 있다(cf. 마 5:1-7:28). 이와 같이 예수 그리스도의 오심과 그의 역사적 삶의 구체적인 의미는 오직 이러한 구속사적인 맥락 속에서만 분명하게 그 참된 의미를 파악할 수 있다. 참으로 약속된 야웨의 종으로 오신 예수 그리스도의 역사적 삶 자체는 전체 언약백성, 곧 교회의 역사이다.[11]

나아가 이제 '그리스도의 몸'(the Body of Christ)으로서의 신약교회는 예수 그리스도의 성육신의 확장이라고 할 수 있다. 바로 이러한 의미에서 마태복음 16:18에서 예수께서는 "내가 나의 교회(에클레시아)를 세우리라"고 말씀하시며, 그것은 '새 이스라엘'(the new Israel), '새로운 하나님의 언약백성'(the new covenant people of God), 곧 '예수 그리스도의 공동체'(the community of Jesus Christ)를 말한다(cf. 계 21:12-14, 엡 2:20). 그러므로 이제 유대인들이 아니라 신약교회가 바로 영적인 아브라함의 자손이며, 구약의 언약을 상속하게 된다. 새 이스라엘인 신약교회는 옛 이스라엘의 약속을 다시 받는다(cf. 고후 6:16; 특별히 출 19:5-6은 벧전 2:9에서 교회에 그대로 적용되고 있다). 그들은 하나님의 백성이 아니었으나(로암미, 호 1:9), 이제는 예수 그리스도 안에서 새로운 하나님의 백성이 되었다(cf. 호 1:10의 성취, 롬 9:25-26).

우리가 이미 살펴 본바와 같이, 전체적인 구속사적인 맥락에서는 이스라엘이 교회에 선행한다. 그러나 신약에서는 그리스도를 믿는 자들이 '참 이스라엘'(the true Israel)이며, 그들이 바로 아브라함의 자손이요, 하나님께서 그에게 주신 축복된 약속의 후예들이다(cf. 갈 3:29).

7. 오순절 성령강림 사건
- 새 이스라엘(New Israel, 신약 교회)의 역사적 출현과 성장

특별히 오순절(Pentecost) 성령강림 사건은 바로 구약에서 선지자 예레미야와 요엘을 통하여 주신 새 언약에 대한 약속의 성취임을 분명하게 보여준다(cf. 행 2:16-21, 욜 2:28-32, 렘 31:33-34). 그것은 약속된 야웨의 종, 메시아이신 예수 그리스도로 말미암아 시작된 신약교회에 대한 성령의 인치심이다. 그리고 성령의 오심으로 마지막 구속의 시대가 시작되었음을 분명하게 보여준다. 그것은 특별히 방언의 역사와(행 2:4), 죄사함, 하나님의 현존, 완전한 공동체의 회복(행 2:41-47)으로 나타났다. 이제는 예수 그리스도를 믿는 자마다 (유대인이건 이방인이건 간에) 하나님의 참된 새로운 언약백성인 것이다. 이와 같이 새 언약 백성은 '말씀을 받은 자들'(행 2:41) 혹은 '믿는 자들'(행 2:44, 4:32)을 의미한다. 그러므로 사도 바울은 예수를 믿는 자 마다 '그리스도의 교회'(롬 16:16), '그리스도의 몸'(엡 4:12)이라고 선언한다. 그리고 그것은 성령으로 말미암아 구체적으로 실현되고, 날마다 자라가며, 마침내 땅 끝까지 확장될 것이다(cf. 마 28:19-20; 행 1:8).

이와 같이 신약에서 에클레시아는 본질적으로 '하나님의 백성'(the people of God)을 의미한다. 그러나 이것은 동시에 하나하나의 구체적인 지역교회를 의미하기도 하고, 또한 전체로서 하나의 보편적 교회를 의미하기도 한다. 그러므로 한 지역 교회는 완벽하게 그 자체로 하나님의 언약백성으로서 보편교회를 대표하며, 또한 보편교회는 오직 하나하나의 지역교회를 통하여 그 구체적인 모습을 드러낸다.[12] 따라서 교회역사에서 기구적이며 구조적으로 계급화된(hierarchy - cf. Rome Catholicism) 교회를 신약에서는 찾아 볼 수 없다. 하나님의 백성들은 동일하게 거룩한 무리, 제자, 형제, 또는 선택함을 받은 자로 불리며, 성령께서 그들에게 주권적으로 주시는 은혜의 선물인 각양 은사들에 있어 다양성과 역할의 구별은 있으나, 그러한 은사 및 하나님의 백성들 간에 우열의 차별은 있을 수 없다. 그것은 모든 은사들이 한 성령으로 말미암았기 때문이다. 따라서 우리는 성경에서 성직자 우위의 차별적인 직분관을 조금도 찾아 볼 수 없다. 이것은 교회사적인 타락이라고 할 수 있다. 교회는 본질적으로 은사공동체이며, 성도들은 성령께서 주신 각양 좋은 은사와 더불어 그의 전문적인 달란트를 통하여 서로 함께 한 몸된 교회를 이루면서 서로를 섬기며 봉사하는 섬김의 공동체이자 봉사공동체이다.[13]

> **욜 2:28-29, 32** : 그 후에 내가 내 영을 만민에게 부어 주리니 너희 자녀들이 장래 일을 말할 것이며 너희 늙은이는 꿈을 꾸며 너희 젊은이는 이상을 볼 것이며 그 때에 내가 또 내 영을 남종과 여종에게 부어 줄 것이며 … 누구든지 여호와의 이름을 부르는 자는 구원을 얻으리니 이는 나 여호와의 말대로 시온 산과 예루살렘에서 피할 자가 있을 것임이요 남은 자 중에 나 여호와의 부름을 받을 자가 있을 것임이니라
>
> **행 2:16-21** : 이는 곧 선지자 요엘을 통하여 말씀하신 것이니 일렀으되 하나님이 말씀하시기를 말세에 내가 내 영을 모든 육체에 부어 주리니 너희의 자녀들은 예언할 것이요 너희의 젊은이들은 환상을 보고 너희의 늙은이들은 꿈을 꾸리라 그 때에 내가 내 영을 내 남종과 여종들에게 부어 주리니 그들이 예언할 것이요 … 누구든지 주의 이름을 부르는 자는 구원을 받으리라 하였느니라

시몬 베드로가 대답하여 이르되

주는 그리스도시요 살아 계신 하나님의 아들이시니이다

예수께서 대답하여 이르시되

바요나 시몬아 네가 복이 있도다

이를 네게 알게 한 이는 혈육이 아니요

하늘에 계신 내 아버지시니라

또 내가 네게 이르노니

너는 베드로라 내가 이 반석 위에 내 교회를 세우리니

음부의 권세가 이기지 못하리라

(마 16:16-18)

제 25 과
참된 교회의 본질
: 삼위일체론적 교회 이해

I. 교회의 본질은 과연 무엇인가?[1]

성경에는 교회에 대한 다양한 정의 혹은 상징적 표현들이 나타나는데, 대표적인 것은 다음과 같다: '하나님의 교회'(살전 2:14), '하나님의 이스라엘'(갈 6:16), '하나님의 양떼'(벧전 5:2), '하나님의 밭과 집'(고전 3:9), '하나님의 성전'(고전 3:16, 딤전 3:15), '선한 목자의 양떼'(요 10:21; 15장), '그리스도의 신부'(요 3:29; 계 21:9), '그리스도의 편지'(고후 3:2-3), '포도나무의 가지'(요 15:5), '성령 안에서 하나님의 거하실 처소'(엡 2:22, 요 14:23), '진리의 기둥과 터'(딤전 3:15), 등.[2] 우리는 이러한 다양한 표현들을 분석함으로써 교회의 본질에 대하여 여러 가지 측면에서 상호보완적으로 이해하고 정의할 수 있을 것이다. 그러나 여기에서는 특별히 교회를 '삼위일체론'적으로 정의함으로써 그 본질을 종합적으로 파악하고자 한다.

이미 삼위일체론에서 살펴본 바와 같이, 그 존재와 사역에 있어 하나이신 삼위일체 하나님께서는 이제 그의 택한 백성인 교회를 두고 다시 하나이심을 잘 드러내고 있다. 즉, 성부는 그의 백성을 택하시고, 성자는 그들을 불러 모으시며, 성령은 그들을 거룩하게 하신다(엡 1:3-13; 4:4-6). 이와 같이 교회(하나님의 백성)라는 하나의 일을 중심으로 삼위 하나님께서는 스스로 한 하나님이심 – 일체성(the Unity) – 을 증거하신다.[3]

II. 하나님의 언약백성 (The Covenant People of God)

1. 하나님께서 택하신 백성

먼저, 성경에서 말하는 교회에 대한 가장 본질적인 정의는 '하나님의 백성'(the People of God)이라는 표현이다. 하나님께서는 이스라엘을 그의 주권으로 택하여 부르신 언약백성으로 규정하며 정체화하신다. 즉, 하나님의 백성은 오직 그의 부르심을 통하여 회집되고 형성된 거룩한 백성이다(신 7:6, 14:2, 21, 26:19, 28:9 등). "너희가 나를 택한 것이 아니요 내가 너희를 택하여 세웠나니"(요 15:16) 하심과 같이, 교회는 하나님의 주권적인 선택과 부르심을 전제로 한다. 하나님께서는 영원 전에 택하신 자들을 때가 되어 말씀으로 부르시고 이제 성령으로 말미암아 그리스도에게 연합시키신다. 그러므로 각 개인을 불러 구원의 은혜를 베푸심은 이미 공동체적 사건이며, 교회적 사건이다. 이처럼 구원의 언약은 한 개인의 구원사건에 선행하여 그리스도 안에서 온 백성을 상대로 한 것이기 때문에, 근본적으로 중요한 것은 개인으로 구성된 택함받은 백성의 공동체 전체이다.[4] 그러므로 한 개인을 부르시어 그의 거룩한 백성 삼으시는 구원사건과 또한 그들 각각을 서로 성령 안에서 하나되게 하시고 연합시키시어 그리스도의 한 몸으로 만드시는 교회적 사건은 서로 분리될 수 없는 하나의 사건이다. 즉, 한 성령 안에서 이루어지는 구원론과 교회론은 서로 분리될 수 없는 한 사건의 두 가지 측면이라 할 수 있다.[5]

하나님께서 주신 언약, 곧 "나는 너희 중에 행하여 너희의 하나님이 되고 너희는 내 백성이 될 것이니라"(레 26:12)고 하심과 같이 이스라엘 백성, 곧 언약백성은 오직 그의 택하신 자, 여호와 하나님의 소유이다(cf. 출 19:5; 민 11:29, 17:6; 신 9:26, 27:9 등). 이러한 하나님과 이스라엘 간의 특별한 관계는 다양한 상징적 비유들을 통해서 가시화되었으며(cf. 하나님의 자녀, 혼인관계, 포도나무와 가지, 포도원, 주의 무리 등), 다양한 표현으로 묘사되고 있다(cf. 아브라함-이삭-야곱의 하나님, 너희 조상의 하나님, 이스라엘의 하나님, 이스라엘의 거룩한 자, 이스라엘의 주, 아버지, 왕, 창조자, 구원자, 돕는 자, 등). 따라서 하나님과 백성은 서로에게 배타적으로 속해 있다. 하나님께서는 그의 백성을 펴신 팔로 구원하시고, 때를 따라 은혜를 베푸시며, 그들을 위하여 싸우시고, 도우시며, 인도하신다. 그러므로 이스라엘의 승리와 명예는 곧 그들의 주와 하나님이 되신 여호와의 거룩하신 이름과 영광을 드높이는 것이다(삼하 7:26, 시 106:8, 렘 33:9 등). 여호와께서는 그의 택한 백성 때문에 칭송받고, 이스라엘은 그의 위대한 하나님으로 인하여 또한 높임을 받는다(시 33:12, 144:15; 신 4:7, 32:43, 33:4 등).[6] 반면에 그의 백성들은 모든 것을 다해 하나님을 사랑함으로 예배하고 섬기며, 그의 말씀을 지키고 순종해야할 책임이 주어진다.[7] "그런즉 너희 하나님 여호와께서 너희에게 명령하신 대로 너희는 삼가 행하여 좌로나 우로나 치우치지 말고"(신 5:32; 수 23:6), "너는 마음을 다하고 뜻을 다하고 힘을 다하여 네 하나님 여호와를 사랑하라"(신 6:5)고 하셨다.

출 19:5-6 : 세계가 다 내게 속하였나니 너희가 내 말을 잘 듣고 내 언약을 지키면 너희는 모든 민족 중에서 내 소유가 되겠고 너희가 내게 대하여 제사장 나라가 되며 거룩한 백성이 되리라

신 7:6 : 너는 여호와 네 하나님의 성민이라 네 하나님 여호와께서 지상 만민 중에서 너를 자기 기업의 백성으로 택하셨나니

신 28:9-10 : 여호와께서 네게 맹세하신 대로 너를 세워 자기의 성민이 되게 하시리니 이는 네가 네 하나님 여호와의 명령을 지켜 그 길로 행할 것임이니라 땅의 모든 백성이 여호와의 이름이 너를 위하여 불리는 것을 보고 너를 두려워하리라

2. 하나님의 백성 – 언약 공동체

여호와 하나님과 그의 백성 이스라엘 사이의 특별한 관계와 친교를 나타내는 전형적인 성경적 표현은 '계약' 곧 '언약'(Covenant)이다. 그리고 그 언약의 기본 형식문은 "나는 너희 하나님이 되고 너는 내 백성이 되리라"(출 6:7, 레 26:12)는 것이다. 그러므로 이스라엘 백성의 정체성 및 모든 삶의 규범과 형태는 하나님이 그의 택하신 백성과 언약을 체결했다는 사실을 통해 규정된다. 이제 언약은 하나님과 그의 백성 간의 배타적이고도 친밀한 교제를 규정하고 백성의 삶 전체를 결정한다. 언약은 여호와 하나님 자신에게 소유된 공동체의 창조 의지에 근거한 것이기 때문에, 오직 이 언약 안에 거하며 사는 자야말로 의로운 자, 선택된 자, 거룩한 자, 축복의 기업을 받은 자가 된다.

이와 같이 하나님과의 언약은 택함받은 백성인 이스라엘이 존재함으로써 누리는 모든 축복의 근거이자 또한 지켜야 할 의무이기도 하다. 그러므로 구약 이스라엘의 총회, 백성들의 회집은 하나님의 소유가 되어 하나님께 찬양과 경배를 드리기 위하여 연합된 **언약공동체, 곧 언약의 백성**이

다.[8] 신약의 교회는 이러한 언약 백성의 계승이며, 또한 갱신된 '새 언약의 백성'(the new covenant people of God)이요, '참 하나님의 백성'(the true people of God), 곧 '새 이스라엘'(New Israel)이다.

> **레 26:12** : 나는 너희 중에 행하여 너희의 하나님이 되고 너희는 내 백성이 될 것이니라
>
> **렘 31:31-33** : 여호와의 말씀이니라 보라 날이 이르리니 내가 이스라엘 집과 유다 집에 새 언약을 맺으리라 … 그러나 그 날 후에 내가 이스라엘 집과 맺을 언약은 이러하니 곧 내가 나의 법을 그들의 속에 두며 그들의 마음에 기록하여 나는 그들의 하나님이 되고 그들은 내 백성이 될 것이라 여호와의 말씀이니라
>
> **벧전 2:9-10** : 그러나 너희는 택하신 족속이요 왕 같은 제사장들이요 거룩한 나라요 그의 소유가 된 백성이니 … 너희가 전에는 백성이 아니더니 이제는 하나님의 백성이요

III. 그리스도의 몸(The Body of Christ)

1. 그리스도와의 연합(the Union with Christ)

성경은 특별히 예수 그리스도께서 교회의 머리이시며, 교회는 그의 몸이라고 하여 하나의 유기적인 공동체로서 규정한다(엡 1:22, 5:23; 골 1:18). 그리고 이것은 그리스도의 구속사역에 근거하고 있다. 즉, 그리스도께서 교회를 자신의 피로 값주고 사신 바 되었으므로, 교회는 그의 소유이다(행 20:28). 성부에 의해 택함을 받고 부르심을 받은 성도들은 이제 성령에 의해 머리되신 그리스도에게 접붙여짐으로써(그리스도와의 연합, the Communion with Christ), 한

몸이 된다(롬 12:5).[9] 그러므로 구원은 이미 공동체적 사건이다. 뿐만 아니라 그리스도와의 연합은 특히 성례전을 통하여 지속되고 강화된다. 세례는 그리스도에 접붙여짐에 대한 인침과 확증이요, 성찬은 그리스도와의 교제의 증거이며 계속적인 실천이다. 예수님께서는 성찬 제정시에 "이것은 내 몸이니라"(마 26:26)고 하셨다. 따라서 성찬에 참여하는 것은, 교회가 그리스도의 몸에 참여함으로써 하나됨을 가시적으로 보여주는 것이다(고전 10:17). 그러나 이것은 성도들과 그리스도를 동일시하는 것은 아니며, 오직 성령 안에서의 교제와 연합을 의미한다.

그러므로 그리스도는 교회의 머리라 하였고, 교회는 그의 몸이라고 하는 것이다.[10] 이와 같이 예수 그리스도와 교회의 연합의 관계는 '칼케돈 원칙'(Chalcedonian axiom), 곧 "반드시 서로 구별되어야 하지만, 서로 혼동되어서도 안되며 또한 분리되어서도 안된다"(distinctio sed non confusio et separatio)는 원리에 의하여 설명될 수 있다. 말하자면, 머리와 몸은 서로 분리될 수도 없거니와 또한 동시에 서로 동일시되거나 혼동되어서도 안되며, 반드시 서로 구별되어야 한다.

> **롬 6:3, 5** : 무릇 그리스도 예수와 합하여 세례를 받은 우리는 그의 죽으심과 합하여 세례를 받은 줄을 알지 못하느냐 만일 우리가 그의 죽으심과 같은 모양으로 연합한 자가 되었으면 또한 그의 부활과 같은 모양으로 연합한 자도 되리라
>
> **엡 1:22-23** : 또 만물을 그의 발 아래에 복종하게 하시고 그를 만물 위에 교회의 머리로 삼으셨느니라 교회는 그의 몸이니 만물 안에서 만물을 충만하게 하시는 이의 충만함이니라
>
> **고전 10:17** : 떡이 하나요 많은 우리가 한 몸이니 이는 우리가 다 한 떡에 참여함이라

2. 하나의 유기체로서의 교회 – 한 몸(the One Body)

그리스도의 몸인 교회는 하나의 몸이며, 하나의 유기체, 하나의 생명 공동체이다. 따라서 온 몸을 이루고 있는 모든 지체들은 서로 협력해야만 한다. 왜냐하면 하나의 몸 안에서 모든 지체들이 서로 유기적으로 연결되어 있기 때문이다. 이와 같이 그리스도와 연합된 많은 지체들은 각각의 다양성을 지니면서도 그리스도와 연합되어, 한 몸이라고 표현된다(골 2:19). 그러므로 교회 안에서 그 기능과 역할의 구분은 있지만, 남녀노소, 빈부귀천의 차별, 곧 성적, 사회적 차별은 있을 수 없는데, 그것은 모두가 한 몸을 이루기 때문이다. 마치 우리 몸의 각 기관과 지체들이 각각의 기능과 역할에 따라 한 몸을 섬기며, 한 몸을 이루듯, 성도들도 각자의 은사와 능력으로 그리스도의 몸인 교회를 섬기며, 한 몸을 세워가야 하는 것이다(엡 4:1-6, 12). 여기에서 우리는 교회 안에서 다양성과 하나됨이 서로 아름다운 조화를 이루고 있음을 알 수 있다.

또한 유기체로서의 우리 몸이 자라듯, 교회도 자라가야 하는데, 이것이 교회의 자연스러운 성장의 의미이다. 한 몸된 교회를 이루는 각 지체들은 마디마다 머리이신 그리스도를 향해 자라가야 하며(엡 4:15), 그리스도의 장성한 분량이 충만한 데까지 자라가야 한다(엡 4:13). 이 때 필요한 것은 서로 간의 우열의 경쟁과 높낮이의 다툼이 아니라, 서로 사랑으로 연합하며 섬김의 봉사로 함께 서는 것이다. 그러므로 성도의 믿음이 자라가는 것과 교회의 성장에도 다음과 같이 분명한 원칙이 주어져 있다. 그것은 "① 오직 사랑 안에서, ② 참된 것을 하여, ③ 범사에 ④ 그에게까지 자랄지라 그는 머리니 곧 그리스도라 그에게서 온 몸이 각 마디를 통하여 도움을 받음으로 연결되고 결합되어 각 지체의 분량대로 역사하여 그 몸을 자라게 하며 사랑 안에서 스스로 세우느니라"(엡 4:15-16)함과 같다. 즉, 교회의 성장은 각 지체들이 그리스도의 남은 고난을 스스로 채움으로 이루어지는 믿음과 사랑의 성장이다(골 1:24). 이것은 철저하게 사랑의 섬김과 자기 헌신의 봉사로서 나타나야 한다(막 10:45). 그러므로 성경은 "너희가 부르심을 입은 부름에 합당하게 행하여, 모든 겸손과 온유로 하고 오래참음으로 사랑 가운데서 서로 용납하고, 평안의 매는 줄로 성령의 하나되게 하신 것을 힘써 지키라"고 했다(엡 4:1-3).

> **롬 12:4-5** : 우리가 한 몸에 많은 지체를 가졌으나 모든 지체가 같은 기능을 가진 것이 아니니 이와 같이 우리 많은 사람이 그리스도 안에서 한 몸이 되어 서로 지체가 되었느니라
>
> **골 2:19** : 온 몸이 머리로 말미암아 마디와 힘줄로 공급함을 받고 연합하여 하나님이 자라게 하시므로 자라느니라
>
> **고전 12:18-26** : 그러나 이제 하나님이 그 원하시는 대로 지체를 각각 몸에 두셨으니 만일 다 한 지체뿐이면 몸은 어디냐 이제 지체는 많으나 몸은 하나라 … 오직 하나님이 몸을 고르게 하여 부족한 지체에게 귀중함을 더하사 몸 가운데서 분쟁이 없고 오직 여러 지체가 서로 같이 돌보게 하셨느니라 만일 한 지체가 고통을 받으면 모든 지체가 함께 고통을 받고 한 지체가 영광을 얻으면 모든 지체가 함께 즐거워하느니라

3. 그리스도의 주권과 통치

교회의 각 지체들 및 전체로서 유기체인 교회는 그의 머리되신 그리스도께 순종함으로써 스스로 자라가며 성숙을 이루어야 한다. 머리되신 그의 말씀에 순종하지 않는 교회에는 성장이 아니라 오직 배역과 타락만이

있을 뿐이다. 또한 교회의 성장은 오직 복음증거의 사역을 통하여 이루어지는 하나님의 말씀의 흥왕함이요(행 12:24), 누룩과 같이 하나님의 나라가 온 땅으로 모든 삶의 영역으로 퍼져감이다(마 13:33). 이것은 결국 교회가 세상을 하나님의 말씀과 그리스도의 십자가의 사랑으로 정복하는 것이며, 그 결과는 성령의 역사하심 가운데 이루어져 가는 하나님 나라, 곧 하나님의 통치 영역의 확장이다. 뿐만 아니라, 교회가 그리스도의 몸이라 함은 상호간의 연합을 말함이지 결코 서로를 동일시함이 아니다. 즉, 몸된 교회와 머리이신 그리스도는 성령으로 말미암아 서로 나누일 수 없도록 연합되어 있지만, 또한 반드시 서로 구별되어야 한다. 예수 그리스도께서는 친히 교회를 위하여 '닦아둔 터'가 되시며, '모퉁이의 머릿돌'이 되신다(고전 3:11; 벧전 2:7; 엡 2:20). 그러므로 머리이신 그리스도께서는 자신의 몸된 교회를 왕적 주권으로 다스리시며 보호하시고, 사랑으로 거룩하게 하시며 자라게 하신다(엡 5:25, 27). 오직 "그에게서 온 몸이 각 마디를 통하여 도움을 받음으로 연결되고 결합되어 각 지체의 분량대로 역사하여 그 몸을 자라게 하며 사랑 안에서 스스로 세우느니라"(엡 4:16; cf. 골 2:19)고 하셨다.

나아가 교회의 머리이신 그리스도는 만유의 주님이시다(엡 1:21; 골 1:1-18). 그는 교회를 다스리시지만, 사실 그의 통치의 영역은 훨씬 광대하여 온 우주에 가득하다. 하늘과 땅위의 모든 권세를 가지신 영광의 주님께서는 교회의 머리일 뿐만 아니라 세계의 통치자이시며, 모든 권세로써 세계를 다스리신다. 왜냐하면 교회의 머리이신 그리스도는 또한 '만왕의 왕이요 만주의 주님'(계 17:4; 19:16)이시기 때문이다. 그는 동시에 교회와 만유의 주님이시다. 그러므로 세상과 그것으로부터 구별되어 부름을 받은 교회와의 연결고리는 그 자체로서가 아니라 오직 그리스도의 통치를 통하여 나타난다. 그리고 그리스도의 영이신 성령께서 이 교회의 사명을 지원하며 이루어 가신다. 따라서 교회는 항상 세상 가운데 있지만, 세상으로부터 구별되어 그것에 침몰하지 아니함과 동시에 이 세상의 빛과 소금으로(마 5:13-16) 오직 진리의 복음과 사랑의 봉사로써 이 세상을 섬겨야 한다(cf. 마 28:18-20). 이것이 그를 따르는 제자들에게 맡겨진 사명이다.

- 엡 1:21-23 : 모든 통치와 권세와 능력과 주권과 이 세상뿐 아니라 오는 세상에 일컫는 모든 이름 위에 뛰어나게 하시고 또 만물을 그의 발 아래에 복종하게 하시고 그를 만물 위에 교회의 머리로 삼으셨느니라 교회는 그의 몸이니 만물 안에서 만물을 충만하게 하시는 이의 충만함이니라
- 엡 5:23 : 이는 남편이 아내의 머리 됨이 그리스도께서 교회의 머리 됨과 같음이니 그가 바로 몸의 구주시니라
- 골 1:18 : 그는 몸인 교회의 머리시라 그가 근본이시요 죽은 자들 가운데서 먼저 나신 이시니 이는 친히 만물의 으뜸이 되려 하심이요
- 계 17:14 : 그들이 어린 양과 더불어 싸우려니와 어린 양은 만주의 주시요 만왕의 왕이시므로 그들을 이기실 터이요 또 그와 함께 있는 자들 곧 부르심을 받고 택하심을 받은 진실한 자들도 이기리로다

IV. 성령의 전 (the Temple of the Holy Spirit)

1. 성령의 거하시는 처소 - '거룩한 백성' (The Holy People)

무엇보다도 교회는 '성령의 피조물'이다(고전 3:16-17; 6:19; 고후 6:16; 엡 2:17-22; 벧전 2:4-7).[11] 그러므로 교회가 성령을 소유하는 것이 아니라, 성령께서 교회를 당신의 거처 삼으시고 교회로 하여금 살고, 성장하며, 사역하게 하시는 것이

다.[12] 따라서 교회는 개인 신자의 경우와 더불어서 '성령의 전' 혹은 '하나님의 집'이라고 불려지기도 한다(고전 3:16, 엡 2:21-22, 벧전 2:5). 뿐만 아니라 교회가 성령, 즉 거룩한 영의 전이라는 말은 교회가 거룩하게 구별된 것임을 말함과 동시에, 성령께서 거처 삼으신 교회를 거룩하게 하신다는 것을 말한다. 교회(에클레시아)는 세상으로부터 구별되어 부름 받아 회집된 하나님의 백성들이다. 교회는 세상 사람들과 구별되어, 특별히 하나님의 소유로 인쳐진 자들로 구성되어 있다. 따라서 교회는 거룩한 성도라고 불리며, 또한 동시에 성도로서 거룩해져야 할 사명이 있다.

> **고전 6:19-20** : 너희 몸은 너희가 하나님께로부터 받은 바 너희 가운데 계신 성령의 전인 줄을 알지 못하느냐 너희는 너희 자신의 것이 아니라 값으로 산 것이 되었으니 그런즉 너희 몸으로 하나님께 영광을 돌리라
>
> **고전 3:16** : 너희는 너희가 하나님의 성전인 것과 하나님의 성령이 너희 안에 계시는 것을 알지 못하느냐
>
> **엡 2:21-22** : 그의 안에서 건물마다 서로 연결하여 주 안에서 성전이 되어가고 너희도 성령 안에서 하나님이 거하실 처소가 되기 위하여 그리스도 예수 안에서 함께 지어져 가느니라
>
> **벧전 2:5** : 너희도 산 돌 같이 신령한 집으로 세워지고 예수 그리스도로 말미암아 하나님이 기쁘게 받으실 신령한 제사를 드릴 거룩한 제사장이 될지니라

2. 은사공동체 - 섬김/봉사 공동체

우리를 도우시는 보혜사이신 성령께서 그의 백성에게 임하실 때는 각양 좋은 은사를 동반하시며, 오직 그것을 그의 기쁘신 뜻에 따라 주권적으로

나누어 주신다. 그러므로 교회나 개인은 성령을 지배하거나 장악할 수 없고, 오직 성령의 지배와 인도하심을 받아야만 한다. 그리고 성령께서는 그 은사들을 통하여 그리스도의 몸된 교회를 세우신다. 성령 안에서 모든 은사들은 그리스도와 연결된다. 그러므로 교회는 성령론적인 측면에서 볼 때 **은사공동체**이다. 그러나 성령의 각양 은사는 오직 섬김과 봉사를 통하여 그리스도의 몸된 교회를 세우기 위하여 주시는 것이다. 은사는 곧 섬김과 봉사이며(고전 12:4-6), 교회의 사명이요 직분이다(롬 11:29; 엡 4:11). 그러므로 섬김과 봉사, 그리고 모든 직분의 전제가 되는 것이 은사요 소명이다. 이와 같이 각자에게 주어진 달란트, 그리고 은사가 신약교회 질서의 기본 원리이다.

성령의 열매가 개개인의 성화와 연관되어 있다면(갈 5:22이하), 은사는 교회의 세움과 성장을 지향한다(고전 14:12, 엡 4:12-13).[13] 사랑은 모두가 추구해야 할 최고의 성령의 은사이며, 동시에 성령의 열매이기도 하다(고전 13장; 갈 5:22). 그러므로 모든 은사는 사랑을 따라 구해야 하며, 서로 덕을 세우고, 화평이 있어야만 한다. 은사는 한 주님을 순종하고 서로서로 사랑으로 섬기고 봉사함을 의미한다. 따라서 교회의 직분은 은사에 속하며, 은사에 따른다. 교회의 모든 직분과 직책은 오로지 섬김으로부터 생겨나고, 섬김을 목표로 한다. 다시 말하면, 그리스도인들은 지배하기 위해서 섬기지 않으며, 또한 섬기기 위해서 지배하지도 않아야 한다. 교회의 모든 은사와 직분, 모든 직책과 활동은 오직 하나님 섬김(예배)과 인간 섬김(봉사) 안에서만 거룩한 진가를 발휘한다.

> **엡 4:11-12** : 그가 어떤 사람은 사도로, 어떤 사람은 선지자로, 어떤 사람은 복음 전하는 자로, 어떤 사람은 목사와 교사로 삼으셨으니 이는

성도를 온전하게 하여 봉사의 일을 하게 하며 그리스도의 몸을 세우려 하심이라

고전 12:4-7 : 은사는 여러 가지나 성령은 같고 직분은 여러 가지나 주는 같으며 또 사역은 여러 가지나 모든 것을 모든 사람 가운데서 이루시는 하나님은 같으니 각 사람에게 성령을 나타내심은 유익하게 하려 하심이라

3. 성령 안에서의 교제/사귐의 공동체

성경의 축복 기도문은 다음과 같이 기원하고 있다: "주 예수 그리스도의 은혜와 하나님의 사랑과 성령의 교통하심이 너희 무리와 함께 있을지어다"(고후 13:13). 이 본문에 따르면, 그리스도에게 '은혜'를 돌리고 하나님에게 '사랑'을 돌리는 반면, 성령에게는 '교통'과 '사귐'의 은사를 돌리고 있다. 이와 같이 성령은 교제와 친교의 영이시다. 먼저, 성령은 우리로 하여금 예수 그리스도와 연합하게 하시고, 또한 하나님과 생명의 교제를 나누게 하시는 분이시다. 성령은 우리로 하여금 하나님을 '아빠 아버지'라고 부르게 하심으로 그의 자녀되게 하시고(롬 8:14-17, 갈 4:6-7), 기도를 통하여 그와 사귐을 나누게 하시며(롬 8:26-27), 약속된 기업의 상속자로 만드신다. 또한 성령께서는 그리스도를 생명의 '구주'로 고백하게 하며(고전 12:3), 그리스도와 연합하게 하심으로 새로운 교제의 공동체를 창조하신다. 그러므로 영광을 받은 주님에 의해 파송된 하나님의 영은 교회 존립의 기초요, 생명 원리이며, 활동 능력의 원천이다.

나아가 성령께서는 성도들 간에 서로 연합하게 하고 서로의 헌신된 교제와 사랑의 섬김으로 하나되게 하신다. 그러므로 우리의 교제와 사귐은 오직 성령 안에서의 교제요 친교이다. 친교(코이노니아)로서의 교회가 다른

세상의 여느 친목단체와 날카롭게 구분되는 차이점이 바로 이것이다. 이러한 상호 헌신의 교제과 사귐을 위하여 성령은 교회에 풍성한 은사를 선물로 주신다. 그런데 성령께서 각양 좋은 은사를 선물로 주시는 목적은 오직 모든 사람의 유익, 즉 하나님의 자녀로 온전하게 함과 동시에 그들의 사귐과 봉사를 통해 그리스도 몸인 교회를 세워가기 위함이다(cf. 고전 12:7; 엡 4:11-12). 그러므로 만약 교회 안에 사랑과 화평의 사귐으로 인한 하나됨이 없고, 서로 분쟁과 다툼으로 분열한다면, 거기에는 더 이상 하나님의 거룩한 영이 존재하지 않는다. 성령을 소유하고 있다고 하며, 오히려 은혜의 선물로 주신 은사를 자기 자신의 것으로 과시하며, 교회의 질서를 따르지 않고 자기의 영역과 분파를 만드는 자들은 성령을 받은 자가 아니라, 오히려 육의 사람이다(cf. 고전 3:1-23).

그러므로 오직 성령의 사람은 사랑의 섬김으로 서로를 세우며 화평케 하는 사람이다(엡 4:1-3, 12). 이와 같이 성령은 공동체의 원리로서 교회로 하여금 하나가 되게 하신다. 또한 성령은 성결의 영으로서 교회를 하나님 앞에서 거룩하게 하고 흠이 없도록 온전하게 하신다. 그리고 성령은 모든 시대를 통하여 교회로 하여금 영속성을 가지고 성장하게 하며, 맡겨진 사명을 감당하게 하심으로 종말론적인 하나님 나라를 지향하고 함께 이루어가게 하신다.

롬 8:14-17 : 무릇 하나님의 영으로 인도함을 받는 사람은 곧 하나님의 아들이라 너희는 다시 무서워하는 종의 영을 받지 아니하고 양자의 영을 받았으므로 우리가 아빠 아버지라고 부르짖느니라 성령이 친히 우리의 영과 더불어 우리가 하나님의 자녀인 것을 증언하시나니 자녀이면 또한 상속자 곧 하나님의 상속자요 그리스도와 함께 한 상속자니 우리가 그와 함께 영광을 받기 위하여 고난도 함께 받

아야 할 것이니라

엡 4:1-4 : 너희가 부르심을 받은 일에 합당하게 행하여 모든 겸손과 온유로 하고 오래 참음으로 사랑 가운데서 서로 용납하고 평안의 매는 줄로 성령이 하나 되게 하신 것을 힘써 지키라 몸이 하나요 성령도 한 분이시니 이와 같이 너희가 부르심의 한 소망 안에서 부르심을 받았느니라

모든 통치와
권세와 능력과 주권과 이 세상뿐 아니라
오는 세상에 일컫는 모든 이름 위에 뛰어나게 하시고
또 만물을 그의 발 아래에 복종하게 하시고
그를 만물 위에 교회의 머리로 삼으셨느니라
교회는 그의 몸이니 만물 안에서
만물을 충만하게 하시는 이의 충만함이니라
(엡 1:21-23)

제 26 과
참된 교회의 사명
: 교회의 5가지 사명

1. 언약공동체 – '예배'의 사명(라트레이아; $\lambda\tau\rho\epsilon\iota\alpha$ – Worship)

    교회가 감당해야 할 여러 가지 사명들 가운데 가장 중요하고 첫째 되는 것은 바로 삼위일체 하나님에 대한 '예배'(the Worship to God)의 사명이다. 무엇보다 먼저, 우리는 하나님의 백성으로 부름을 받은 교회가 하나님을 섬기기 위한 **언약공동체**(the Covenant People of God)라는 사실을 분명히 해야만 한다. 교회는 오직 이 사명을 위하여 부름을 받았고 존재한다. 하나님께서 모세를 통하여 이스라엘 백성을 광야로 불러내신 것은 그들로 하여금 여호와 하나님을 섬기게 하고 제사를 드리게 하기 위함이었는데, 그것은 곧 하나님을 예배하기 위한 것이었다(출 3:12; 5:1, 3; 8:1, 8, 20, 27).[1] 그리하여 구약의 이스라엘 백성들은 여호와 하나님께 예배하기 위하여 정한 절기마다 온 백성이 회집하였다. 이와 같이 하나님의 택한 백성으로서 교회 역시 하나님께 속하였고, 하나님만을 섬기는 공동체이며, 그 가장 본질적인 사명은 삼위일체 하나님에 대한 예배(라트레이아)라 할 수 있다.[2]

따라서 언약공동체인 교회는 무엇보다 먼저 하나님께 대한 예배의 사명을 가진 예배공동체(the Community of Worship)이다. 예배는 교회가 하나님께 경배와 영광을 돌릴 수 있는 가장 분명한 방법을 제시해 준다.[3] 교회는 찬미의 제사를 하나님께 드리는 제사장들의 모임이다. 예배를 드려야 할 책임에 대한 이러한 의식은 '라트레이아'(예배)의 근본 의미가 곧 '섬김' 또는 '봉사'(service)라고 하는 의미와 상통하는 것에서 분명히 볼 수 있다. 그러나 예배는 오직 삼위일체 하나님께 대한 섬김과 봉사요, 그것은 무엇보다 자기 자신을 드림이다. 하나님께서는 예배 가운데 그의 백성들에게 임재하시며, 또한 그의 소유된 백성들은 예배를 통하여 하나님을 만나며 그의 은혜를 입는다. 그리고 예배의 중심은 하나님의 말씀의 선포와 이에 대한 감사의 찬양이다.

- **출 3:11-12** : 모세가 하나님께 아뢰되 내가 누구이기에 바로에게 가며 이스라엘 자손을 애굽에서 인도하여 내리이까 하나님이 이르시되 내가 반드시 너와 함께 있으리라 네가 그 백성을 애굽에서 인도하여 낸 후에 너희가 이 산에서 하나님을 섬기리니 이것이 내가 너를 보낸 증거니라
- **출 5:1** : 그 후에 모세와 아론이 바로에게 가서 이르되 이스라엘의 하나님 여호와께서 이렇게 말씀하시기를 내 백성을 보내라 그러면 그들이 광야에서 내 앞에 절기를 지킬 것이니라 하셨나이다
- **고전 6:19-20** : 너희는 너희의 것이 아니라 값으로 산 것이 되었으니 그런즉 너희 몸으로 하나님께 영광을 돌리라

그렇다면 참된 예배란 과연 무엇이며, 우리는 예배를 통하여 어떻게 하나님을 섬길 것인가? 로마서 12:1은 하나님께서 기뻐 받으시는 참된 예배가 어떤 것인지를 분명하게 말해주고 있다. "너희 몸을 하나님이 기뻐하시

는 거룩한 산 제물로 드리라 이는 너희가 드릴 영적 예배니라"(롬 12:1). 이 본문에 사용된 '예배'에 해당하는 헬라어 '라트레이아'는 구약의 제사를 지칭하기도 하지만, 여기에서는 단순히 제사 행위를 의미한다기보다는 삶으로서의 예배, 곧 삶을 통하여 하나님을 영화롭게 하는 하나님에 대한 섬김(service)을 의미한다. 그러므로 예배는 언약백성들이 회집하여 드리는 공적예배를 말하기도 하지만, 또한 그것을 넘어 백성들의 전체 삶의 영역으로 확장된다. 즉, 삶의 모든 가치와 의미를 하나님께 두고 주님을 섬기는 삶을 사는 것에 역점을 둔 것이다. 그것이 "하나님을 즐거워하고 그를 온전히 영화롭게 하는 것"이다.[4] 이와 같이 성경은 참된 예배를 "자기 자신을 거룩한 산 제물로 드리는 것"이라고 정의하고 있다. 한 번의 헌신이 아니라 매일 매일, 매 순간마다 하나님 앞에 자기 자신의 온전한 인격과 전체 삶을 드려야 할 것이다. 그러므로 날마다 '삶으로 드리는 예배' 그것이 곧 확장된 참된 예배이다.

또한 여기에서 '몸'(쏘마)이란 말의 의미는 단어 자체가 가진 단순한 의미에 국한되지 않는다(고전 6:20; 고후 5:10). 여기서 '몸'이란 단순히 살과 뼈로 이루어진 육체뿐만 아니라 우리의 전인격을 의미한다. 따라서 '너희 몸'은 '너희 자신'(yourselves)을 뜻하며, 우리의 인격 전체를 형성하는 모든 요소를 포함한다. 이것은 심지어 세상과 이웃과의 관계 속에서 구체적인 삶으로 나타나는 모든 삶의 양태까지도 포함한다. 그러므로 바울이 의미하는 것은 "일상의 구체적인 삶 전체를 하나님이 기뻐하시는 거룩한 산 제물로 드릴 때 이것이 곧 우리가 드려야 할 합당한 영적 예배이다"라고 말할 수 있다. 하나님이 '기뻐하시는' 참된 예배란 하나님께 전 인격적으로 우리의 몸을, 생애 전체를 드리는 것이다. 우리의 생애를 통해 계속적으로 하나님 보시기에 선한 일에 힘쓰는 것이다. 그리고 '거룩한'이란 말은 흠이 없이 순전(純全)하다는 의미이다(엡 1:4; 빌 2:15; 골 1:22).

그러므로 거룩한 제사란 죄의 종이었던 우리가(롬 6:16, 17; 엡 2:1, 5) 예수 그리스도의 피로 씻음 받아 그가 주신 새 생명으로 온전히 그를 위해 살아가는 것이다(롬 6:4-7, 13, 14, 22; 갈 2:20). 나아가 '산 제물로 드리라' 는 말씀은 바로 '살아있는 자기 자신'을 드리라는 것이며, 우리의 삶 전체를 온전히 하나님께 드리라는 것이다. 실로 참된 믿음은 행함으로 온전케 되는 것이다(약 2:22). 그러므로 하나님 앞에서 드리는 우리의 참된 영적예배는 주일의 공적 예배만으로 한정되는 것이 아니라, 우리의 전체적인 삶의 영역으로 끊임없이 확장되어 가야 할 것이다.

> **요 4:23-24** : 아버지께 참되게 예배하는 자들은 영과 진리로 예배할 때가 오나니 곧 이 때라 아버지께서는 자기에게 이렇게 예배하는 자들을 찾으시느니라 하나님은 영이시니 예배하는 자가 영과 진리로 예배할지니라

2. 신앙공동체 – '신앙교육과 경건의 훈련'의 사명(디다케; $\delta\iota\delta\alpha\chi\eta$ - Discipline)

하나님의 백성이며 그리스도의 몸인 교회는 무엇보다도 그리스도를 구주로 고백하는 신앙공동체이며, 동일한 믿음을 고백하는 **신앙고백공동체**(the Community of Faith)이다. 예수 그리스도께서는 베드로가 "주는 그리스도시요 살아 계신 하나님의 아들이시니이다"(마 16:16)라고 고백하였을 때, "내가 이 반석 위에 내 교회를 세우리니"(마 16:18)라고 말씀하셨다. 이것은 교회가 참된 신앙고백 위에 세워졌고, 또한 계속하여 서 있어야 함을 의미한다. 따라서 참된 신앙고백이 없는 교회는 교회일 수 없고, 또한 교회로 존립할

수가 없다. 나아가 교회는 예수 그리스도께서 분부한 모든 것을 가르쳐 지키게 할 사명을 갖고 있다(마 28:19-20). 선교는 언제나 제자양육을 낳고, 또 제자양육은 선교를 계속하여 지속가능하게 한다.

> **마 28:19-20** : 그러므로 너희는 가서 모든 민족을 제자로 삼아 아버지와 아들과 성령의 이름으로 세례를 베풀고 내가 너희에게 분부한 모든 것을 가르쳐 지키게 하라 볼지어다 내가 세상 끝날까지 너희와 항상 함께 있으리라 하시니라

그러나 교회는 자신이 선포하고 가르치고 행해야 할 신앙의 내용을 그 스스로 창조한 것이 아니라, 성경에 기초한 사도적 신앙을 믿음의 유산으로 물려받은 것이다. 이 믿음의 유산은 시대 시대마다 세대를 이어가며 하나님의 말씀인 성경에 근거하여 자기 자신의 참된 신앙고백으로 거듭 거듭 새롭게 갱신되고 또 고백되어야만 한다. 뿐만 아니라 참된 믿음의 사람, 거룩한 언약백성이 되기 위하여 끊임없이 신앙과 경건의 훈련이 계속되어야 한다. 그러므로 교회는 과거의 신앙유산을 그대로 보존만 하는 것이 아니라 자신의 세대는 물론, 다음 세대의 사람들에게 올바르고 적합하게 가르치고 전달함으로써 신앙의 계대를 계속하여 이어가야 할 사명을 가지고 있다.[5] 그렇지 아니할 경우, 하나님의 말씀을 떠나 '하나님을 알지 못하는 세대'가 곧 일어나게 될 것이다. 따라서 신앙과 신학은 저절로 하늘에서 떨어지는 것이 아니기 때문에, 교회는 끊임없이 스스로를 말씀과 믿음으로 훈련하고, 양육해야 하는 교육적 사명을 수행해야만 된다.[6] 이와 같이 세대를 통하여 계속되어야 할 믿음의 훈련, 곧 제자양육과 신앙교육은 교회가 감당해야 할 본질적인 사명이라 하겠다.

딤전 4:7 : 망령되고 허탄한 신화를 버리고 경건에 이르도록 네 자신을 연단하라

딤후 3:14-17 : 그러나 너는 배우고 확신한 일에 거하라 너는 네가 누구에게서 배운 것을 알며 또 어려서부터 성경을 알았나니 성경은 능히 너로 하여금 그리스도 예수 안에 있는 믿음으로 말미암아 구원에 이르는 지혜가 있게 하느니라 모든 성경은 하나님의 감동으로 된 것으로 교훈과 책망과 바르게 함과 의로 교육하기에 유익하니 이는 하나님의 사람으로 온전하게 하며 모든 선한 일을 행할 능력을 갖추게 하려 함이라

딤전 6:3-5, 11-12 : 누구든지 다른 교훈을 하며 바른 말 곧 우리 주 예수 그리스도의 말씀과 경건에 관한 교훈을 따르지 아니하면 그는 교만하여 아무 것도 알지 못하고 변론과 언쟁을 좋아하는 자니 이로써 투기와 분쟁과 비방과 악한 생각이 나며 마음이 부패하여지고 진리를 잃어 버려 경건을 이익의 방도로 생각하는 자들의 다툼이 일어나느니라 … 오직 너 하나님의 사람아 이것들을 피하고 의와 경건과 믿음과 사랑과 인내와 온유를 따르며 믿음의 선한 싸움을 싸우라 영생을 취하라 이를 위하여 네가 부르심을 받았고 많은 증인 앞에서 선한 증언을 하였도다

신 11:18-21 : 이러므로 너희는 나의 이 말을 너희의 마음과 뜻에 두고 또 그것을 너희의 손목에 매어 기호를 삼고 너희 미간에 붙여 표를 삼으며 또 그것을 너희의 자녀에게 가르치며 집에 앉아 있을 때에든지, 길을 갈 때에든지, 누워 있을 때에든지, 일어날 때에든지 이 말씀을 강론하고 또 네 집 문설주와 바깥 문에 기록하라 그리하면 여호와께서 너희 조상들에게 주리라고 맹세하신 땅에서 너희의 날과 너희의 자녀의 날이 많아서 하늘이 땅을 덮는 날과 같으리라

3. 교제공동체 – '사귐/교제'의 사명(코이노니아; κοινωνια – Communion)

교회는 건물이나 제도 혹은 조직이기 이전에 하나님의 백성, 그리스도의 한 몸된 성도들의 공동체이기 때문에, 성도의 교제와 사귐이 없이는 존재할 수 없다. 교회는 그리스도인들의 참된 신앙고백을 통해서 그때그때마다 일어나는 '신앙적 사건'임과 동시에, 성령의 '교제' 안에 있는 참된 교제와 사귐의 공동체(코이노니아)이다. 그러므로 교회는 세상 사람들에게 모범적인 새로운 대안 공동체로 드러나야 한다. 하나님의 백성의 교제는 삼위일체 하나님의 사랑과 생명의 사귐에 공동으로 참여하는 것에 그 본질적인 기초를 두고 있다.

먼저 성령 안에서 예수 그리스도를 통한 성도들의 삼위 하나님과의 본질적인 생명의 사귐은 성례를 통하여 가시화되는데, 이것은 세례를 통하여 그리스도와 연합되고, 성찬을 통하여 보존되고 강화되며 갱신된다. 그러나 이러한 성례전적 교제/사귐은 성도들 간의 구체적인 삶의 영역에서도 반드시 드러나야 한다(cf. 행 4:32-36). 신약교회의 교제/사귐은 손님 대접하기를 실천하며, 서로의 짐을 나누어지며, 서로 격려해주고, 위하여 기도해 주는 실천적인 교제였다(cf. 롬 12:3-21).[7] 그리고 성찬은 이러한 신약 교제의 특별한 표현이다.

> 엡 4:1-3 : 그러므로 주 안에서 갇힌 내가 너희를 권하노니 너희가 부르심을 받은 일에 합당하게 행하여 모든 겸손과 온유로 하고 오래 참음으로 사랑 가운데서 서로 용납하고 평안의 매는 줄로 성령이 하나되게 하신 것을 힘써 지키라

그리스도의 몸된 교회는 많은 지체들의 연합이며, 이것은 오직 하나되게 하시는 성령 안에서 성도들 상호간의 교제와 사귐으로 이루어진다. 사도 바울은 이것을 "이 같이 우리 많은 사람이 그리스도 안에서 한 몸이 되어 서로 지체가 되었느니라"(롬 12:5)고 말하고 있다. 여기에서 '한 몸'이라는 표현은 교제와 사귐 안에서 이루어지는 교회의 유기적인 통일성(unity)을 가리킨다.

그리스도 안에서 한 몸이 된 '우리'는 신자들의 공동체로 그리스도의 교회를 이룬다(고전 12:27). 이것은 사람의 몸과 지체의 관계에서 나타난 유기적인 원리가 그리스도의 몸을 이루는 거룩한 공동체 안에서도 그대로 적용되고 있음을 말해준다. 여기에서 '한 몸'이란 인간의 혈통으로나 사람의 생각으로 이루어지는 것이 아니라, 오직 그리스도께서 이 연합의 머리가 되시며, 믿는 자들이 성령으로 말미암아 믿음으로 그 안에서 하나 됨으로 이루어지는 것이다(엡 2:21). 실로 성도의 교제와 사귐은 오직 성령의 역사라 하겠다. 그러므로 우리 안에 내주하시는 성령은 우리를 그리스도에게 연합시키는 '사랑의 끈'(vinclum)이자 본드(bond)이시다. 성령으로 말미암아 그리스도와 연합된 그의 몸으로서의 교회는 오직 교제와 사귐의 공동체이다.

나아가 교회로부터 시작되는 이러한 교제와 사귐은 폐쇄적인 교회 안에만 제한되지 않고, 모든 피조 세계와 온 우주에까지 미친다. 즉, 교회는 하나님 앞에서 온 피조물의 사귐을 대변하고 실현한다. 또한 코이노니아의 본질적 표현은 하나님의 아가페 사랑이다. 특히 '아가페'는 자신을 겸손하게 낮추며, 용서하며, 자기를 희생하는 십자가의 사랑을 의미한다. 이것은 초기 기독교 공동체의 특징이었을 뿐만 아니라, 어느 시대를 막론하고 하나님을 영화롭게 하는 교회의 본질적 특징이다. 이 아가페의 사랑은 성령의 선물이되, 분명히 교회의 삶 속에서 실현되어야 할 실제적인 사명이기도 하다.

> **고전 12:18-27** : 그러나 이제 하나님이 그 원하시는 대로 지체를 각각 몸에 두셨으니 만일 다 한 지체뿐이면 몸은 어디냐 이제 지체는 많으나 몸은 하나라 눈이 손더러 내가 너를 쓸 데가 없다 하거나 또한 머리가 발더러 내가 너를 쓸 데가 없다 하지 못하리라 …그런즉 우리의 아름다운 지체는 그럴 필요가 없느니라 오직 하나님이 몸을 고르게 하여 부족한 지체에게 귀중함을 더하사 몸 가운데서 분쟁이 없고 오직 여러 지체가 서로 같이 돌보게 하셨느니라 만일 한 지체가 고통을 받으면 모든 지체가 함께 고통을 받고 한 지체가 영광을 얻으면 모든 지체가 함께 즐거워하느니라 너희는 그리스도의 몸이요 지체의 각 부분이라

4. 봉사공동체(은사공동체) - '섬김/봉사'의 사명(디아코니아; διακονια - Service)

하나님께서 예수 그리스도 안에서 중생의 구원의 은혜를 주실 때에 '새로운 생명'(영생)의 선물과 함께 성령께서는 모든 믿는 자에게 다양하고도 특별한 은사를 나누어 주시며, 그 은사를 통하여 각자에게 주신 사명과 사역들을 감당하게 하셨다. 따라서 교회는 한 성령께서 주시는 다양한 은사들이 서로 함께 섬기는 **은사공동체**이다. 구약과 신약은 모두 성령의 은사와 직분에 대해 언급하고 있다. 그러나 성령은 우리 각자에게 은사와 직분을 나누어 주심에 있어 자유롭고 주권적이시다. 성령께서 우리에게 은사와 직분을 주시는 주된 목적은 섬김과 봉사의 일을 하게 하기 위해서이다. 그러므로 "그가 어떤 사람은 사도로, 어떤 사람은 선지자로, 어떤 사람은

복음 전하는 자로, 어떤 사람은 목사와 교사로 삼으셨으니 이는 성도를 온전하게 하여 봉사의 일을 하게 하며 그리스도의 몸을 세우려 하심이라"(엡 4:11-12)고 했다.

우리는 그리스도의 몸된 교회의 유익을 위해 우리에게 주신 은사와 직분에 따라 서로가 서로에게 섬기고 봉사해야 할 책임과 의무가 있다.[8] 이와 같이 교회는 언제나 거룩한 섬김을 위한 **섬김의 공동체/봉사 공동체**(디아코니아)인 것이다. 하나님은 무슨 일이든지 다 하실 수가 있지만 우리의 손을 통해서 일을 하듯이, 우리도 이웃의 손이 되고 발이 되어 주어야 한다. 세상의 주님이지만 비천한 종으로 오신 예수 그리스도의 본을 받아(마 20:28), '그리스도의 몸' 된 우리가 서로 섬기고 봉사하는 그곳에 하나님의 나라가 임할 것이다. 그리스도인들은 모두 지배자나 주인이 아니라, 섬김의 종이며 은사의 청지기이다. 그러므로 교회의 모든 직분과 직책은 오로지 섬김으로부터 생겨나고, 섬김을 목표로 존재한다.[9] 그리고 그러한 섬김에 있어 자기에게 주신 은사가 무엇인지 세밀하게 살펴서, 그 주신 은사에 따라 섬기며, 은사에 합당하게 쓰임을 받을 때, 그것은 우리 모두에게 유익이 되고 축복이 된다.

성령의 은사는 믿는 자에게 값없이 주어지는 하나님의 은혜의 선물이며 다양한 모습으로 나타난다. 우리 모두에게는 어떤 것이든 성령께서 주신 은사가 최소한 한 가지씩은 있다. 그러나 성령의 은사는 우리가 요구해서 받은 것이 아니라, 성령께서 우리에게 주신 특별한 주권적 선물이다. 그러한 성령의 은사는 다양하며, 또 우리 각자가 받은 은사가 서로 다르지만, 모든 은사들이 동일하게 중요하다. 각 은사는 한 성령으로 말미암기 때문에 서로 동격이지, 결코 서로간의 우열의 다툼과 경쟁의 관계에 있지 않다. 그러므로 오직 모든 은사는 서로를 세우는 상호간의 사랑의 사귐과 섬김의 관계로 존재해야만 한다. 또한 그러한 성령의 은사를 주시는 목적은 궁극적으로 성도로 하여금 하나님을 영화롭게 하는 삶을 살 수 있도록 하는 것인데, 구체적으로는 하나님의 말씀을 통하여 신자들의 믿음을 굳건히 하고, 또한 그 말씀을 효과적으로 증거하고 가르치게 하며, 교회 안에서 이루어지는 모든 사역들을 통하여 주님의 몸을 더 잘 섬기며 하나님의 나라를 땅 끝까지 확장하기 위한 것이다.

- **롬 12:6-8** : 우리에게 주신 은혜대로 받은 은사가 각각 다르니 혹 예언이면 믿음의 분수대로, 혹 섬기는 일이면 섬기는 일로, 혹 가르치는 자면 가르치는 일로, 혹 위로하는 자면 위로하는 일로, 구제하는 자는 성실함으로, 다스리는 자는 부지런함으로, 긍휼을 베푸는 자는 즐거움으로 할 것이니라
- **고전 12:8-11** : 어떤 사람에게는 성령으로 말미암아 지혜의 말씀을, 어떤 사람에게는 같은 성령을 따라 지식의 말씀을, … 어떤 사람에게는 방언들 통역함을 주시나니 이 모든 일은 같은 한 성령이 행하사 그의 뜻대로 각 사람에게 나누어 주시는 것이니라
- **고전 12:4-7** : 은사는 여러 가지나 성령은 같고 직분은 여러 가지나 주는 같으며 또 사역은 여러 가지나 모든 것을 모든 사람 가운데서 이루시는 하나님은 같으니 각 사람에게 성령을 나타내심은 유익하게 하려 하심이라

5. 선교공동체 - '복음증거-전도/선교'의 사명(마르투리아; $\mu\alpha\rho\tau\upsilon\rho\iota\alpha$ - Witness)

하나님께서 그의 소유된 백성인 이스라엘을 택하시고 부르신 후, 맺은 언약관계 속에서 구약의 이스라엘은 본질적으로 하나님과 이방나라들에

대하여 하나의 이중적인 사명을 가지고 있었다. 그것은 바로 "하나님에 대하여는 그의 거룩한 백성이 되는 것"임과 동시에 "이방나라들에 대하여는 제사장의 역할을 수행해야 하는 것"이다. 이것은 하나님께서 아브라함과 맺으신 언약에 분명하게 드러나고 있다.[10]

> 창 12:2-3 : 내가 너로 큰 민족을 이루고 네게 복을 주어 네 이름을 창대하게 하리니 너는 복이 될지라 너를 축복하는 자에게는 내가 복을 내리고 너를 저주하는 자에게는 내가 저주하리니 땅의 모든 족속이 너로 말미암아 복을 얻을 것이라

이 아브라함 언약에 나타난 하나님의 4중적 약속은 곧 "큰 민족이 되게 함, 창대한 이름, 신적 보호, 그리고 축복의 중재자"인데, 그 핵심은 하나님의 '축복에 대한 약속'이다. 여기에서 하나님께서는 아브라함을 축복하시리라 약속하셨고, 나아가 아브라함 자신이 축복의 근원으로서 하나의 '축복'이 되게 하셨다. 즉, 하나님의 축복은 모두 아브라함 자신에게만 돌아오는 것이 아니다. 아브라함은 단순히 축복의 수혜자로만 끝나는 것이 아니라, 또한 동시에 그러한 축복의 중개자(transmitter)가 되어야만 했다. 그는 오히려 '땅의 모든 족속들'을 위하여 축복의 근원으로 부름을 받은 것이었다. 이것이 바로 아브라함의 선택과 언약에서 계시된 이방나라들을 위한 하나님의 특별한 선교계획이다. 이것이 의미하는 바는 곧 그 시작으로부터 아브라함과 이스라엘은 하나님의 축복의 선교사들이 되어야 한다는 것이고, 또한 참된 하나님을 알게 하는 진리의 통로가 되어야만 했다는 것이다.

바로 이러한 아브라함 언약의 본질을 올바로 이해한다면, 하나님 자신의 소유된 백성, 왕 같은 제사장, 그리고 거룩한 나라로서 이스라엘을 택

하시고 부르심은 그들로 하여금 하나님을 섬기며 이방나라들에 대하여 선교적 사명을 감당함으로 봉사하게 하기 위함이었다는 사실이 분명해 진다 (cf. 사 42: 1-12). 이러한 이스라엘의 사명은 이제 신약 교회에서 더욱 분명하게 말씀의 선포와 복음 증거의 사역으로 나아간다. 그러므로 이 세상과의 관계에서 교회가 수행해야 할 가장 중요한 사명이 바로 '복음증거의 사역' (마르투리아), 곧 전도와 선교이다. 왜냐하면 교회는 다시금 그리스도로부터 지상명령인 선교의 명령을 받았음은 물론, 또한 그가 보내신 성령을 통하여 계속하여 받고 있기 때문이다.

> **막 16:15** : 너희는 온 천하에 다니며 만민에게 복음을 전파하라
> **마 28:19-20** : 너희는 가서 모든 족속으로 제자를 삼아 아버지와 아들과 성령의 이름으로 세례를 주고, 내가 너희에게 분부한 모든 것을 가르쳐 지키게 하라

이와 같이 교회는 그 시작으로부터 복음증거의 사명을 가진 **전도/선교 공동체**(the Community of Mission)이다. 그러나 교회가 가진 선교사명은 오직 창조자이시며 동시에 구속자이신 삼위일체 하나님으로부터 온다. 그러므로 선교의 궁극적인 기초와 근거는 바로 창조자와 구속자로서의 하나님의 절대적인 주권과 구속의 의지 자체 안에 있다. 즉, 하나님이 그 아들을 세상에 보내듯이, 이제 아들은 그의 제자들을 세상으로 보내시며, 나아가 성령께서는 이 사역을 도우시며 효과적으로 이루신다. "아버지께서 나를 보내신 것 과 또 나를 사랑하심같이 저희도 사랑하신 것을 세상으로 알게 하려 함이로소이다"(요 17:23). 또한 성부와 성자께서 성령을 보내시듯이, 성령께서는 그리스도인들을 세상으로 보내신다: "오직 성령이 너희에게 임하시면 너희가 권능을 받고 예루살렘과 온 유대와 사마리아와 땅끝까지 이르

러 내 증인이 되리라"(행 1:8).

이처럼 선교는 언제나 삼위일체 하나님의 선교이다. 그러므로 선교의 궁극적인 주체는 교회가 아니고 삼위일체 하나님이시며, 또한 선교의 궁극적인 목적도 '하나님의 영광'이다. 보냄을 받은 자는 자기 자신이나 그 자신의 영광을 위하여 일하지 않고 오직 보내신 자의 영광을 위하여 그 사명을 감당해야 한다. 이와 같이 선교적 사명의 궁극적인 목적은 그를 부르시고 보내신 자, 곧 하나님을 '영화롭게'(to glorify God)하는 것이다. 그러한 목적은 다음과 같은 말씀에서 분명하게 드러난다. "나는 내 영광을 다른 자에게 내 찬송을 우상에게 주지 아니 하리라"(사 42:8). 그러므로 오직 "항해하는 자들과 바다 가운데의 만물과 섬들과 거기에 사는 사람들아 여호와께 새 노래로 노래하며 땅 끝에서부터 찬송하라"(사 42:10). 교회는 언제나 하나님께서 사용하시는 선교의 도구일 따름이다. 만약 교회가 이 사명을 외면한다면, 교회가 세상 가운데서 존재해야 할 이유와 가치는 사라지게 될 것이다.

나아가 이 시대에 교회가 감당해야 할 선교사명과 관련하여 한 가지 더 언급할 것은, 우리가 살아가는 시대적 상황은 이미 전 세계가 급격하게 하나의 지구촌으로 통합되고 있다는 사실이다. 각 나라마다 세계화가 광범위하게 이루어지고 있으며(world-wide globalization), 또한 전례없이 활발한 인적 교류의 확대로 각기 다민족사회로 이행하고 있는 상황은 성경적인 '이방 나라들'의 개념을 단순히 국경과 민족의 문제만이 아니라, 또 다른 적극적인 의미로 이해하도록 요청하고 있다. 따라서 21세기의 기독교 선교는 창세기 1:28의 '문화대명령'(cultural mandate)과 마태복음 28:19-20 (cf. 행 1:8)의 '선교대명령'(missionary mandate)을 통합하는 새로운 선교 패러다임을 적극 모색해야 할 것이다. 즉, 개혁주의적 영역주권 이론에 따라, 선교의 새로운 전선은 기존의 국경과 민족의 개념에 더하여 정치, 외교, 사회, 교육, 문화, 예술, 철학과 사상, 과학과 기술, 생태 환경, 기업 비즈니스 등 하나님을 알지 못하며, 또한 그의 절대주권을 인정하지 아니하고 복음의 진리에 대적하는 우리의 삶의 모든 영역들에 포진하고 있는 소위 '이방영역들'로 더욱 적극적이며 창조적으로 확대되어야 할 것이다.

> 예수께서 나아와 말씀하여 이르시되
> 하늘과 땅의 모든 권세를 내게 주셨으니
> 그러므로 너희는 가서 모든 민족을 제자로 삼아
> 아버지와 아들과 성령의 이름으로 세례를 베풀고
> 내가 너희에게 분부한 모든 것을 가르쳐 지키게 하라
> 볼지어다 내가 세상 끝날까지
> 너희와 항상 함께 있으리라 하시니라
>
> (마 20:18-20)

제 27 과
참된 교회의 속성과 표지
: 교회의 4대 속성과 3대 표지

　신약교회 이후 교회는 계속하여 분열되어 왔고, 그리하여 현재 이 세상에는 수많은 교회들과 교파들이 존재한다. 그러면 우리 주변에서 흔히 찾아볼 수 있는 다양한 교회들 가운데 과연 어떤 교회가 참된 교회라는 것을 어떻게 식별할 수 있을까? 그리고 우리가 '교회를 믿는다'고 고백할 때, 구체적으로 무엇을 고백하는 것인가? 이런 질문에 대한 전통적인 대답은 이른바 '교회의 속성 내지 표지'라는 제목 아래 설명되어 왔다. 사도신경은 "**나는 거룩하고 공교회를 믿습니다**"(*Credo in sanctam ecclesiam catholicam*)라고 고백하며, 또한 니케아 신조(325)는 그것을 좀 더 세밀하게 표현하여 "**우리는 하나의 거룩하고 보편적인 사도적 교회를 믿습니다**"(*Credimus in unam, sanctam, catholicam et apostolicam ecclesiam*)라고 고백한다. 이러한 고백으로부터 참된 교회의 4대 '**속성**'(the attributes of Church)이 정립되었다. 그리고 개혁교회가 말하는 '말씀의 참된 선포'와 '성례의 올바른 집행'이라는 교회의 '**표지**'(the marks of Church)라는 용어가 16/17세기 종교개혁에 의하여 정립되었다.
　그러나 참된 교회의 외적인 표지는 모든 사람들이 알 수 있도록 가시적으로 드러나는 데 비해, 참된 교회의 본질적인 속성은 교회 바깥에 있는 사람들이 명확하게 알 수 있는 것이 아니다. 따라서 속성과 표지는 서로 배타적인 것이 아니라 하나의 교회가 참된 교회임을 드러내는 상호 보완적인 것으로 이해되어야 한다. 그러므로 참된 속성을 가진 교회는 그 표지를 통하여 분명히 드러나며, 거꾸로 참된 표지가 있는 교회는 그 참된 속성을 분명히 가지게 된다.

그런데 우리는 오직 삼위일체 하나님만을 신앙할 따름이지, 결코 교회를 신앙하는 것은 아니다. 왜냐하면 교회는 바로 우리 자신들이므로 우리의 신앙의 대상이 될 수 없기 때문이다. 그러므로 우리가 '교회를 믿는다'고 고백할 때, 그것은 단지 "교회가 하나라는 것과 거룩한 것이라는 사실을, 그리고 교회가 보편적이며 사도적 가르침과 신앙 위에 서있는 교회라는 사실을 믿는다"는 의미이다. 이제 참된 교회가 가지는 속성과 표지에 대하여 좀 더 자세하게 살펴보기로 하자.

I. 참된 교회의 속성(The Attributes of Church)[1]

1. 교회의 단일성(the One Church) – "*Credo unam ecclesiam*"

참된 교회가 가지는 첫 번째 속성은 '단일성'(Unity)이다. 그리스도의 몸인 교회는 오직 하나이며, 하나의 거룩한 백성이다. 그러므로 우리는 오직 교회의 하나됨을 고백하며, 또한 그 고백대로 하나된 교회를 힘써 지켜야 함은 물론, 하나되기 위하여 힘써야 한다(엡 4:3). 하지만 안타깝게도 교회의 분열은 알 수 없는 수수께끼처럼 있을 수 없는 현실로 우리 가운데 존재하고 있다.²⁾ 그러나 지구상에 아무리 많은 교회들이 존재한다고 하더라도 참된 교회는 오직 하나라는 것은 분명한 사실이며, 그 단일성(unity)은 교회의 본질적 속성이다. 삼위일체 하나님께서 영원한 생명의 교제 안에서 오직 하나되신 것같이, 그리스도께서 성도들을 자신 안에서 한 몸으로 연합하듯이, 그리고 성령이 그 은사의 다양함과 풍성함 속에서 한 분이듯이, 그 안에서 부르심을 받아 회집된 교회 역시 오직 하나이다. 교회의 단일성은 교회에 주어진 은혜의 선물이자 또한 사명이기도 하다.

성령 안에서 그리스도와 연합된 한 몸의 단일성이 교회에 주어졌다. 예수 그리스도의 은혜로운 구원사역에서 나타난 하나님의 사랑이 성령의 교통하심 안에서 그의 백성들을 하나되게 하신다. 예수 그리스도는 성부께서 자기에게 주신 영광을 성령 안에서 당신의 몸인 교회에 주셨고, 그 삼위 하나님께서 하나되심 같이 교회도 성령 안에서 하나되게 하셨다.³⁾ 우리는 한 아버지 하나님의 부르심으로 말미암아 예수 그리스도 안에서 연합되어 한 성령의 교제 안에서 한 몸이 된 것이다. 이와 같이 교회는 성령이 하나이요, 주도 하나이요, 하나님이 하나이심과 같이 성령의 하나되게 하신 것을 힘써 지켜야 한다(엡 4:1-6). 그러므로 성령 안에서 교회의 하나됨을 이루는 것은 교회의 사명이며, 나아가 서로 사랑 안에서 하나됨을 통하여 세상이 하나님의 사랑을 알게 하고 하나님께 영광을 돌리게 해야 한다.

그러나 이러한 교회의 단일성과 하나됨은 성령 안에서 주신 은사의 다양성을 제한하지 아니한다. 그러므로 교회 안에서 지체들의 다양성은 필연적이며 당연성을 가진다. 교회 안에서의 분쟁과 분열은 참된 교제와 섬김을 위하여 주신 그 본래적 목적에 따라 다양한 은사들을 조화롭고 질서 있게 사용하지 못함에 있다. 은사의 다양성은 주신 은혜의 풍성함과 충만함을 의미한다. 다시 말하자면, 교회의 일치는 항상 '다양성 안에 있는 일치'(unity in diversity) 혹은 '다양성과 함께하는 일치'(unity with diversity)이다. 그러므로 교회의 일치는 강압적으로 강요되어서는 안 된다. 강요된 교회의 일치는 성령의 다양한 은사의 획일화에 지나지 않는다. 참된 교회의 일치는 진리의 말씀과 복음 안에서 하나됨이요 일치이지, 율법적 일치가 아니다. 그것은 다양성의 풍성함과 일치의 조화이다. 따라서 다른 한편으로 교회의 참된 하나됨은 '일치 속에 있는 다양성'(diversity in unity)이라고 할 수 있다. 구약의 이스라엘은 12지파의 다양성 속에서 한 하나님의 백성으로 연합과 일치를 이루었다. 또한 신약의 12사도가 증거하는 예수 그리스도의 십자가와 부활에 대한 복음의 일치 안에는 그들의 목소리의 다양성이 언제나 함께한다. 우리는 하나의 복음을 증거하는 4개의 복음서를 가지며, 또한 베드로가 전한 복음과 바울이 증거하는 복음의 일치를 말한다. 그러므로 삼위일체 하나님께 드려야 할 영광송은 독창이 아니라 호흡있는 자마다 다함께 부르는 웅장하고도 장엄한 우주적 화음이요 오케스트라인 것이다(cf. 시 148, 150편).

 그러나 교회 안에서 이 은사의 다양성이 다툼과 분열의 빌미가 되지 않도록 언제나 상호간의 사랑과 겸손, 그리고 절제와 온유와 오래참음이 요구된다(엡 4:2-3; 골 3:12-14). 하나님께서 하나되게 하신 것을 나누고 분열시키는 것은 인간의 완악함이요 배역일 뿐이다. 인간의 교만과 독단, 그리고 강압과 다툼이 있는 곳에는 우리를 자유하게 하시는 성령 안에서 이루어지는 교회의 참된 교제와 친교가 언제나 위협을 당하게 된다. 그러나 또한 교회의 일치는 강제된 획일화만이 아니라 방종하는 다원주의에 의해서도 무너지고 파괴될 수 있다. 이처럼 강압적 지배나 다툼의 분열 모두에 의해서 교회만이 아니라 그리스도 자신의 몸이 찢기고 나뉘일 수 있다(고전 1:13 - "그리스도께서 어찌 나뉘었느냐"). 그러므로 언제나 다양성 안에서 아름다운 조화를 이루며 연합과 일치로 나아가고, 또한 복음의 진리 안에서 일치를 이루는 것이 중요하다. 교회의 하나됨의 궁극적 기초는 오직 삼위 하나님의 하나 되심이다. 오직 교회는 성부 하나님의 사랑의 부르심과 예수 그리스도의 구속의 은혜와 성령의 교통하심 안에서 하나되게 하신 것을 힘써 지켜야 한다.

- **요 17:21-23** : 아버지여, 아버지께서 내 안에, 내가 아버지 안에 있는 것 같이 그들도 다 하나가 되어 우리 안에 있게 하사 세상으로 아버지께서 나를 보내신 것을 믿게 하옵소서 내게 주신 영광을 내가 그들에게 주었사오니 이는 우리가 하나가 된 것 같이 그들도 하나가 되게 하려 함이니이다 곧 내가 그들 안에 있고 아버지께서 내 안에 계시어 그들로 온전함을 이루어 하나가 되게 하려 함은 아버지께서 나를 보내신 것과 또 나를 사랑하심 같이 그들도 사랑하신 것을 세상으로 알게 하려 함이로소이다
- **갈 3:28** : 너희는 유대인이나 헬라인이나 종이나 자유인이나 남자나 여자나 다 그리스도 예수 안에서 하나이니라
- **고전 12:12-13** : 몸은 하나인데 많은 지체가 있고 몸의 지체가 많으나 한 몸임과 같이 그리스도도 그러하니라 우리가 유대인이나 헬라인이나 종이나 자유인이나 다 한 성령으로 세례를 받아 한 몸이 되었고 또 다 한 성령을 마시게 하셨느니라
- **엡 4:1-6** : 그러므로 주 안에서 갇힌 내가 너희를 권하노니 너희가 부르심을 받은 일에 합당하게 행하여 모든 겸손과 온유로 하고 오래 참음으로 사랑 가운데서 서로 용납하고 평안의 매는 줄로 성령이 하나 되게 하신 것을 힘써 지키라 몸이 하나요 성령도 한 분이시니 이와 같이 너희가 부르심의 한 소망 안에서 부르심을 받았느니라 주도 한 분이시요 믿음도 하나요 세례도 하나요 하나님도 한 분이시니, 곧 만유의 아버지시라. 만유 위에 계시고 만유를 통일하시고, 만유 가운데 계시도다

2. 교회의 거룩성(the Holy Church) - *"Credo sanctam ecclesiam"*

참된 교회의 두 번째 속성은 '거룩성'(Holiness)이다. 교회는 그를 부르신 하나님으로부터 거룩할 것을 명령받았고, 그것은 교회가 이루어가야 할 사명이다.[4] "너희는 나에게 거룩할지어다 이는 나 여호와가 거룩하고 내가 또 너희를 나의 소유로 삼으려고 너희를 만민 중에서 구별하였음이니라"(레 20:26). '거룩하다'(카도쉬)는 말은 '구별되었다'는 말이다. 그러므로 교회가 거룩하다는 것은 세상으로부터 부름을 받아 구별되었고, 또 그것에 대립하여 있다는 말이다. 이것은 "너희가 세상에 속하였으면 세상이 자기의 것을 사랑할 것이나 너희는 세상에 속한 자가 아니요 도리어 내가 너희를 세상에서 택하였기 때문에 세상이 너희를 미워하느니라"(요 15:19)는 말씀과 같다. 교회는 스스로의 계약이나 합의, 필요와 강요에 근거해 있지 않고, 오직 하나님께서 부르신 언약의 말씀과 그 약속에 근거해 있다. 바로 이러한 전제 위에서만 교회는 거룩하며, 또한 거룩해질 수 있다. 교회의 거룩성은 삼위 하나님의 구속행위에 근거한 특별한 신분을 말한다. 이것이 "너희는 택하신 족속이요 왕 같은 제사장들이요 거룩한 나라요 그의 소유가 된 백성"(벧전 2:9)이라는 말씀의 의미이다.

교회는 하나님에 의해 선택되고 거룩한 부르심을 받음으로 그의 언약의 주권 아래에 있게 되었고, 그리스도의 구속하심과 성결의 영이 내주하시며 다스리심으로 말미암아 거룩함의 속성이 주어졌다. 그러므로 교회의 주님이신 하나님이 거룩하시니 그의 백성도 거룩할 수밖에 없다. 그러므로 "내가 거룩하니 너희도 거룩할지어다"(레 11:45; 벧전 1:16)라고 하셨다. 그리고 교회의 거룩함은 바로 교회의 머리이신 예수 그리스도에게 연합되어 그의 거룩함에 참여함으로써 주어지고, 그의 형상을 닮아감으로써 온전해질 것이다. 예수께서는 "또 그들을 위하여 내가 나를 거룩하게 하오니 이는 그들도 진리로 거룩함을 얻게 하려 함이니이다"(요 17:19)라고 하셨다. 그는 교회를 피와 물로 씻어 깨끗하게 하시며 은혜와 능력의 말씀으로 의롭다 하시고, 또한 성령께서 주시는 성화의 은혜로 우리를 거룩하게 하신다(엡 5:25-26). 그러므로 교회는 이제 "하나님께로 돌아와 죄 사함과 나를 믿어 거룩하게 된 무리"(행 26:18)라고 불리워진다. 또한 죄인되었던 우리가 오직 은혜로 의롭다함을 받았으니, 이제 그 자체로는 거룩할 수 없는 교회를 향하여 거룩한 행실과 경건함으로 "주 앞에서 점도 없고 흠도 없이 평강 가운데서 나타나기를 힘쓰라"고 하신다(벧후 3:11,14).

이와 같이 교회는 스스로 거룩한 것이 아니라 오직 하나님의 거룩하신 부르심과 그리스도 안에서 성령으로 말미암아 거룩함을 은혜의 선물로 받은 것이다. 그러므로 바울은 그리스도인들을 '예수 그리스도 안에서 거룩하게 된 자들'(고전 1:2), '그리스도 예수 안에 있는 성도들'(빌 1:1)이라고 하며, '거룩한 백성'(벧전 2:9), '성전의 산 돌'(엡 2:21)이라고 부른다. 그러므로 교회를 거룩하게 하시는 주체는 삼위일체 하나님이시다. 즉, 거룩하신 하나님께서 그리스도를 통하여 죄인들을 부르시고, 부르신 그들을 의롭게 하시며, 부정한 그들을 그의 거룩한 영으로 성결케 하심으로 거룩한 하나님의 백성되게 하시는 것이다.

그러나 '거룩하게 된 무리'인 교회는 동시에 '죄인들의 공동체'이며, '거룩하게 된 교회'(ecclesia triumphans)는 동시에 항상 죄와 악에 대적하여 믿음의 선한 싸움을 싸워야 하는 '전투하는 교회'(ecclesia militans)이다. 그러므로 "우리가 죄가 없다고 말한다면 우리는 자신을 속이는 셈이 되며, 우리는 더 이상 진리 안에 있지 않다"(요일 1:8). 따라서 교회는 "우리의 죄를 용서하여 주시고 시험에 빠지지 않게 하시며 악에서 구하시옵소서!"라고 끊임없이 기도해야 한다. 즉, 루터의 표현대로, 교회는 '의인임과 동시에 죄인' 들의 모임이다. 그러나 하나님 앞에서 "우리 주 예수 그리스도께서 나타나실 때까지 흠도 없고 책망 받을 것도 없이" 온전한 거룩함을 이루기 위하여 계속하여 믿음의 선한 싸움을 싸워가야 한다(딤전 6:12, 14). 이와 같은 이유로 하여, 오직 진리의 말씀과 성령 안에서, 이미 개혁된 교회라 할지라도 끊임없이 개혁되어가야만 한다(ecclesia reformata semper reformanda est).

- 벧전 2:9 : 그러나 너희는 택하신 족속이요 왕 같은 제사장들이요 거룩한 나라요 그의 소유가 된 백성이니 이는 너희를 어두운 데서 불러내어 그의 기이한 빛에 들어가게 하신 이의 아름다운 덕을 선포하게 하려 하심이라
- 엡 4:22-24 : 너희는 유혹의 욕심을 따라 썩어져 가는 구습을 따르는 옛 사람을 벗어 버리고 오직 너희의 심령이 새롭게 되어 하나님을 따라 의와 진리의 거룩함으로 지으심을 받은 새 사람을 입으라
- 엡 5:26-27 : 이는 곧 물로 씻어 말씀으로 깨끗하게 하사 거룩하게 하시고 자기 앞에 영광스러운 교회로 세우사 티나 주름 잡힌 것이나 이런 것들이 없이 거룩하고 흠이 없게 하려 하심이라
- 딤전 6:11-12 : 오직 너 하나님의 사람아 이것들을 피하고 의와 경건과 믿음과 사랑과 인내와 온유를 따르며 믿음의 선한 싸움을 싸우라 영생을 취하라 이를 위하여 네가 부르심을 받았고 많은 증인 앞에서 선한 증언을 하였도다

3. 교회의 보편성(the Catholic Church) - "Credo catholicam ecclesiam"

참된 교회의 세 번째 속성은 '보편성'(Catholicity)이다. '보편적'(Catholic;

universal)이라는 말은 특수하거나 지역화된 것이라는 말에 대조되는 것으로, '전 포괄적'이며 '전체적'이라는 뜻이다. "교회가 보편적이다"는 말은, 교회의 다양성에도 불구하고 그 신앙의 동일성과 연속성이 유지된다는 것을 말한다. 이러한 의미에서 '보편성'(Universality)은 또한 신앙의 '정통성'(Orthodoxy)을 의미한다. 왜냐하면 교회는 단일성의 속성을 가지므로 어디서나 동일한 신앙을 고백하며, 그 믿음의 반석위에서 하나된 교회로 존재하기 때문이다. 이 참된 진리의 복음의 동일성 안에서만 교회는 비로소 예수 그리스도의 몸된 교회로 입증될 수 있다(마 16:16-17). 따라서 만일 어떤 교회가 이 동일성을 거부하고 다른 복음을 가르친다면, 그것은 더 이상 예수 그리스도의 교회라 할 수 없다. 그러므로 교회의 동일성의 근거는 바로 "교회가 그리스도의 몸이다"라는 사실에 근거해 있는 것이요, 교회의 머리이신 예수 그리스도 안에 존재함으로써, 비로소 교회는 참되고 보편적인 교회가 되는 것이다.

또한 교회의 보편성은, 시대를 초월하여, 구약과 신약의 모든 하나님의 언약 백성들(엡 2:14-16)과 또한, 공간을 초월하여, "해 뜨는 곳에서부터 해 지는 곳까지의 이방 민족 중에서"(말 1:11) "동서남북 각 지방에서부터" 속량하여 모으신(시 107:2-3) 그의 백성 모두를 포괄하는 개념이다.[5] 이것은 오직 믿음으로 하나님의 언약의 말씀과 약속의 기업을 계속해서 이어받은 믿음의 선진들의 증거와 그리고 사도적 복음의 증거 사이에 있는 동일성과 통일성을 의미하는 것이기도 하다(cf. 히 11:1-40). 그러므로 교회는 시대적 범주를 뛰어넘어 민족적이며 인종적인 차별 및 남녀노소와 빈부귀천의 사회적인 차별이 없는 보편성을 가진다. 어거스틴은 오직 하나님의 말씀과 이에 대한 순종을 보편성의 기준으로 삼았다.

그러므로 오직 하나님의 생명의 말씀이 선포되고, 예수 그리스도의 십자가와 부활의 복음이 증거되며, 성령이 함께하시는 성례가 시행되는 곳에 비로소 보편적인 참된 교회가 존재하는 것이라 하겠다. 이런 의미에서 교회의 보편성은 교회의 단일성, 거룩성, 그리고 사도성과 함께하며, 또한 그 참된 교회의 표지를 통하여 나타난다. 스스로 공교회의 보편성을 부정하는 분파주의적인 교회, 종파적 교회는 참된 교회라 할 수 없다. 그러므로 그리스도의 참된 교회는 항상 공교회의 보편성을 끊임없이 추구해야 할 것이다.

골 1:16-20 : 만물이 그에게서 창조되되 하늘과 땅에서 보이는 것들과 보이지 않는 것들과 혹은 왕권들이나 주권들이나 통치자들이나 권세들이나 만물이 다 그로 말미암고 그를 위하여 창조되었고 또한 그가 만물보다 먼저 계시고 만물이 그 안에 함께 섰느니라 그는 몸인 교회의 머리시라 그가 근본이시요 죽은 자들 가운데서 먼저 나신 이시니 이는 친히 만물의 으뜸이 되려 하심이요 아버지께서는 모든 충만으로 예수 안에 거하게 하시고 그의 십자가의 피로 화평을 이루사 만물 곧 땅에 있는 것들이나 하늘에 있는 것들이 그로 말미암아 자기와 화목하게 되기를 기뻐하심이라

골 3:11 : 거기에는 헬라인이나 유대인이나 할례파나 무할례파나 야만인이나 스구디아인이나 종이나 자유인이 차별이 있을 수 없나니 오직 그리스도는 만유시요 만유 안에 계시니라

계 7:9-10 : 이 일 후에 내가 보니 각 나라와 족속과 백성과 방언에서 아무도 능히 셀 수 없는 큰 무리가 나와 흰 옷을 입고 손에 종려 가지를 들고 보좌 앞과 어린 양 앞에 서서 큰 소리로 외쳐 이르되 구원하심이 보좌에 앉으신 우리 하나님과 어린 양에게 있도다

4. 교회의 사도성(the Apostolic Church) - "Credo apostolicam ecclesiam"

참된 교회의 네 번째 속성은 '사도성'(Apostolicity)이다. 특별히 교회의 '사도성'은 교회가 사도적 가르침과 신앙 위에 세워져 있다는 것을 말한다. 교회의 네 가지 속성 모두가 참된 교회의 한 본질을 다양하게 말하는 것이지만, 사도성은 그 모든 것을 종합한다. 즉, 교회의 보편성은 교회의 시공간을 초월한 단일성을 표현하는 것이고, 교회의 거룩성은 그 단일성의 근거를 이루는 교회의 특수성을 표현하는 것이다. 이에 비해 사도성은 하나의 거룩하고 보편적인 교회가 구체적으로 그 단일성을 유지하는 참된 영적인 척도와 신앙의 표준을 말하는 것이다. 교회의 기초가 머리되신 그리스도에 의해 놓여졌다면, 전파되는 복음의 내용과 증거의 사명은 사도적 계승으로 계속하여 이어진다(마 28:19-20; 엡 2:20; 3:5). 특별히 사도들은 하나님께서 예수 그리스도 안에서 행하신 그 모든 일에 대한 일차적인 목격자요, 권위있는 증인들이었다. 또한 그들은 바로 이 일을 위하여 예수 그리스도에 의해 직접 부름을 받고, 그 후 그의 이름으로 권위있는 복음의 증거자로 보냄을 받은 것이다.

그들에게 주어진 사도적 사명은 "너희는 가서 모든 민족을 제자로 삼아 아버지와 아들과 성령의 이름으로 세례를 베풀고 내가 너희에게 분부한 모든 것을 가르쳐 지키게 하라"(마 28:19-20)는 것이었는데, 이 사명은 오늘날 우리에게도 계속하여 남아있다. 이와 같이 사도성이란 교회가 사도들의 정통 신앙으로 가르침을 받고 그들의 신앙을 계승함으로 그들과 동일한 신앙을 고백함에 있어 일치하는 것을 말한다. 나아가 사도적 사명이란 오직 말씀전파와 교회의 선교적 사명을 말하는 것이며, 그리스도의 말씀으로 가르쳐 제자 삼는 것이다.

그러나 사도적 신앙의 연속성은 교회자체에 속한 것이 아니다. 그것은 오직 교회 안에서 선포되는 하나님의 말씀의 연속성이며, 증거되는 그리스도의 진리의 복음과 그 안에 내주하시며 말씀과 더불어 역사하시는 성령을 통하여 주어지는 연속성이다. 오직 예수 그리스도의 생명의 말씀과 함께 역사하시는 성령의 인도하심 가운데서만 사도적 가르침과 신앙고백의 동일성, 그리고 연속성이 보장된다. 이러한 사도적 신앙과 진리의 터 위에서 비로소 교회는 그 단일성과 거룩성, 그리고 보편성을 획득하게 된다.

그런데 문제는 누가, 무엇을, 어떻게 사도들을 계승하는가 하는 것이다.[6] 로마 가톨릭 교회는 성령과 신앙보다는 역사적, 법적인 연속성, 즉 특별히 교황이 베드로의 사도직(apostleship)을 계승한다고 말한다. 이에 반해 개혁주의는 사도적 신앙고백(교리/가르침) 및 사도적 말씀전파와 복음증거 사역의 계승을 말한다(cf. 마 16:17-17; 28:19-10)[7] 우리는 사도들의 증거를 통하지 않고서는 결코 예수 그리스도의 가르침과 진리의 복음에 이를 수 없다. 우리는 오직 그들의 권위있는 증거와 가르침을 통하여 주님이신 예수 그리스도를 만날 수 있다. 하지만 그렇다고 해서 사도들이 교회에 대해 독립적인 역할을 할 수 있는 것은 결코 아니다. 왜냐하면 그들은 교회의 머리가 아니며, 오직 보냄을 받은 그리스도의 종이요 그의 복음의 증인일 뿐이기 때문이다.

그런데 오히려 바로 그러한 점에서 그들은 권위를 지니며, 그리스도의 몸된 교회를 세우는 반석이 되었다(마 16:17). 하지만 그들은 어디까지나 오직 예수 그리스도와의 관계 안에서만 권위를 지닌다(요 15:5 - "나를 떠나서는 너희가 아무 것도 할 수 없음이라"). 그리고 그들의 복음증거를 통하여 자신의 몸된 교회를 세우는 분은 사도들이 아니라 머리되신 예수 그리스도이시며, 또한 그가 보내신 보혜사 성령이시다.

그렇다면 사도적 계승이란 과연 무엇을 의미하는 것인가? 사도직 자체는 단회적이며 전혀 반복 불가능한 것이다. 왜냐하면 직접 부활한 주님을 목격했고 직접 그리스도의 사도로 부름을 받아 복음 증거자로 보냄을 받은 그들의 특수한 직분(사도직, apostoleship) 자체는 어느 누구도 대신하거나 대리할 수 없는 것이기 때문이다. 그러나 그들에게 부여된 사도적 복음증거 사역과 사도적 사랑의 섬김과 봉사의 사역은 계속하여 교회의 사명으로 남아있다. 왜냐하면 "내가 세상 끝날까지 너희와 항상 함께 있으리라"(마 28:20)고 약속하신 바대로, 십자가에서 죽으시고 부활하사 하나님의 보좌 우편에서 하늘과 땅의 모든 권세를 가지신 예수 그리스도께서 오늘도 살아계셔서 친히 그의 몸된 교회를 다스리시며, 그의 첫 사도들에게 주신 그의 사명을 교회 안에 내주하시는 성령을 통하여 계속하여 주시고 명령하시기 때문에 오고 오는 세대들에게 지속적으로 계승되고 이어져가는 것이다.

따라서 사도적 계승이란 그러한 주님의 명령에 믿음으로 순종하며 따르는 사도적 신앙의 계승이며, 사도적 사명의 계승이다. 그리고 그러한 사도적 사명은 한 개인이나 어떤 특수한 직분자들만이 아니라 머리되신 그리스도에게 연합된 온 교회, 모든 지체들에 의해 계승된다. 이와 같이 오직 은혜로 주어진 사도적 사명은 머리되신 예수 그리스도께서 영광 가운데 다시 오실 때까지 계속하여 그의 몸된 교회에 의하여 수행되어야 할 은혜의 선물이요, 고난 가운데서도 기쁨으로 감당해야할 생명의 면류관이 약속된 축복의 사명이라 하겠다.

엡 2:20 : 너희는 사도들과 선지자들의 터 위에 세우심을 입은 자라 그리스도 예수께서 친히 모퉁잇돌이 되셨느니라

> **마 28:19-20** : 너희는 가서 모든 민족을 제자로 삼아 아버지와 아들과 성령의 이름으로 세례를 베풀고 내가 너희에게 분부한 모든 것을 가르쳐 지키게 하라
> **계 21:14** : 그 성의 성곽에는 열두 기초석이 있고 그 위에는 어린 양의 열두 사도의 열두 이름이 있더라

II. 참된 교회의 표지(The Marks of Church)[8]

교회가 하나였을 때는 과연 참된 교회가 무엇인가에 대한 물음이 제기되지 않았고, 또한 그것을 드러내는 명확한 표지가 필요하지도 않았다. 그러나 이단들에 의한 거짓교회의 출현과 교회 분열이 계속되면서 참된 교회의 표지에 대한 신학적 관심이 일어나기 시작했다. 비록 하나님께서 그의 교회를 다스리시며 보존하시는 섭리의 역사가 계속되고 있지만, 역사적 교회의 모습에 있어 오류와 타락의 가능성 또한 항상 상존하고 있다(cf. 이스라엘의 타락, 신약교회의 타락).

개혁주의 신학에서 참된 교회의 표지가 무엇이며, 모두 몇 가지냐에 대하여 대체로 다음과 같은 세 가지 의견이 있다: (1) '참된 말씀의 선포' - 하나의 표지; (2) '참된 말씀의 선포'와 '성례의 올바른 시행' - 두 가지의 표지; (3) 앞의 2대 표지에 '신실한 권징의 시행'을 포함시킴 - 세 가지의 표지.[9] 그런데 이 세 가지 교회의 표지 가운데, 가장 중요한 것은 '말씀을 참되게 선포'하는 것이다. 왜냐하면 그것이 참된 복음의 증거이기 때문이요, 또한 신앙과 삶의 표준이 되기 때문이다. 그리하여 이 첫 번째 표지가 없으면, 교회가 교회로서 존재할 수 없다. 즉, 예수 그리스도의 생명의 말

씀과 복음이 증거되는 곳에만 그의 몸된 교회가 세워질 수 있는 것이다.

그러나 칼빈은 "하나님의 말씀이 순수하게 전파되고 순종되며, 성례가 그리스도의 제정을 따라서 집행되는 곳마다 의심의 여지없이 하나님의 한 교회는 존속하고 있다"고 함으로써 두 개의 표지에 대해 말한다.[10] 나아가 말씀에 따른 '성례의 올바른 시행'도 참된 표지(두 번째 표지)이나, '권징의 신실한 시행'(세 번째 표지)은 그러한 2대 표지를 보호하기 위한, 즉 교회의 순수성과 안녕을 도모하는 데 있어 필수적인 것이라 할 수 있다. 그러나 말씀의 참된 선포와 성례가 올바로 이루어지면 권징의 문제는 자동적으로 해결된다고 볼 수 있다. 그러므로 성례(제2표지)와 권징(제3표지)은 말씀(제1표지)에 종속한다. 역사적으로 볼 때, 종교개혁기에 교회의 표지에 대한 관심이 증폭된 것은 로마 가톨릭 교회에 대한 비판적 기능에서 비롯되었다. 즉, 비록 중세교회에서도 교회의 4가지 속성에 대해서 말하기는 했지만, 중요하게도 말씀과 성례에 대해 잘못 이해하고 있었기 때문이다. 참된 말씀의 선포가 없는 주술적인 성례 집행은 합당하지 않다.[11] 그러나 이러한 표지에 대해서 너무 엄격하게 적용할 수 없는 특수한 상황이 있음도 유의해야 한다(cf. 선교지역의 교회, 핍박 하에 있는 지하교회).[12]

1. 첫 번째 표지: "말씀의 참된 선포"

하나님의 말씀을 참되게 선포(설교)하는 것은 가장 본질적이고 중요한 교회의 표지이다. 참된 말씀의 선포는 교회를 교회되게 하는 은혜의 방편이다(cf. 요 8:31, 32, 47; 14:23; 요일 4:1-3; 요이 1:9-10). 교회가 말씀의 진리를 그릇되게 가르치거나 부인하고, 교리와 신앙의 삶이 하나님의 말씀의 통치 아래 있지 않을 때, 교회는 타락하고 거짓교회가 되는 것이다. 말씀의 참된 선포

는 성례와 관계없이 존재할 수 있으나, 성례는 말씀없이 독립적으로 존재하지 못한다.[13]

> 마 28:19-20 : 그러므로 너희는 가서 모든 민족을 제자로 삼아 아버지와 아들과 성령의 이름으로 세례를 베풀고 내가 너희에게 분부한 모든 것을 가르쳐 지키게 하라
>
> 요 3:31-32, 47 : 너희가 내 말에 거하면 참으로 내 제자가 되고 진리를 알지니 진리가 너희를 자유롭게 하리라 … 하나님께 속한 자는 하나님의 말씀을 듣나니 너희가 듣지 아니함은 하나님께 속하지 아니하였음이로다
>
> 딤후 3:14-4:2 : 그러나 너는 배우고 확신한 일에 거하라 너는 네가 누구에게서 배운 것을 알며 또 어려서부터 성경을 알았나니 성경은 능히 너로 하여금 그리스도 예수 안에 있는 믿음으로 말미암아 구원에 이르는 지혜가 있게 하느니라 … 하나님 앞과 살아 있는 자와 죽은 자를 심판하실 그리스도 예수 앞에서 그가 나타나실 것과 그의 나라를 두고 엄히 명하노니 너는 말씀을 전파하라 때를 얻든지 못 얻든지 항상 힘쓰라
>
> 요이 1:9-11 : 지나쳐 그리스도의 교훈 안에 거하지 아니하는 자는 다 하나님을 모시지 못하되 교훈 안에 거하는 그 사람은 아버지와 아들을 모시느니라 누구든지 이 교훈을 가지지 않고 너희에게 나아가거든 그를 집에 들이지도 말고 인사도 하지 말라 그에게 인사하는 자는 그 악한 일에 참여하는 자임이라

2. 두 번째 표지: "성례의 올바른 시행"

성례는 말씀의 선포와 분리되어 시행될 수 없다. 왜냐하면 성례는 그 자체로 고유한 내용을 가지는 것이 아니라 그 내용이 하나님의 말씀에서 연

유하기 때문이다.[14] 성례는 말씀의 가시적인 선포이긴 하지만, 가톨릭에서 주장하듯이 구원의 은혜가 성례를 통하여 직접적으로 주입되는 것은 아니다. 그러므로 성례는 아무렇게나 행해져서는 안되고, 오직 말씀의 선포와 함께 말씀의 합법적인 사역자에 의해서 자격을 갖춘 성도들을 대상으로 행해져야만 한다(마 28:19; 막 16:15, 16; 행 2:42; 고전 11:23-30).

> **고전 11:23-29** : 내가 너희에게 전한 것은 주께 받은 것이니 곧 주 예수께서 잡히시던 밤에 떡을 가지사 축사하시고 떼어 이르시되 이것이 너희를 위하는 내 몸이니 이것을 행하여 나를 기념하라 하시고 식후에 또한 그와 같이 잔을 가지시고 이르시되 이 잔은 내 피로 세운 새 언약이니 이것을 행하여 마실 때마다 나를 기념하라 하셨으니 … 그러므로 누구든지 주의 떡이나 잔을 합당하지 않게 먹고 마시는 자는 주의 몸과 피에 대하여 죄를 짓는 것이니라 사람이 자기를 살피고 그 후에야 이 떡을 먹고 이 잔을 마실지니 주의 몸을 분별하지 못하고 먹고 마시는 자는 자기의 죄를 먹고 마시는 것이니라

3. 세 번째 표지: "권징의 신실한 시행"

이 표지는 진리의 말씀의 가르침, 곧 교리를 순수하게 지키고 성례의 거룩성을 지키기 위하여 필요하다. 권징을 등한히 하면, 교회의 진리의 빛은 어두워지고, 거룩한 것을 남용하고 오용하게 된다. 하나님의 말씀은 교회 안에서 적절한 권징을 강조한다(마 18:18; 고전 5:1-5, 13; 14:33, 40; 계 2:14, 15, 20).[15] 권징은 교회 안에서 하나님의 말씀에 불순종함이 있을 때 비로소 필요하게 된다. 그러므로 교회가 하나님의 말씀에 순종하고, 성례를 통하여 참된 사

랑의 교제와 상호 섬김의 봉사로 온전하다면, 권징의 필요성은 사라질 것이다.

> **마 18:15-17** : 네 형제가 죄를 범하거든 가서 너와 그 사람과만 상대하여 권고하라 만일 들으면 네가 네 형제를 얻은 것이요 만일 듣지 않거든 한두 사람을 데리고 가서 두세 증인의 입으로 말마다 확증하게 하라 만일 그들의 말도 듣지 않거든 교회에 말하고 교회의 말도 듣지 않거든 이방인과 세리와 같이 여기라
>
> **갈 6:1** : 형제들아 사람이 만일 무슨 범죄한 일이 드러나거든 신령한 너희는 온유한 심령으로 그러한 자를 바로잡고 너 자신을 살펴보아 너도 시험을 받을까 두려워하라
>
> **딤전 5:20** : 범죄한 자들을 모든 사람 앞에서 꾸짖어 나머지 사람들로 두려워하게 하라

몸이 하나요 성령도 한 분이시니

이와 같이 너희가 부르심의 한 소망 안에서

부르심을 받았느니라

주도 한 분이시요 믿음도 하나요

세례도 하나요

하나님도 한 분이시니

곧 만유의 아버지시라

만유 위에 계시고 만유를 통일하시고

만유 가운데 계시도다

(엡 4:4-6)

제 28 과
교회의 정치와 조직

I. 교회의 정치

1. 교회 정치의 원리

(1) 하나님 중심: 신본주의 원리

교회는 오직 하나님께서 그의 백성과 맺은 언약에 기초하여 존립하는 '언약공동체'이다. 그 언약은 **"나는 너희 하나님이 되고 너는 내 백성이 되리라"**(출 6:7, 레 26:12)는 것으로, 이 언약이 하나님의 백성의 정체성과 모든 삶의 규범과 형태를 규정한다. 따라서 교회 안에서 작동하는 하나님의 통치는 하나님과 그의 백성들 간의 정치적인 관계를 드러내는 것이다. 하나님께서 그의 택하신 백성인 교회의 주인이 되시며 모든 절대주권을 가지시기 때문에, 교회는 오직 '하나님 중심'의 신본주의의 원리에 따라 모든 것을 행하여야 한다. 따라서 교회는 항상 하나님의 말씀인 성경의 원칙과 원리에 따라 결정하고 움직여야만 하며, 교회 정치의 궁극적인 목적 또한 '오직 하나님의 절대 주권과 그의 영광'(Soli Deo Gloria)이 되어야 한다(고전 10:31).

벧전 2:9 : 너희는 택하신 족속이요 왕 같은 제사장들이요 거룩한 나라요 그의 소유가 된 백성이니 이는 너희를 어두운 데서 불러내어 그의 기이한 빛에 들어가게 하신 이의 아름다운 덕을 선포하게 하려 하심이라

잠 16:33 : 제비는 사람이 뽑으나 모든 일을 작정하기는 여호와께 있느니라

(2) 예수 그리스도의 통치권

영광을 받으신 예수 그리스도께서는 성부로부터 위임된 하늘과 땅의 모든 권세를 가지시며, 교회의 머리가 되심으로 친히 그의 몸된 교회를 다스리신다. 그는 우리의 왕이시고, 목자장(벧전 5:4)이시며, 또한 주권자이시기 때문에, 교회의 모든 권위의 원천은 오직 한 분, 예수 그리스도 뿐이시다. 그러므로 교회는 세속 국가권력이나 행정기관에 종속되지 않고, 독립되어야 한다.

마 28:18 : 예수께서 나아와 말씀하여 이르시되 하늘과 땅의 모든 권세를 내게 주셨으니

엡 1:20-22 : 그의 능력이 그리스도 안에서 역사하사 죽은 자들 가운데서 다시 살리시고 하늘에서 자기의 오른편에 앉히사 모든 통치와 권세와 능력과 주관과 이 세상뿐 아니라 오는 세상에 일컫는 모든 이름 위에 뛰어나게 하시고 또 만물을 그의 발 아래에 복종하게 하시고 그를 만물 위에 교회의 머리로 삼으셨느니라

골 1:18 : 그는 몸인 교회의 머리시라 그가 근본이요 죽은 자들 가운데서 먼저 나신 이시니 이는 친히 만물의 으뜸이 되려 하심이요

골 2:10 : 너희도 그 안에서 충만하여졌으니 그는 모든 통치자와 권세의 머리시라

(3) 통치의 방편인 하나님의 말씀과 성령 하나님

모든 그리스도인의 신앙과 삶의 유일한 규범은 하나님의 말씀인 성경이다. 그러므로 오직 성경만이 교회의 유일한 규범이요 운영의 방편이 되며, 최고의 권위를 가진다. 교회의 머리이신 예수 그리스도께서는 그의 말씀과 성령으로 말미암아 그의 몸된 교회를 통치하시며, 또한 성령께서는 오직 말씀과 더불어 역사하시고 그 말씀을 온전히 이루신다. 그러므로 성령께서는 성도들을 감화시켜 온전히 하나님의 말씀에 따라 순종하며 살게 하신다.

> **수 1:7-8** : 오직 강하고 극히 담대하여 나의 종 모세가 네게 명령한 그 율법을 다 지켜 행하고 우로나 좌로나 치우치지 말라 그리하면 어디로 가든지 형통하리니 이 율법책을 네 입에서 떠나지 말게 하며 주야로 그것을 묵상하여 그 안에 기록된 대로 다 지켜 행하라 그리하면 네 길이 평탄하게 될 것이며 네가 형통하리라
>
> **시 119:105** : 주의 말씀은 내 발에 등이요 내 길에 빛이니이다
>
> **딤후 3:15-17** : 성경은 능히 너로 하여금 그리스도 예수 안에 있는 믿음으로 말미암아 구원에 이르는 지혜가 있게 하느니라 모든 성경은 하나님의 감동으로 된 것으로 교훈과 책망과 바르게 함과 의로 교육하기에 유익하니 이는 하나님의 사람으로 온전하게 하며 모든 선한 일을 행할 능력을 갖추게 하려 함이라
>
> **요 16:13-15** : 그러나 진리의 성령이 오시면 그가 너희를 모든 진리 가운데로 인도하시리니 그가 스스로 말하지 않고 오직 들은 것을 말하며 장래 일을 너희에게 알리시리라 그가 내 영광을 나타내리니 내 것을 가지고 너희에게 알리시겠음이라 무릇 아버지께 있는 것은 다 내 것이라 그러므로 내가 말하기를 그가 내 것을 가지고 너희에게 알리시리라 하였노라
>
> **갈 5:16-18** : 내가 이르노니 너희는 성령을 따라 행하라 그리하면 육체의

욕심을 이루지 아니하리라 육체의 소욕은 성령을 거스르고 성령은 육체를 거스르나니 이 둘이 서로 대적함으로 너희가 원하는 것을 하지 못하게 하려 함이니라 너희가 만일 성령의 인도하시는 바가 되면 율법 아래에 있지 아니하리라

2. 교회 정치 체제의 다양한 형태들[1]

(1) 감독정치[2]

교회의 머리되신 그리스도께서 교회의 정치를 사도들과 그들의 계승자인 감독들에게 위임하였다는 소위 '사도직의 계승'에 대한 주장이 이러한 감독정치 제도의 기초적인 원리이다. 따라서 심지어 "감독이 있는 곳에 교회가 있다"고까지 천명되기도 했다. 이러한 중앙집권적 혹은 귀족정치적인 제도에 있어서는 교황이나 감독을 정점으로 하여 성직자들의 서열이 중시되며, 간혹 평신도 대표들이 회의에 참여하기도 하지만, 실제로 일반 신도들에게는 성직임명권과 치리권이 없다. 성공회, 감리교 등의 성직 제도는 이러한 감독정치를 따르고 있고, 로마 가톨릭의 교황정치 제도는 이러한 감독정치가 극단화된 것이라 볼 수 있다.

(2) 장로정치[3]

장로정치는 일종의 간접 민주주의의 대의정치를 표방하는 교회정치 제도이다. 이러한 장로정치 제도에서 교회의 기본권은 일반 신도들이 가지지만, 그 권위의 행사는 그들에 의해 피택된 대표자들, 곧 목사와 장로들에게 있으며, 이들이 개교회의 치리회인 당회를 구성한다. 또한 각 지교회의 목사와 장로대표들로 이루어지는 상회로서 노회와 총회가 있다. 이러

한 장로정치는 구약(창 50:7; 출 3:16; 18:21-25; 민 11:16-25)과 신약(행 1:23-26; 14:23; 20:17; 딛 1:5)에 나타나는 교회의 정치원리이다.[4] 신약성경에 나타나는 '감독'은 '장로'의 또 다른 표현으로 볼 수 있다. 종교개혁 이후 칼빈주의를 표방하는 개혁파 교회와 장로교회가 이 제도를 시행하고 있다.

(3) 회중정치[5]

독립파 교회의 제도라고 불리기도 하는 이 교회정치 제도에 의하면, 각 지교회는 서로 독립된 정치권을 가진 완전한 교회이다. 그러므로 그 어떤 상회도 인정하지 않으며, 다른 지교회의 결정이 전혀 구속력을 가지지 않는다. 또한 각 지교회의 모든 정치적 권위는 독점적으로 교회의 모든 회원들에게만 있다. 이러한 교회정치는 자율과 민주주의의 원칙을 기초로 한다. 모든 교회의 사역자(목사와 집사)들은 말씀사역과 교회의 여러 행정 사무를 위하여 임명될 뿐이며, 정치적인 면에 있어서는 교회의 회원 이상의 권리를 가지지 아니한다. 그러므로 교회의 권위는 선택된 대표자들에게 있지 않고, 교회 회원들의 직접적인 결의에 있다. 회중교회와 침례교회가 이 제도를 따르고 있다.

3. 개혁파 장로교회의 정치 원리[6]

① 오직 예수 그리스도께서 교회의 머리이시며, 모든 권위의 원천이시다.
② 예수 그리스도께서는 성경말씀과 그의 영으로 권위를 행사하신다.[7]
③ 왕이신 그리스도께서는 교회에게 이 권세를 부여하셨다.
④ 다스리는 권세는 기본적으로 각 지교회에 있다.

II. 교회의 구성원: 교인과 직원

(* 이하의 내용은 각 장로교단의 총회에서 정하는 헌법에 따라 조금씩 다를 수 있다.)[8]

1. 교인의 정의

교인이라 함은 참된 하나님이신 성부, 성자, 성령 삼위일체 하나님을 진심으로 믿고 고백하는 사람으로 그리스도인이라 부른다.

2. 교인의 구분

(1) 원입교인
예수를 믿기로 결심하고 공예배에 참석하는 사람을 말한다.

(2) 유아세례 교인
언약의 자녀, 곧 세례교인(입교인)의 자녀(2세 미만)로서 유아세례를 받은 사람을 말한다. 그러나 입교서약을 할 때까지는 교인의 권리를 행사하지 못한다.

(3) 세례교인(입교인)
유아세례교인으로서 입교한 사람(15세 이상), 또는 원입교인으로서 세례를 받은 사람(15세 이상)을 말한다.

3. 교인의 의무와 권리

(1) 교인의 의무

모든 교인된 사람은 공동예배 출석과 헌금, 봉사, 전도의 의무가 있으며, 또한 교회의 치리에 복종할 의무가 있다.

(2) 교인의 권리

모든 세례교인(입교인)된 사람은 성찬 참례권과 공동의회 회원권이 있다 (단, 공동의회 회원권은 18세 이상으로 한다).

III. 교회의 직원

예수 그리스도의 몸된 교회는 말씀전파의 사명을 받았다(마 28:19-20; 행 1:8). 이러한 사명을 이루게 하시기 위하여 그리스도께서는 교회의 신자들을 목양하고, 가르치며, 다스리고, 또한 몸된 교회를 위해 계속하여 봉사하도록 하기 위하여 여러 직분자들을 세우셨다. 그러므로 그리스도께서는 이 직분자들을 통하여 그의 통치권을 행사하시고 일하신다. 이러한 교회의 직원들은 대체로 비상직원, 통상직원, 그리고 임시직원으로 구분한다. 이 가운데 특별히 비상직원은 신약교회의 창설을 위해 세움을 입은 창설직원이기 때문에 교회가 창설된 이후 계속되지 않고 폐지되었으며, 이후로는 통상직원을 세워 교회를 돌보게 하셨다. 그리고 임시직원은 성경에서 규정하고 있지는 않지만, 항존직원인 통상직원을 도와 교회를 보다 원활하게 돌보기 위하여 임시로 세우는 직원들을 말한다.

1. 비상직원(교회의 창설직원)

(1) 사도

이 직분은 예수 그리스도의 12제자와 바울, 그리고 넓게는 그들을 돕기 위하여 사도적 은사와 은혜를 받은 특별한 사람들(cf. 바나바와 디도; 행 14:14, 고후 8:23)에게 제한된다. 사도들은 신약교회의 창설을 위해 예수님에 의해 직접 세움을 받은 자들로서, 부활의 증인들이며, 영감을 받아 성경을 기록하고, 교회의 법, 신앙 및 예배의 모범을 만든 특수 직분으로 교회의 기초가 되었다.[9]

(2) 선지자

선지자들은 사도들을 도와 보조하며, 특별히 하나님의 계시와 예언을 받아 성도들을 권면하며 믿음을 굳게하는 일을 담당한 비상직분이다(cf. 행 15:32; 엡 3:5, 2:20, 4:11; 고전 12:28). 그러나 이들은 그리스도로부터 직접 임명되지는 않았고, 또한 성경을 기록하지도 않았다는 점에서 사도들과 다르다.

(3) 전도자

사도들의 보좌직으로서 전도와 세례를 베풀었으며(행 21:8; 엡 4:11), 때로는 장로를 세우고(딛 1:5; 딤전 5:22), 권징을 시행(딛 3:10)하기도 하였다. 빌립, 마가, 바라바, 실라, 디모데, 디도 등이 있다.

2. 통상직원(교회의 항존직원)

(1) 목사

성경은 특별히 목사(엡 4:11)에 대하여 언급하는데, 그는 '그리스도의 사신'(고후 5:20), '복음의 사신'(엡 6:20), '그리스도의 종'(빌 1:1), '그리스도의 일꾼'(고전 4:1) 등으로 불리며, 교회를 가르치며 감독하는 일을 한다. 즉, 목사는 가르치는 일과 다스리는 일을 겸하는 장로이다. 그의 직무에는 ① 가르치는 교사의 직무(딤전 5:17, 엡 4:11), ② 다스리는 장로의 직무(딤전 3:1-7; 5:17), 그리고 ③ 감독자로서의 직무(고전 12:28; 롬 12:8; 행 20:28; 히 13:7, 24)가 있다. 따라서 목사는 하나님의 말씀으로 교훈하며, 성례를 시행하고, 교인을 축복하며, 장로와 협력하여 치리권을 행사한다. 성경에서 목사와 장로의 자격은 다음과 같이 주어져 있다.

> **딤전 3:1-7 :** 미쁘다 이 말이여, 곧 사람이 감독의 직분을 얻으려 함은 선한 일을 사모하는 것이라 함이로다 그러므로 감독은 책망할 것이 없으며 한 아내의 남편이 되며 절제하며 신중하며 단정하며 나그네를 대접하며 가르치기를 잘하며 술을 즐기지 아니하며 구타하지 아니하며 오직 관용하며 다투지 아니하며 돈을 사랑하지 아니하며 자기 집을 잘 다스려 자녀들로 모든 공손함으로 복종하게 하는 자라야 할지며 (사람이 자기 집을 다스릴 줄 알지 못하면 어찌 하나님의 교회를 돌보리요) 새로 입교한 자도 말지니 교만하여져서 마귀를 정죄하는 그 정죄에 빠질까 함이요 또한 외인에게서도 선한 증거를 얻은 자라야 할지니 비방과 마귀의 올무에 빠질까 염려하라
>
> **딤전 5:17 :** 잘 다스리는 장로들은 배나 존경할 자로 알되 말씀과 가르침에 수고하는 이들에게는 더욱 그리할 것이니라

(2) 장로

장로는 교회의 택함을 받아 치리회인 당회의 회원이 되고 목사와 협력하여 행정과 권징을 관장함으로써, 교회를 돌보고 다스리며, 바른 교훈으

로 권면하는 책임이 있다. 공동의회에서 총투표수의 2/3이상 득표로 선출되며, 당회의 지도아래 5개월 이상의 교육과 노회고시에 합격한 후, 임직한다.

(3) 집사

교회의 택함을 받음으로써 제직회의 회원이 되며, 교회를 봉사하고 헌금을 수납하며, 구제에 관한 일을 담당한다(cf. 행 6:1-4). 이와 같이 목사, 장로, 집사는 안수하여 입직하는 3대 종신직분이다.

> **딤전 3:8-13** : 이와 같이 집사들도 정중하고 일구이언을 하지 아니하고 술에 인박히지 아니하고 더러운 이를 탐하지 아니하고 깨끗한 양심에 믿음의 비밀을 가진 자라야 할지니 이에 이 사람들을 먼저 시험하여 보고 그 후에 책망할 것이 없으면 집사의 직분을 맡게 할 것이요 여자들도 이와 같이 정숙하고 모함하지 아니하며 절제하며 모든 일에 충성된 자라야 할지니라 집사들은 한 아내의 남편이 되어 자녀와 자기 집을 잘 다스리는 자일지니 집사의 직분을 잘한 자들은 아름다운 지위와 그리스도 예수 안에 있는 믿음에 큰 담력을 얻느니라

(4) 권사

권사는 교회의 택함을 받음으로써 제직회의 회원이 되며, 교역자를 도와 궁핍한 자와 환난을 당한 교우를 심방하고, 위로하며, 교회의 덕을 세우기 위해 힘쓴다. 본래 권사직분은 성경이 규정하는 항존직원에 포함되지 아니하나, 남자 안수집사에 상응하는 여자 안수집사의 개념으로 볼 수 있을 것이다. 따라서 권사는 교단에 따라 임시직원으로 구분되기도 한다.

3. 임시직원

성경에 그 근거가 없으나 교회의 행정과 사무를 원활하게 돌보기 위하여 임시직원들을 두고 있다. 총회 헌법이 규정하고 있는 임시직원에는 전도사와 서리집사가 있다.

(1) 전도사

남/녀 전도사는 당회의 추천으로 노회가 고시하여 자격을 인가하면(신학교나 성서학원 졸업자로 노회 전도사 고시에 합격한 자), 유급 교역자로서 당회나 당회장이 관리하는 지교회의 시무를 도와 일한다.

(2) 서리집사

서리집사는 25세 이상 된 진실한 무흠 세례교인(입교인)으로서 1년을 경과하고, 교회에 등록한 후 1년 이상 교인의 의무를 성실하게 이행한 자 중에서 당회가 임명한 사람이다.

4. 준직원

특별히 신학교에서 신학교육을 받는 목사후보생과 신학교육을 마친 강도사를 준직원이라 하며, 이들은 개인적으로는 지교회의 당회관리 아래에 있고 직무상으로는 노회의 관리를 받는다. 그러나 교회 안에서 아무런 치리권을 가지지는 못한다.

Ⅳ. 교회의 각 치리회

치리회는 당회, 노회, 총회로 구분하며, 모든 치리회는 목사와 장로로 구성된다.

1. 당회

당회는 지교회에서 시무하는 목사, 부목사, 장로 2인 이상으로 조직하되, 당회 조직은 세례교인(입교인) 30인 이상이 있어야 하며, 장로는 세례교인(입교인) 30인당 비례로 1인씩 증원할 수 있다.

2. 노회

그리스도의 몸된 교회에 여러 지교회가 있으므로, 서로 협력하여 교리를 보전하고, 행정과 권징을 위하여 노회가 있다. 이때 노회는 노회 소속 목사와 당회에서 파송한 총대 장로로 조직하며, 정기적으로 소집되는 정기노회와 특별히 청원이 있을 경우 소집되는 임시노회가 있다.

3. 총회

총회는 대한예수교장로회 최고 치리회이며, 각 노회에서 동수로 파송한 총대목사와 총대장로로 조직한다. 총회는 1년 1차씩 예정된 일시와 장소에서 정기적으로 회집한다.

은사는 여러 가지나 성령은 같고

직분은 여러 가지나 주는 같으며

또 사역은 여러 가지나 모든 것을

모든 사람 가운데서 이루시는 하나님은 같으니

각 사람에게 성령을 나타내심은 유익하게 하려 하심이라

…

이 모든 일은 같은 한 성령이 행하사

그의 뜻대로 각 사람에게 나누어 주시는 것이니라

몸은 하나인데 많은 지체가 있고 몸의 지체가 많으나

한 몸임과 같이 그리스도도 그러하니라

(고전 12:4-12)

제 29 과
은혜의 방편 (1)
: 하나님의 말씀(the Word of God)

제88문 : 그리스도께서 구속의 혜택을 우리에게 전달하시는데 쓰시는 외형적인 방법은 무엇입니까?

답 : 그리스도께서 구속의 혜택을 우리에게 전달하시는데 쓰시는 외형적인 통상적 방편은 그의 법령들, 특히 말씀과 성례와 기도이며, 이것들은 모두 택함을 받은 자들을 구원에 이르게 하는 데 효력이 있습니다.

딤후 3:16-17; 요 6:53-57; 마 28:19-20; 행 2:41-42; 고전 3:6

제89문 : 말씀이 어떻게 효력이 되어 구원을 합니까?

답 : 하나님의 영께서 말씀의 낭독, 특히 말씀의 설교를 하나의 효과적 방편으로 삼으셔서 죄인들에게 죄를 깨닫게 하시고 회개케 하시며, 또 거룩함과 위안으로써 그들을 튼튼하게 하십니다. 이것은 믿음을 통하여 이루어지며 마침내 구원에 이르게 하는 것입니다.

요 4:22; 5:39, 17:3; 행 2:37; 약 2:23; 시 19:7, 119:130; 살전 1:6

제90문 : 말씀이 우리를 구원에 이르게 하는 효과 있는 것이 되게 하려면 우리가 말씀을 어떻게 읽고 들어야 합니까?

답 : 말씀이 우리를 구원에 이르게 하는 효과 있는 것이 되게 하려면 우리가 부지런함과 준비와 기도로써 거기에 열중하고 믿음과 사랑으로 받아들이고 우리 마음에 간직하며 우리 생활에서 그것을 실천해야 합니다.

잠 8:34; 눅 8:18; 벧전 2:1-2; 히 4:2; 딤전 4:13; 시 119:18, 91; 사 66:2; 약 1:21-22

I. 우리는 어떻게 구원의 은혜를 받는가?
: 구원의 은혜에 이르는 내적방편과 외적방편

그리스도인은 과연 무엇으로 사는가? 우리는 삼위일체 하나님께서 그의 언약백성들에게 값없이 주시는 은혜 없이는 한순간도 존재할 수 없다. 그렇다면, 우리는 어떻게 하나님의 구원의 은혜와 또한 계속하여 주시는 사랑의 은혜들을 받아 누릴 수 있는가? 〈웨스트민스터 소교리문답〉 **제85문답**은 그에 대한 대답을 다음과 같이 요약하고 있다.

> **제85문** : 죄 때문에 마땅히 당할 하나님의 진노와 저주를 피하게 하시려고 하나님이 우리에게 요구하시는 것이 무엇입니까?
> **답** : 우리의 죄 때문에 마땅히 받게 될 하나님의 진노와 저주를 피하게 하시려고 하나님께서 우리에게 요구하시는 것은 (1) 예수 그리스도를 믿고, (2) 생명에 이르는 회개를 하며, (3) 그리스도께서 구속의 혜택을 우리에게 전달하는 데 사용하시는 모든 외형적 방법을 우리가 힘써 사용하는 것입니다.

먼저, '예수 그리스도를 믿는 참된 믿음'과 '생명에 이르는 회개'를 통상 구원의 은혜를 입는 **구원의 내적방편**이라고 한다. 즉, 우리 가운데 오셔서 내주하시는 성령의 내적인 역사로 말미암아 하나님의 택함을 받은 사람들은, 중생의 은혜를 덧입어 예수 그리스도를 참된 구주로 믿고, 동시에 생명에 이르는 회개로 말미암아 의롭다함을 받음으로 하나님의 자녀가 되어 구원에 이르게 된다. 그러나 이러한 내적인 방편과 더불어 우리에게는 하나님께서 제정하여 주신 구원의 외적방편들도 있다. 그것은 예수 그리스도의 십자가의 은혜를 우리에게 전달하는 구체적인 방법들을 말하는 것인데, ① 말씀, ② 성례, 그리고 ③ 기도, 이 3가지가 바로 그것이다.

행 2:42 : 그들이 사도의 가르침을 받아 서로 교제하고 떡을 떼며 오로지 기도하기를 힘쓰니라

그러므로 참된 교회의 표지로서 ① 말씀의 신실한 전파와 ② 성례의 올바른 시행에 대한 중요성을 강조하는 이유는 바로 이것이 하나님의 구원의 은혜가 우리에게 임하는 방편이 되기 때문이다.[1] 그러나 은혜의 3가지 외적방편 가운데 '말씀'이 가장 우선적이며 중요하다. 왜냐하면 구원에 이르는 참된 믿음은 오직 말씀을 들음으로만 가능하기 때문이다(cf. 롬 10:17). 그러므로 교회의 가장 본질적인 사명은 하나님의 말씀을 선포하는 것임과 동시에 그 말씀을 듣기 위하여 회집하는 것이며, 또한 그 말씀을 진실로 삶 가운데서 청종하여 순종하며 사는 것이다.

롬 10:13-17 : 누구든지 주의 이름을 부르는 자는 구원을 받으리라 그런즉 그들이 믿지 아니하는 이를 어찌 부르리요 듣지도 못한 이를 어찌 믿으리요 전파하는 자가 없이 어찌 들으리요 보내심을 받지 아니하였으면 어찌 전파하리요 기록된 바 아름답도다 좋은 소식을 전하는 자들의 발이여 함과 같으라 … 그러므로 믿음은 들음에서 나며 들음은 그리스도의 말씀으로 말미암았느니라

고전 1:17-18 : 그리스도께서 나를 보내심은 세례를 베풀게 하려 하심이 아니요 오직 복음을 전하게 하려 하심이로되 말의 지혜로 하지 아니함은 그리스도의 십자가가 헛되지 않게 하려 함이라 십자가의 도가 멸망하는 자들에게는 미련한 것이요 구원을 받는 우리에게는 하나님의 능력이라

II. 은혜의 방편으로서의 "하나님의 말씀"

1. '하나님의 말씀'의 의미[2]

(1) 인격으로서의 말씀 – 예수 그리스도(로고스)

'하나님의 말씀'이 가지고 있는 여러 가지 형식과 의미 가운데 가장 본질적인 것은 인격이신 '하나님의 말씀'(로고스)이다(cf. 요 1:1-3).[3] 그는 삼위일체 하나님의 제2의 위격, 곧 영원부터 영원까지 존재하시는 하나님의 아들로서, 성육하신 예수 그리스도이시다(요 1:14). 따라서 이것은 영원부터 선재하신 예수 그리스도에 대한 명칭으로, 그는 구속사역 뿐만 아니라 이미 창조사역에서도 중보의 역할을 수행하고 계심을 알 수 있다. 그는 영원한 '하나님의 말씀'이시요, '생명의 말씀'이시다. 그리고 선재하신 이 말씀이 육신이 되어 우리 가운데 오신 이가 곧 예수 그리스도이시다. 그는 하나님의 말씀으로서 하나님의 직접적인 자기-계시(Self-Revelation)이시며, 눈에 보이지 아니하시는 하나님을 눈에 보이는 육신의 모습으로 우리에게 보여주셨다.

> 요 1:1-3 : 태초에 말씀이 계시니라 이 말씀이 하나님과 함께 계셨으니 이 말씀은 곧 하나님이시니라 그가 태초에 하나님과 함께 계셨고 만물이 그로 말미암아 지은 바 되었으니 지은 것이 하나도 그가 없이는 된 것이 없느니라
>
> 요 1:14 : 말씀이 육신이 되어 우리 가운데 거하시매 우리가 그의 영광을 보니 아버지의 독생자의 영광이요 은혜와 진리가 충만하더라
>
> 요일 1:1-2 : 태초부터 있는 생명의 말씀에 관하여는 우리가 들은 바요 눈으로 본 바요 자세히 보고 우리의 손으로 만진 바라 이 생명이 나타내신 바 된지라 이 영원한 생명을 우리가 보았고 증언하여 너희에

　　　　　게 전하노니 이는 아버지와 함께 계시다가 우리에게 나타내신 바
　　　　　된 이시니라
　　히 1:1-3 : 옛적에 선지자들을 통하여 여러 부분과 여러 모양으로 우리 조
　　　　　상들에게 말씀하신 하나님이 이 모든 날 마지막에는 아들을 통하
　　　　　여 우리에게 말씀하셨으니 이 아들을 만유의 상속자로 세우시고
　　　　　또 그로 말미암아 모든 세계를 지으셨느니라 이는 하나님의 영광
　　　　　의 광채시요 그 본체의 형상이시라

(2) 기록된 말씀 – 성경

　두 번째 하나님의 말씀의 형태는 성령으로 말미암아 영감된 말씀, 곧 기록된 하나님의 말씀인 성경을 의미한다. 신·구약 66권의 성경은 일반계시의 불충분성 때문에 주어진 하나님의 특별계시요, 기록된 하나님의 말씀이다. 따라서 성경은 기독교의 모든 말씀선포와 가르침의 기초이며, 신앙과 삶의 규범이다. 성경은 하나님께서 그 자신에 대한 참된 지식과 구원의 진리를 전달하기 위한 도구이며, 죄인된 인간에게 그 자신을 소통하시는 하나님께서 주신 은혜의 방편이다.

　성경을 기록함에 있어 하나님께서는 성령의 특별한 간섭하심과 인도하심의 영향력 아래에서 그의 필기자들 – 인간저자들– 을 사용하셨다(cf. 벧후 1:21; 딤후 3:16). 이것이 곧 성경에 대한 성령의 영감사역이다. 그러므로 성경은 성령으로 영감된 정확무오한 하나님의 말씀이다. 그리고 기록된 말씀인 신구약 성경의 내용과 목적은 인격으로서의 하나님의 말씀인 예수 그리스도와 그의 복음의 진리를 계시하고 증거하는 것이다.

　　딤후 3:16-17 : 모든 성경은 하나님의 감동으로 된 것으로 교훈과 책망과
　　　　　바르게 함과 의로 교육하기에 유익하니 이는 하나님의 사람으로

온전하게 하며 모든 선한 일을 행할 능력을 갖추게 하려 함이라

벧후 1:20-21 : 성경의 모든 예언은 사사로이 풀 것이 아니니 예언은 언제든지 사람의 뜻으로 낸 것이 아니요 오직 성령의 감동하심을 받은 사람들이 하나님께 받아 말한 것임이라

(3) 선포된 말씀 - 설교[4]

마지막으로 하나님의 말씀은 선포된 말씀, 곧 설교로도 나타난다. 그런데 인간의 설교가 어떻게 하나님의 말씀이 될 수 있을까? 이에 대해 설교는 제한적인 의미에 있어서만 하나님의 말씀이라고 답할 수 있다. 곧 사람이 자의로 말하는 것이 아니라, 기록된 말씀인 성경에 근거하여 성령의 말하게 하심을 따라 오직 살아계신 하나님과 그의 영원하신 말씀이신 예수 그리스도의 복음을 증거하는 한에 있어서만, 하나님의 말씀의 도구로 쓰임 받을 수 있다는 것이다.[5]

마 28:19-20 : 그러므로 너희는 가서 모든 민족을 제자로 삼아 아버지와 아들과 성령의 이름으로 세례를 베풀고 내가 너희에게 분부한 모든 것을 가르쳐 지키게 하라 볼지어다 내가 세상 끝날까지 너희와 항상 함께 있으리라 하시니라

요 14:23-26 : 예수께서 대답하여 이르시되 사람이 나를 사랑하면 내 말을 지키리니 내 아버지께서 그를 사랑하실 것이요 우리가 그에게 가서 거처를 그와 함께 하리라 … 너희가 듣는 말은 내 말이 아니요 나를 보내신 아버지의 말씀이니라 내가 아직 너희와 함께 있어서 이 말을 너희에게 하였거니와 보혜사 곧 아버지께서 내 이름으로 보내실 성령 그가 너희에게 모든 것을 가르치고 내가 너희에게 말한 모든 것을 생각나게 하리라

행 17:2-3 : 바울이 자기의 관례대로 그들에게로 들어가서 세 안식일에 성경을 가지고 강론하며 뜻을 풀어 그리스도가 해를 받고 죽은 자 가

> 운데서 다시 살아나야 할 것을 증언하고 이르되 내가 너희에게 전하는 이 예수가 곧 그리스도라 하니
>
> **살전 2:13** : 너희가 우리에게 들은 바 하나님의 말씀을 받을 때에 사람의 말로 받지 아니하고 하나님의 말씀으로 받음이니 진실로 그러하도다 이 말씀이 또한 너희 믿는 자 가운데에서 역사하느니라
>
> **엡 1:13-14** : 그 안에서 너희도 진리의 말씀 곧 너희의 구원의 복음을 듣고 그 안에서 또한 믿어 약속의 성령으로 인치심을 받았으니 이는 우리 기업의 보증이 되사 그 얻으신 것을 속량하시고 그의 영광을 찬송하게 하려 하심이라

2. 은혜의 방편인 말씀의 역할

하나님께서는 우리에게 말씀을 통하여 은혜를 주시는데, 은혜의 방편으로서의 말씀의 구체적인 역할은 다음과 같이 다양하다.

(1) 죄를 깨닫게 하고 회개하게 함

하나님의 말씀은 생동력이 있어 사람의 심령을 움직이며, 죄를 깨닫게 하고, 나아가 생명에 이르는 회개를 일으킨다. 즉, 하나님의 말씀은 우리에게 영원하신 하나님의 계획과 뜻을 계시하며, 죄인을 불러 구원에 이르게 하는 효과적인 부르심으로 작용한다.

> **히 4:12** : 하나님의 말씀은 살아 있고 활력이 있어 좌우에 날선 어떤 검보다도 예리하여 혼과 영과 및 관절과 골수를 찔러 쪼개기까지 하며 또 마음의 생각과 뜻을 판단하나니
>
> **행 16:30-34** : 그들을 데리고 나가 이르되 선생들이여 내가 어떻게 하여야 구원을 받으리이까 하거늘 이르되 주 예수를 믿으라 그리하면 너와 네 집이 구원을 받으리라 하고 주의 말씀을 그 사람과 그 집에

있는 모든 사람에게 전하더라 그 밤 그 시각에 간수가 그들을 데려다가 그 맞은 자리를 씻어 주고 자기와 그 온 가족이 다 세례를 받은 후 그들을 데리고 자기 집에 올라가서 음식을 차려 주고 그와 온 집안이 하나님을 믿으므로 크게 기뻐하니라

행 2:37-38 : 그들이 이 말을 듣고 마음에 찔려 베드로와 다른 사도들에게 물어 이르되 형제들아 우리가 어찌할꼬 하거늘 베드로가 이르되 너희가 회개하여 각각 예수 그리스도의 이름으로 세례를 받고 죄 사함을 받으라 그리하면 성령의 선물을 받으리니

(2) 믿음으로 구원에 이르게 하고 성화의 삶을 가능하게 함

하나님의 말씀은 예수 그리스도 안에 있는 복음의 진리를 깨닫게 하여 참된 믿음을 가지게 하며, 나아가 마침내 생명의 구원에 이르게 한다. 뿐만 아니라, 우리 가운데 내주하시는 성령의 은혜와 도우심으로 말미암아 그 말씀에 순종하여 살게하심으로 우리로 하여금 참된 하나님의 백성이 되게 하며, 참된 하나님의 자녀로서 성화를 이루게 한다.

롬 10:17 : 그러므로 믿음은 들음에서 나며 들음은 그리스도의 말씀으로 말미암았느니라

롬 1:16-17 : 내가 복음을 부끄러워하지 아니하노니 이 복음은 모든 믿는 자에게 구원을 주시는 하나님의 능력이 됨이라 먼저는 유대인에게요 그리고 헬라인에게로다 복음에는 하나님의 의가 나타나서 믿음으로 믿음에 이르게 하나니 기록된 바 오직 의인은 믿음으로 말미암아 살리라 함과 같으니라

3. 말씀에 대한 성도의 자세

(1) 말씀을 사모함

참된 구원을 받은 성도들은 항상 하나님의 말씀인 성경을 사모하여 그것을 날마다 열심히 읽고 묵상하며, 또한 말씀을 듣고 이것을 상고하여야 한다.

벧전 2:2 : 아기들 같이 순전하고 신령한 젖을 사모하라 이는 그로 말미암아 너희로 구원에 이르도록 자라게 하려 함이라
시 1:2 : 오직 여호와의 율법을 즐거워하여 그의 율법을 주야로 묵상하는도다
사 55:3 : 너희는 귀를 기울이고 내게로 나아와 들으라 그리하면 너희의 영혼이 살리라 내가 너희를 위하여 영원한 언약을 맺으리니 곧 다윗에게 허락한 확실한 은혜이니라
행 17:11 : 베뢰아에 있는 사람들은 데살로니가에 있는 사람들보다 더 너그러워서 간절한 마음으로 말씀을 받고 이것이 그러한가 하여 날마다 성경을 상고하므로

(2) 말씀에 순종함

하나님의 말씀을 열심히 읽고, 들은 말씀을 묵상할 뿐만 아니라, 또한 이것을 마음에 새겨 자신의 삶 속에서 순종함으로 신실하게 지키고 행하여야 한다.

신 6:1-7 : 이는 곧 너희의 하나님 여호와께서 너희에게 가르치라고 명하신 명령과 규례와 법도라 … 이스라엘아 듣고 삼가 그것을 행하라 그리하면 네가 복을 받고 네 조상들의 하나님 여호와께서 네게 허락하심 같이 젖과 꿀이 흐르는 땅에서 네가 크게 번성하리라 이스라엘아 들으라 우리 하나님 여호와는 오직 유일한 여호와이시니 너는 마음을 다하고 뜻을 다하고 힘을 다하여 네 하나님 여호와를 사랑하라 오늘 내가 네게 명하는 이 말씀을 너는 마음에 새기고 네 자녀에게 부지런히 가르치며 집에 앉았을 때에든지 길을 갈 때

에든지 누워 있을 때에든지 일어날 때에든지 이 말씀을 강론할 것이며

시 119:1-2 : 행위가 온전하여 여호와의 율법을 따라 행하는 자들은 복이 있음이여 여호와의 증거들을 지키고 전심으로 여호와를 구하는 자는 복이 있도다

약 1:22-25 : 너희는 말씀을 행하는 자가 되고 듣기만 하여 자신을 속이는 자가 되지 말라 누구든지 말씀을 듣고 행하지 아니하면 그는 거울로 자기의 생긴 얼굴을 보는 사람과 같아서 제 자신을 보고 가서 그 모습이 어떠했는지를 곧 잊어버리거니와 자유롭게 하는 온전한 율법을 들여다보고 있는 자는 듣고 잊어버리는 자가 아니요 실천하는 자니 이 사람은 그 행하는 일에 복을 받으리라

하나님의 말씀은 살아 있고 활력이 있어

좌우에 날선 어떤 검보다도 예리하여

혼과 영과 및 관절과 골수를 찔러 쪼개기까지 하며

또 마음의 생각과 뜻을 판단하나니

지으신 것이 하나도 그 앞에 나타나지 않음이 없고

우리의 결산을 받으실 이의 눈 앞에

만물이 벌거벗은 것 같이 드러나느니라

(히 4:12-13)

제 30 과
은혜의 방편 (2)
: 성례(the Sacraments)

제91문 : 성례가 어떻게 구원의 효과적 방편이 됩니까?

답 : 성례가 구원의 효과적 방편이 되는 것은 성례 자체가 가지는 어떤 효능이나 그것들을 집례하는 사람이 가진 어떤 덕에서 오는 것이 아니라, 그리스도의 축복과 또 성례를 믿음으로 받아들이는 사람들 속에서 활동하시는 그의 성령의 사역에 의한 것입니다.

고전 3:7, 6:11, 12:13; 벧전 3:21; 행 8:13, 23

제92문 : 성례가 무엇입니까?

답 : 성례는 그리스도께서 세우신 거룩한 예식입니다. 이 예식에 있어서 사람이 지각할 수 있는 표적들에 의하여 그리스도와 또 새 언약의 혜택들이 신자들에게 표시되고 보증되고 적용되는 것입니다.

마 28:19, 26:26-28; 눅 22:20; 롬 4:11

제93문 : 신약성경이 말하는 성례는 어느 것들입니까?

답 : 신약성경이 말하는 성례는 세례와 성찬입니다.

마 28:19-20; 막 14:25; 고전 11:23

I. 성례란 무엇인가?

1. 성례의 정의

우리는 오직 하나님께서 값없이 선물로 주시는 은혜로 말미암아 의롭다 함을 받았으며, 또한 계속하여 주시는 은혜로 말미암아 성도의 삶을 살아갈 수 있다. 이와 같이 주님께서 우리에게 지속적인 은혜를 누리게 하기 위하여 직접 제정하여 주신 두 번째 방편이 바로 성례(거룩한 예식; 세례와 성찬)이다. 성례라는 용어는 라틴어 'sacramentum'(sacrament)에서 유래한 것으로 '거룩한 것'이란 의미를 가진다. 이 용어는 에베소서 1:9, 3:9, 5:32; 골로새서 1:27; 디모데전서 3:16에 나타나는 '뮈스테리온'(비밀)이라는 헬라어에 대한 라틴어 번역이다. 그러나 성경에서는 이 용어가 성례 자체를 의미하는 것이 아니라 하나님의 계시, 곧 예수 그리스도 안에 있는 십자가 구원의 경륜의 비밀을 의미하는 것이다. 초대 교회의 교부인 어거스틴은 성례를 '거룩한 표'(sacrum signum)라고 정의했고,[1] 롬바르드는 '불가견적 은혜의 가견적 형식'이며 또한 '하나님의 은혜의 표요 은혜의 형식과 원인'이라고 했다.[2]

> 〈웨스트민스터 신앙고백서〉 제27장 1항
> 성례는 그리스도와 그의 은혜를 나타내고 그 안에 있는 우리의 도움을 확증하기 위하여 하나님께서 직접 제정해 주신 거룩한 표요 은혜의 언약에 대한 인치심이다. 그와 동시에 교회에 속한 사람과 세상에 속한 사람을 구별하기 위해서 주신 보이는 표지이다. 또한 성도들로 하여금 하나님의 말씀에 따라 그리스도 안에서 하나님께 대하여 봉사하기 위하여 제정하신 것이다.

그러므로 개혁주의 입장에서 성례를 이해함에 있어 다음의 사실들이 중요하다.

(1) 언약의 말씀에 대한 표와 인으로서의 성례

성례는 말씀과 독립되어 그 자체로서 은혜를 주입시키는 어떤 신비적인 물질이나 행위가 될 수 없고, 오직 하나님의 말씀, 즉 은혜의 복음언약에 대한 표(標)요, 인(印)으로서 작용할 뿐이다. 따라서 항상 하나님의 말씀이 성례에 우선하며, 말씀없이 성례만 시행될 수 없다. 즉, 언약의 말씀이 먼저요, 성례는 그것에 대한 하나의 표징이다. 구약에서도 언약백성임을 표시하는 할례가 아브라함에게 은혜 언약의 '표'(標)가 된 것은 그가 무할례시에 하나님을 믿음으로 의롭다 함을 받은 것에 대해 '인'(印)을 친 것, 즉 보증한 것이라고 성경은 가르치고 있다. 여호와 하나님을 믿음으로 언약백성의 조상이 된 아브라함도 창세기 12:1-3의 언약의 말씀에 대한 하나의 표징으로 창세기 17:9-11에서 '할례'의 시행을 명령받았다.

> **창 17:9-11** : 하나님이 또 아브라함에게 이르시되 그런즉 너는 내 언약을 지키고 네 후손도 대대로 지키라 너희 중 남자는 다 할례를 받으라 이것이 나와 너희와 너희 후손 사이에 지킬 내 언약이니라 너희는 포피를 베어라 이것이 나와 너희 사이의 언약의 표징이니라
>
> **롬 4:3, 11** : 성경이 무엇을 말하느냐 아브라함이 하나님을 믿으매 그것이 그에게 의로 여겨진 바 되었느니라 … 그가 할례의 표를 받은 것은 무할례시에 믿음으로 된 의를 인친 것이니 이는 무할례자로서 믿는 모든 자의 조상이 되어 그들도 의로 여기심을 얻게 하려 하심이라

(2) "거룩한 표"로서의 성례의 의미

성례가 하나의 '거룩한 표'(標, sign)라는 것은 그것에 사용된 물, 떡(빵), 그리고 포도주 자체가 어떤 거룩한 성물(聖物)의 의미를 가지는 것이 아니라, 그것이 가리키는 대상과 연관되어 사용될 때에만 독특한 새로운 의미를 가지게 된다. 즉, 물이나 포도주 자체가 신성하다거나 의미가 있는 것이 아니라, 그것이 예수 그리스도와 그의 십자가의 은혜에 대한 표지로 사용될 때 의미 변화를 일으켜 그러한 영적인 실재를 지시하게 되는 것이다.[3] 이와 같이 성례는 예수 그리스도와 하나님의 은혜언약 안에 있는 불가시적인 것들, 즉 그리스도의 피로 죄를 씻음, 그리스도의 몸에 연합함, 하나님의 언약에 들어옴, 그리고 칭의와 성화 등, 그리스도로부터 받는 모든 은혜들을 가시적으로 표현하는 것이다.

> 마 26:26-28 : 그들이 먹을 때에 예수께서 떡을 가지사 축복하시고 떼어 제자들에게 주시며 이르시되 받아서 먹으라 이것은 내 몸이니라 하시고 또 잔을 가지사 감사 기도 하시고 그들에게 주시며 이르시되 너희가 다 이것을 마시라 이것은 죄 사함을 얻게 하려고 많은 사람을 위하여 흘리는 바 나의 피 곧 언약의 피니라

(3) 언약의 보증으로서의 성례

성례가 '은혜언약의 인치심'(印, seal)이라는 것은 그것이 곧 예수 그리스도와 그의 십자가의 은혜의 임재를 보증하는 것이라는 의미이다. 즉, 그것은 말씀의 내용을 효과적으로 확증하는 것이며, 또한 신자들의 참된 믿음에 대한 내적인 보증, 인침으로 작용하게 된다. 그렇다면 단순히 성례에 참여한다고 해서 모든 사람이 자동적으로 하나님의 은혜와 구원에 대하여 보증을 받는 것인가? 그렇지는 않다.[4] 성례는 참례한 사람을 인치는 것이

아니라 그 안에 있는 '믿음으로 말미암는 의'에 대해 인치는 것이다. 우리는 오직 언약의 말씀으로 주어진 예수 그리스도를 믿음으로 구원의 은혜를 입고, 언약백성의 일원이 되는 것이다. 그리고 하나님께서는 성례를 통하여 언약의 말씀으로 말미암아 참된 믿음을 가진 그리스도 안에 있는 신자들에게 그가 약속하신 바 은혜와 구원을 보증하는 것이다. 그러므로 성례를 물신적으로 생각해서는 안되며, 하나님의 말씀과 그 말씀에 대한 참된 믿음이 중요한 것이다.

> 히 6:16-18 : 사람들은 자기보다 더 큰 자를 가리켜 맹세하나니 맹세는 그들이 다투는 모든 일의 최후 확정이니라 하나님은 약속을 기업으로 받는 자들에게 그 뜻이 변하지 아니함을 충분히 나타내시려고 그 일을 맹세로 보증하셨나니 이는 하나님이 거짓말을 하실 수 없는 이 두 가지 변하지 못할 사실로 말미암아 앞에 있는 소망을 얻으려고 피난처를 찾는 우리에게 큰 안위를 받게 하려 하심이라
>
> 고전 11:27-29 : 그러므로 누구든지 주의 떡이나 잔을 합당하지 않게 먹고 마시는 자는 주의 몸과 피에 대하여 죄를 짓는 것이니라 사람이 자기를 살피고 그 후에야 이 떡을 먹고 이 잔을 마실지니 주의 몸을 분별하지 못하고 먹고 마시는 자는 자기의 죄를 먹고 마시는 것이니라

2. 성례 제정의 목적

〈웨스트민스터 대교리문답〉 162문답

성례는 그리스도께서 자기의 교회 안에서 다음과 같은 목적을 위해 제정하신 거룩한 예식(규례)이다. 첫째, 은혜 언약 가운데 있는 자들에게 그리스도의 중보의 유익을 표시하여 나타내고 인치기 위함이다. 둘째, 그들의 믿음과 다

른 모든 은혜들을 강화하고 더하기 위함이다. 셋째, 그들로 하여금 순종하게 하기 위함이다. 넷째, 그들 상호간에 사랑과 교제를 증거하고 간직하게 하기 위함이다. 다섯째, 그들을 은혜 언약 밖에 있는 자들과 구별하기 위함이다.

3. 말씀과 성례의 관계

은혜의 방편인 하나님의 말씀과 성례 사이에는 다음과 같은 **공통점**과 **차이점**이 있다.

(1) 공통점과 차이점[5)]

① 공통점

　a. 두 가지 은혜의 방편의 제정자가 동일하다 → 모두 하나님께서 주신 것이다.

　b. 두 가지 모두 은혜의 방편이다 → 그리스도 안에서 택한 자들에게 주시기로 하신 구원의 은혜를 주시는 수단이다.

　c. 그리스도가 중심이다 → 말씀과 성례 모두 예수 그리스도가 그 중심이다.

② 차이점

　a. 말씀은 은혜의 방편으로 필수적인 것이나, 성례는 필수적이지 않고 말씀에 의존한다.

　b. 말씀은 신앙을 심어주고 또 강화시켜 주지만, 성례는 단지 신앙을 강화시켜 줄 뿐이다.

　c. 말씀은 신자나 불신자나 관계없이 온 세상 모두에게 차별없이 선

포되고 전파되지만, 성례는 오직 교회 안에서 참된 신앙을 고백한 사람들에게만 시행되는 것이다.

(2) 성례의 필요성에 대한 태도

① 로마 가톨릭: 성례주의

로마 가톨릭 교회는 구원을 얻는데 성례는 반드시 필요하며, 참여자의 신앙이나 의지에 관계없이 그 자체로서 초자연적인 은혜를 주입시킨다고 주장한다. 예를 들어 세례가 중생을 일으킨다고 보는데, 이것은 비성경적인 주장이다.[6]

> **롬 2:28-29** : 무릇 표면적 유대인이 유대인이 아니요 표면적 육신의 할례가 할례가 아니니라 오직 이면적 유대인이 유대인이며 할례는 마음에 할지니 영에 있고 율법 조문에 있지 아니한 것이라 그 칭찬이 사람에게서가 아니요 다만 하나님에게서니라

② 구세군: 성례무시

또 다른 극단주의는 구세군에서처럼 말씀의 선포만 강조하고 성례를 전혀 시행하지 않는 경우인데, 이와 같이 성례를 무시하는 것도 비성경적이다. 왜냐하면 성례 또한 우리에게 은혜를 주시기 위한 방편으로 주님께서 직접 제정하셨고, 이를 신실하게 행하라고 명령하셨기 때문이다.

> **마 28:19-20** : 그러므로 너희는 가서 모든 민족을 제자로 삼아 아버지와 아들과 성령의 이름으로 세례를 베풀고 내가 너희에게 분부한 모든 것을 가르쳐 지키게 하라
>
> **고전 11:23-26** : 내가 너희에게 전한 것은 주께 받은 것이니 곧 주 예수께

서 잡히시던 밤에 떡을 가지사 축사하시고 떼어 이르시되 이것은 너희를 위하는 내 몸이니 이것을 행하여 나를 기념하라 하시고 식후에 또한 그와 같이 잔을 가지시고 이르시되 이 잔은 내 피로 세운 새 언약이니 이것을 행하여 마실 때마다 나를 기념하라 하셨으니 너희가 이 떡을 먹으며 이 잔을 마실 때마다 주의 죽으심을 그가 오실 때까지 전하는 것이니라

③ 개혁주의 입장: 말씀의 우선권과 성례의 신실한 시행

성례는 주님께서 제정하시고 명령하신 바대로 신실하게 시행되어야 하는데, 그럼으로써 이것은 참된 교회의 의무요 표지가 되는 것이다. 그러나 성례가 구원을 받는데 절대적으로 필요한 것은 아니다. 그 이유는 (1) 하나님의 은혜가 외적 형식에 속박되는 것이 아니기 때문이며, (2) 성경은 오직 믿음으로 구원을 얻는다고 가르치기 때문이며(행 16:31; 롬 3:28; 갈 2:16), 또한 (3) 성례는 말씀과 믿음에 앞서지 않고 오직 참된 신앙을 고백한 자들에게만 시행되기 때문이며(행 2:41, 16:14, 15, 30, 33; 고전 11:23-32), 마지막으로 (4) 성경에는 성례 없이도 구원받은 사실을 많이 보여주기 때문이다.

> **눅 7:48, 50** : 이에 여자에게 이르시되 네 죄 사함을 받았느니라 하시니 … 예수께서 여자에게 이르시되 네 믿음이 너를 구원하였으니 평안히 가라 하시니라
>
> **눅 23:42-43** : 이르되 예수여 당신의 나라에 임하실 때에 나를 기억하소서 하니 예수께서 이르시되 내가 진실로 네게 이르노니 오늘 네가 나와 함께 낙원에 있으리라 하시니라

Ⅱ. 성례는 어떻게 은혜의 효과적인 방편이 되는가?

1. 성례의 요건

(1) 성례의 4요건

성례는 그것을 시행함에 있어 반드시 ① **올바른 재료**, ② **올바른 형식**, 그리고 ③ **올바른 의도**가 있어야 한다. 즉, 성례는 반드시 성경이 말하는 재료와 형식, 그리고 그것을 제정하여 주신 본래적인 의도 아래 ④ **합법적인 집례자**에 의하여 올바르게 집행되어야만 한다. 그러므로 성례를 시행함에 있어서 재료는 그리스도께서 제정한 것이라야 하며(세례 –물; 성찬 – 떡/빵과 포도주), 형식 또한 성경에서 제시하고 있는 방법을 따라야 하고, 그리스도의 명령을 실행하려는 목적으로 말씀을 맡은 자에 의해 신실하게 시행되어야만 한다.

(2) 집례자의 자격

성례는 아무나 집례해서는 안되고, 반드시 합법적으로 안수를 받은 하나님의 말씀을 맡은 설교자(목사)에 의하여 집행되어야 한다.

2. 성례의 효력

(1) 〈웨스트민스터 신앙고백서〉 27장 3절

성례전이 올바르게 집행되는 때에, 그 성례들을 통하여 나타나는 은혜는 그것들 안에 있는 어떤 힘에 의해서 주어지는 것이 아니며, 또한 성례의 효력은 그것을 집행하는 자의 경건이나 의사(意思)에 좌우되지 않고, 성령의 사역과, 그 성례에 관한 말씀에 달려 있는 것이다. 그런데 그 말씀에는 성례를 집행하는 권한을 부여하는 명령과 함께, 합당하게 성례를 받는 사람들에게 주어지는 은혜에 대한 약속이 포함되어 있다.

(2) 〈웨스트민스터 대교리문답〉 161문답
제161문: 성례가 어떻게 구원의 유효한 방편이 됩니까?
답: 성례가 구원의 유효한 방편이 되는 것은 그것들 자체 안에 있는 어떤 능력이라든지 혹은 그것을 거행하는 자의 경건이나 의도에서 나오는 어떤 효능으로 말미암는 것이 아니고, 다만 성령의 역사와 그것을 제정하신 그리스도의 축복으로 말미암는 것이다.

III. 성례의 종류

1. 개혁교회의 견해 - 2가지 성례

: 세례(Baptism)와 성찬(the Lord's Supper)

예수 그리스도께서 그의 몸된 교회를 위하여 직접 제정하여 주신 성례전은 오직 **세례**와 **성찬** 두 가지 밖에 없다(마 28:19; 고전 11:23-25). 그러므로 개혁주의 장로교회는 오직 이 두 가지 성례만을 인정한다.[7] 그리고 이 두 성례는 주님의 몸된 교회 안에서 정당한 방법으로 주님께서 다시 오실 때까지 신실하게 지켜야 한다(마 28:20; 고전 11:26).

마 28:19-20 : 그러므로 너희는 가서 모든 민족을 제자로 삼아 아버지와 아들과 성령의 이름으로 세례를 베풀고 내가 너희에게 분부한 모든 것을 가르쳐 지키게 하라 볼지어다 내가 세상 끝날까지 너희와

항상 함께 있으리라 하시니라

고전 11:23-26 : 내가 너희에게 전한 것은 주께 받은 것이니 곧 주 예수께서 잡히시던 밤에 떡을 가지사 축사하시고 떼어 이르시되 이것은 너희를 위하는 내 몸이니 이것을 행하여 나를 기념하라 하시고 식후에 또한 그와 같이 잔을 가지시고 이르시되 이 잔은 내 피로 세운 새 언약이니 이것을 행하여 마실 때마다 나를 기념하라 하셨으니 너희가 이 떡을 먹으며 이 잔을 마실 때마다 주의 죽으심을 그가 오실 때까지 전하는 것이니라

2. 로마 가톨릭의 견해 - 7가지 성례

로마 가톨릭 교회는 세례와 성찬과 더불어 다음과 같이 모두 7가지의 성례를 말한다.

① 세례(영세, baptism) : 영적으로 거듭남

② 성찬(미사, mass) : 신앙의 성장

③ 견신례(confirmation) : 은혜로 자라고 믿음이 강건해짐

④ 고해성사(penance) : 죄로 인하여 범죄하였을 때 영적인 치료를 위해 행함

⑤ 성직서임식(안수례, ordination) : 거룩한 성직으로 인해 교회를 다스림

⑥ 종부성사(종유례, extreme unction) : 육체의 병뿐만 아니라 영혼의 치유를 위함

⑦ 결혼(matrimony) : 한 몸으로 성장함

이와 같이 로마교회는 1215년 제4차 라테란 회의 이후 세례와 성찬 외에 5가지를 더하여 7가지 성례를 주장하나, 세례와 성찬 외에는 그것에 대한 성경적인 기초가 없다.

하나님이 또 아브라함에게 이르시되

그런즉 너는 내 언약을 지키고

네 후손도 대대로 지키라

너희 중 남자는 다 할례를 받으라

이것이 나와 너희와 너희 후손 사이에 지킬 내 언약이니라

너희는 포피를 베어라

이것이 나와 너희 사이의 언약의 표징이니라

(창 17:9-11)

제 31 과
은혜의 방편 (3)
: 세례와 성찬(Baptism and the Lord's Supper)

제94문 : 세례가 무엇입니까?

답 : 세례는 성례의 하나로서 성부와 성자와 성령의 이름으로 물을 가지고 씻는 예식입니다. 그것은 우리가 그리스도께 접붙임을 받음과 은혜의 언약의 혜택들에 참여함과 우리가 주님의 것이 된다는 약속을 표시하고 확증하는 것입니다.

마 28:19; 롬 6:3; 계 1:5; 갈 3:26-27

제95문 : 세례는 누구에게 베풀 수 있습니까?

답 : 세례를 보이는 교회 밖에 있는 사람에게 베풀어서는 안됩니다. 그들이 그리스도께 대한 자기의 믿음과 복종을 고백한 이후이어야 세례를 받을 수 있습니다. 그러나 보이는 교회의 회원과 같은 사람들의 아기들은 세례를 받을 수 있습니다.

행 2:41; 2:38-39; 고전 7:14; 갈 3:27-28

제96문 : 성찬이 무엇입니까?

답 : 성찬은 성례의 하나로서 그리스도께서 정하신 대로 떡과 포도주를 주고 받음으로써 그리스도의 죽으심을 나타내 보이는 예식입니다. 그것을 합당하게 받는 자들은 육체적으로 육욕적인 방식을 따르는 자가 아니라 믿음에 의

한 자로서, 그리스도의 몸과 피에 참여하는 자가 되며, 그의 모든 혜택을 받고 은혜 가운데서 영적인 양육과 성장을 얻게 되는 것입니다.
눅 22:15; 고전 11:26-28, 10:16; 요 6:55-56; 마 26:26-27; 엡 3:17

제97문 : 성찬을 합당하게 받으려면 무엇을 필요로 합니까?
답 : 성찬에 합당하게 참여하고자 하는 자들에게 요구되는 것은 주님의 몸을 분간하는 지식에 대해서, 그리스도를 먹고 마시는 그들의 믿음에 대해서, 그리고 그들의 회개와 사랑과 새 복종에 대해서 스스로를 살피는 것입니다. 성찬 때 합당치 않게 참여하다가 결국 자신에게 임하는 심판을 먹고 마셔서는 안 되겠습니다.
고전 11:27-29; 요 6:55-56; 롬 6:4

I. 세례(Baptism)

1. 세례의 정의

〈웨스트민스터 신앙고백서〉 제28장 1절은 세례에 대하여 다음과 같이 설명하고 있다.

세례는 예수 그리스도께서 제정하신 신약의 성례로서, 세례 받은 당사자를 유형 교회에 엄숙하게 가입시키는 것을 뜻할 뿐만 아니라, 그 당사자에게는 은혜 언약의 표호와 인호가 되며, 그가 예수 그리스도에게 접붙임을 받고 중생하여 죄를 사함 받고, 예수 그리스도를 통하여 새 생명 가운데서 행하기로 하나님께 헌신하는 표요 인호이다. 이 성례는 그리스도 자신이 친히 명하신 것이기에 세상 끝 날까지 그의 교회 안에서 계속 집행되어야 하는 것이다.

또한 〈웨스트민스터 대교리문답〉 **165번 문답**에서는 세례를 보다 간단하게 다음과 같이 설명하고 있다.

> 세례는 그리스도께서 '성부와 성자와 성령의 이름으로 물로 씻음'을 정하신 신약의 한 성례인데, 이것은 그리스도 자신에게 접붙이고, 그의 피로 죄 사함을 받고, 그의 영으로 거듭나고, 양자가 되어 영생에 이르는 부활의 표와 인침입니다. 이로써 세례 받은 당사자들은 엄숙히 보이는 교회에 가입하게 되고, 전적으로 오직 주께만 속한다는 약속을 공개적으로 고백함을 맺게 하는 것입니다.

이상의 사실들을 간단히 요약하자면,
① 세례는 예수 그리스도께서 제정하신 신약의 두 가지 성례 가운데 하나이다.
② 세례는 성부와 성자와 성령의 이름으로 물을 가지고 씻는 예식이다.
③ 세례는 우리가 예수 그리스도에게 접붙임을 받고, 은혜의 언약의 혜택들에 참여함으로서 중생하고 죄사함을 받으며, 나아가 예수 그리스도를 통하여 새 생명 가운데서 오직 믿음 안에서 행하기로 하나님께 헌신하는 표요 인이다.
④ 그것은 공적인 신앙고백과 더불어 세례 받은 당사자를 유형 교회에 엄숙하게 가입시키는 것을 뜻한다.

2. 세례의 제정자

세례는 예수 그리스도께서 승천하시기 전날 대위임명령과 함께 직접 제정하여 주신 것이기 때문에, 그의 교회 안에서 세상 끝 날까지 계속하여

올바르게 집행되어야만 한다.[1]

> **마 28:19-20** : 그러므로 너희는 가서 모든 민족을 제자로 삼아 아버지와 아들과 성령의 이름으로 세례를 베풀고 내가 너희에게 분부한 모든 것을 가르쳐 지키게 하라 볼지어다 내가 세상 끝날까지 너희와 항상 함께 있으리라 하시니라
>
> **막 16:15-16** : 또 이르시되 너희는 온 천하에 다니며 만민에게 복음을 전파하라 믿고 세례를 받는 사람은 구원을 얻을 것이요 믿지 않는 사람은 정죄를 받으리라

3. 세례의 의미

세례는 먼저 죄의 씻음을 의미하는 예식으로서, 하나님께서 예수 그리스도를 믿고 죄를 회개하는 자에게 그의 보혈로 죄를 깨끗이 씻어 정결케 함으로써 죄를 용서해 주심을 확증하며 인치는 것을 의미하는 의식이다(cf. 막 1:4; 행 22:16).[2] 그런데 물세례를 받은 후에 또 다른 제2의 축복으로서 '성령세례'가 있는가? 그렇지 않다. 실제로 예수 그리스도의 십자가 은혜로 우리의 죄를 정결케 하시고 또한 영적으로 거듭나게 하시는 분은 성령이시기 때문에 '성령세례'가 참 세례이고, '물세례'는 그러한 성령세례를 상징하는 표요 인이다. 따라서 성령께서 주시는 참된 믿음으로 예수 그리스도를 구주로 영접하고 물세례를 받은 신자는 이미 성령세례를 받았다고 할 수 있다.

참으로 우리가 성령을 받았다는 증거는 예수 그리스도를 주로 고백하고 믿는 것이다(cf. 고전 12:3). 그러므로 물세례를 받은 후에 소위 '제2의 축복'의 개념으로서의 또 다른 성령세례는 없다고 하겠다. 다만 우리가 참된 성

화의 삶을 살아가기 위해서는 성령으로 더욱 충만하게 되어야 한다. 또한 세례는 그리스도의 죽음과 부활에 연합됨을 의미한다(롬 6:4-5). 그럼으로써 세상과 구별되어 그리스도에 연합함으로 하나님의 자녀요 그의 백성이 됨과 동시에, 그리스도의 몸인 교회에 연합됨을 의미하며, 나아가 유형교회의 회원으로 가입된 공적인 신분을 나타내는 표지가 된다(고전 12:13).

> **막 1:4** : 세례 요한이 광야에 이르러 죄 사함을 받게 하는 회개의 세례를 전파하니 … 나는 너희에게 물로 세례를 베풀었거니와 그는 너희에게 성령으로 세례를 베푸시리라
> **행 22:16** : 왜 주저하느냐 일어나 주의 이름을 불러 세례를 받고 너의 죄를 씻으라 하더라
> **고전 12:3** : 그러므로 내가 너희에게 알리노니 하나님의 영으로 말하는 자는 누구든지 예수를 저주할 자라 하지 아니하고 또 성령으로 아니하고는 누구든지 예수를 주시라 할 수 없느니라
> **롬 6:3-5** : 무릇 그리스도 예수와 합하여 세례를 받은 우리는 그의 죽으심과 합하여 세례를 받은 줄을 알지 못하느냐 그러므로 우리가 그의 죽으심과 합하여 세례를 받음으로 그와 함께 장사되었나니 … 만일 우리가 그의 죽으심과 같은 모양으로 연합한 자가 되었으면 또한 그의 부활과 같은 모양으로 연합한 자도 되리라
> **고전 12:13** : 우리가 유대인이나 헬라인이나 종이나 자유인이나 다 한 성령으로 세례를 받아 한 몸이 되었고 또 다 한 성령을 마시게 하셨느니라

4. 세례의 요건과 형식

(1) 세례의 합법적 집례자

성례는 말씀과 분리될 수 없다. 그러므로 세례는 합법적으로 부르심을

입은 복음(말씀)의 사역자인 목사에 의해서 집례되어야 한다.[3]

(2) 세례의 정당한 대상자

① 장년세례 – 예수 그리스도에 대한 참된 믿음을 가짐은 물론, 그의 말씀에 대해 온전히 순종하며 살기로 고백한 사람들에게만 시행해야 한다.

② 유아세례 – 양친이 다 믿거나 어느 한편만 믿는 가정의 유아들도 그가 태어남과 동시에 언약의 자녀로서 세례를 받을 수 있다.[4]

(3) 세례의 올바른 형식

① 세례에 사용되어야 하는 외형적인 요소는 물이며, 이 물을 가지고 성부와 성자와 성령의 이름으로 세례를 주어야 한다.

② 세례 받는 사람을 물속에 반드시 잠기게 할 필요가 있는 것은 아니고, 그 사람 머리 위에 물을 붓거나 뿌려서 세례를 집행하여도 무방하다.

③ 세례 의식은 어떠한 사람에게든지 한번만 베풀어져야 한다.

④ 이 세례 의식을 모독하거나 무시하는 것은 커다란 죄가 된다. 그렇지만 세례를 안 받았다고 해서 그 사람이 중생할 수 없다거나 또는 구원을 받지 못한다든가, 또는 세례를 받은 사람은 모두 의심할 여지없이 중생했다고 할 수 있을 만큼 세례 의식 자체에 은혜와 구원이 불가분하게 속해 있는 것은 아니다. 이것은 성례가 구원의 은혜를 직접적으로 주입시키는 것이 아니기 때문이다.

Ⅱ. 성찬(The Lord's Supper)

1. 성찬의 정의

(1) 〈웨스트민스터 신앙고백서〉 제29장 1절
우리 주님 예수께서는 그가 잡히시던 날 밤에, 그의 몸과 피로 세우신 성례, 곧 성찬을 제정하여, 그의 교회에서 세상 끝날까지 지키도록 하셨는데, 이는 그가 죽으심으로 자신을 친히 희생 제물로 드린 것을 영구히 기념케 하시고, 참 신자들에게 그 희생이 주는 모든 은혜들을 보증하시며, 그 안에서 그들이 영적인 양식을 먹고 성장케 하시며, 그들이 그에게 마땅히 행해야 되는 의무들을 보다 충성스럽게 이행케 하시며, 그들이 그와 더불어 갖는 교통과 그의 신비한 몸의 지체들로서 그들 상호간에 갖는 교통의 매는 줄과 보증이 되게 하시기 위함이다.

(2) 〈웨스트민스터 대교리문답〉 168 문답
성찬은 예수 그리스도의 제정하신 대로 떡과 포도주를 주고 받음으로써 그의 죽으심을 보여주는 신약의 성례입니다. 성찬에 합당하게 참여하는 자는 그의 살과 피를 먹고 마심으로 영적 양식이 되고, 은혜로 자라는 것이며, 주님과의 연합과 교제가 확고하여지고, 하나님께 대한 감사와 서약과 한 신비로운 몸의 지체로서 서로 사랑과 교제를 증거하고 새롭게 하는 것입니다.

요약하자면, 성찬이란 예수 그리스도께서 그를 믿는 자들로 하여금 그의 살과 피를 상징하는 떡과 포도즙을 먹고 마심으로써 신령한 은혜를 덧입게 하시고, 영적으로 성장하게 하시는 것이다.[5] 또한 신자로서의 의무와 충성을 다할 수 있도록 하시고, 나아가 성도들 상호간에 사랑과 교제를 새롭게 하며 증진하게 하시기 위하여 그리스도께서 제정하신 예식이므로, 교회는 이것을 세상 끝날까지 지켜야만 한다.

2. 성찬의 제정에 관한 성경본문 말씀

마 26:26-29 : 그들이 먹을 때에 예수께서 떡을 가지사 축복하시고 떼어 제자들에게 주시며 이르시되 받아서 먹으라 이것은 내 몸이니라 하시고 또 잔을 가지사 감사 기도 하시고 그들에게 주시며 이르시되 너희가 다 이것을 마시라 이것은 죄 사함을 얻게 하려고 많은 사람을 위하여 흘리는 바 나의 피 곧 언약의 피니라 그러나 너희에게 이르노니 내가 포도나무에서 난 것을 이제부터 내 아버지의 나라에서 새것으로 너희와 함께 마시는 날까지 마시지 아니하리라 하시니라(참조, 막 14:22-25; 눅 22:17-20).

고전 11:23-26 : 내가 너희에게 전한 것은 주께 받은 것이니 곧 주 예수께서 잡히시던 밤에 떡을 가지사 축사하시고 떼어 이르시되 이것은 너희를 위하는 내 몸이니 이것을 행하여 나를 기념하라 하시고 식후에 또한 그와 같이 잔을 가지시고 이르시되 이 잔은 내 피로 세운 새 언약이니 이것을 행하여 마실 때마다 나를 기념하라 하셨으니 너희가 이 떡을 먹으며 이 잔을 마실 때마다 주의 죽으심을 그가 오실 때까지 전하는 것이니라

3. 성찬이 상징하는 의미[6]

① 성찬은 예수 그리스도께서 십자가에서 죽으심에 대한 상징적 표현이다(고전 11:26, 28).

② 성도들이 십자가에서 대속의 죽음을 죽으신 예수 그리스도에게 참여함을 상징한다(요 6:53).

③ 성도들의 영적 양육과 성장을 상징한다. 떡과 포도즙이 우리의 육신을 살찌우고 성장하게 하는 것과 마찬가지로, 그것이 상징하는 바 예수 그리스도의 살과 피는 성도들의 영적인 생명을 위하여 영양을 제

공하고 성장하게 하는 것을 의미한다.

④ 성도들 상호간의 연합과 교제를 의미한다.

⑤ 예수 그리스도의 구속적 사랑을 인침과 동시에 참례자에게 참된 신앙, 그리고 헌신과 충성에 대한 약속을 이행하게 한다.

4. 성찬의 요건과 형식

(1) 성찬의 시행 – 〈웨스트민스터 신앙고백서〉 제29장 3절

주 예수께서는, 이 의식을 행함에 있어서 그의 사역자들을 택정하시어 이 예식에 대한 자신의 말씀을 일반 회중에게 선포케 하시고, 기도하게 하시며 떡과 포도주를 축사하게 하시고 그렇게 축사하여 그것들을 거룩하게 사용될 수 있도록 다른 일반 떡이나 포도주와 구별하게 하시고, 떡을 들어 떼게 하시고, 잔을 들게 하신 후에 떡과 잔을(자신들이 나눌 뿐만 아니라) 수찬자(受餐者)들에게 나누어 주게 하셨다. 그러나 그 예식이 거행되는 시간에 회중 가운데 참예하지 않는 자에게는 아무에게도 나누어 주지 못하게 하셨다.

(2) 성찬의 효과 – 〈웨스트민스터 대교리문답〉 170문답[7]

그리스도의 몸과 피가 성찬 떡과 포도주 안에 함께, 혹은 밑에 물체적으로나 육체적으로 임재하지는 않는다. 그러나 믿음으로 받는 자에게 영적으로 존재하는데, 이것은 실제적으로 수찬자의 신앙에 영적으로 임재하는 것입니다. 그러므로 성찬의 성례에 합당히 참여하는 자들은 물체적으로나 육체적으로가 아니고 영적으로 그것에서 참으로(실제적으로) 그리스도의 살과 피를 먹고 마시는 것입니다. 즉, 그들은 참으로(실제적으로) 믿음에 의해서 십자가에 달려 죽으신 그리스도와 그의 죽음에서 오는 모든 혜택을 받아 자신들에게 적용하는 것입니다.

(3) 성찬 참여자의 준비 – 〈웨스트민스터 대교리문답〉 171문답

성찬의 성례를 받고자 하는 사람들은 성찬에 참여하기 전에 그리스도 안에 있는 자신들의 죄와 부족을, 자신들의 지식, 믿음, 회개, 하나님과 형제들에게 대한 사랑, 모든 사람에게 한 자비, 자신에게 해를 준 사람들에게 대한 용서와 그들이 그리스도를 추구하는 욕망과 그들의 새로운 순종을 검토함으로써, 그리고 심각한 명상과 간절한 기도로 이 은혜들의 실행을 새롭게 함으로써 성찬 준비를 해야 할 것입니다.

(4) 성찬 참여자에게 요구되는 사항들 – 〈웨스트민스터 대교리문답〉 174문답

성찬의 성례를 받는 자들에게 요구되는 것은, 그것을 거행하는 동안에 모든 거룩한 경외심과 주의를 가지고 그 규례에서 하나님을 앙망할 것이며, 성례의 요소들과 동작을 잘 지켜 보고, 주의 몸을 주의 깊게 분별하고, 그의 죽음과 고난을 정성스럽게 묵상함으로써 자신들을 강화시켜 저희 받은 은혜들을 힘있게 시행할 것이며, 자신을 판단하여 죄를 슬퍼하고, 그리스도에 대하여 주리고 목마름같이 열심히 구하고, 믿음으로 그의 양육을 받고, 그의 충만을 받으며, 그의 공로를 의지하고, 그의 사랑을 기뻐하며, 그의 은혜에 대하여 감사하게 되는 것과 하나님과의 언약과 모든 성도들에 대한 사랑을 새롭게 하는 것입니다.

(5) 성찬에 참여할 수 없는 자 – 〈웨스트민스터 신앙고백서〉 제29장 8절

비록 무지하고 사악한 사람이 이 성례의 외적 요소를 받는다고 할지라도 그들은 그 요소가 의미하는 바의 것을 받는 것은 아니다. 그러나 그들은 그 성례에 합당치 못하게 참예함으로 해서 주의 몸과 피를 범하는 죄를 지어 자신의 파멸을 자초하는 것이 된다. 그러므로 무지하고 불경건한 사람들은 모두 그리스도와 교통을 갖기에는 부적합함으로 주의 상(床)에 참여할 자격이 없으며, 그들이 무지하고 불경건한 상태에 있는데도 이 거룩한 성찬 예식에 참여하거나 참여하는 것이 허락되는 때에는 그리스도에 대하여 큰 죄를 반드시 짓게 되는 것이다.

(6) 세례와 성찬의 차이점 - 〈웨스트민스터 대교리문답〉 177문답

세례와 성찬의 성례들이 다른 점은 세례는 우리의 중생과 그리스도께 접붙임이 되는 표와 보증으로 물로써 시행되며, 심지어는 어린아이에게까지도 단 한 번만 시행되는 반면에, 성찬은 떡과 포도주로 자주 시행되며, 영혼의 신령한 양식이 되시는 그리스도를 대표하고, 나타내며, 우리가 그 안에 계속하여 살고 자라남을 확인하기 위함인데, 자신을 검토할 수 있는 연령과 능력에 도달한 사람들에게만 시행되는 것입니다.

예수께서 떡을 가지사

축복하시고 떼어 제자들에게 주시며 이르시되

받아서 먹으라 이것은 내 몸이니라 하시고

또 잔을 가지사 감사 기도 하시고 그들에게 주시며 이르시되

너희가 다 이것을 마시라 이것은 죄 사함을 얻게 하려고

많은 사람을 위하여 흘리는 바 나의 피 곧 언약의 피니라

(마 26:26-28)

제 32 과
은혜의 방편 (4)
: 기도(Prayer)

제98문 : 기도가 무엇입니까?

답 : 기도는 우리의 소원을 하나님께 아뢰는 일입니다. 우리의 죄를 고백하며 그리스도의 자비를 감사한 마음으로 인정하면서 하나님의 뜻에 맞는 것들을 그리스도의 이름으로 아뢰는 것입니다.

요 6:38, 14:13-14, 16:23-24; 마 21:22; 26:39-42; 요일 5:14; 눅 18:13; 빌 4:6

1. 기도의 정의 - 기도란 무엇인가?

하나님께서 우리에게 주신 세 번째 은혜의 방편은 바로 '기도'이다.[1] 우리가 이미 배운 두 가지의 방편(말씀과 성례)과 기도의 다른 점은, 앞의 두 가지가 하나님으로부터 우리에게로 오는 것이라면, 기도는 우리가 하나님 앞으로 나아가 드리는 것이라는 점이다. 하나님께서는 그의 택하신 자녀들로 하여금 자신과 인격적인 교제를 나누고 대화할 수 있도록 하셨는데, 그것이 바로 기도이다.[2] 성경은 기도를 '영혼의 호흡', '금대접에 담긴 향'이라고 한다. 그만큼 우리의 기도가 귀하고 중요한 것이며, 하나님께서 기뻐하시는 것이다. 성도는 기도를 통하여 하나님께 자신의 소원하는 바를 아뢰며 구하기도 하고, 기도를 통하여 죄를 회개하거나 감사를 드릴 수도 있고, 또한 기도를 통하여 하나님이 주시는 여러 가지 영적인 은혜를 받아 누릴 수도 있다.[3] 따라서 우리의 기도는 강력한 은혜의 방편이 되는 것이다. 기도는 오직 하나님께서 그의 자녀들에게만 주신 놀라운 특권이다. 우리는 성경에서 기도에 대해 다음과 같은 다양한 정의와 표현들을 찾아 볼 수 있다.

① 기도는 하나님 아버지와 자녀와의 대화이며 영적인 교제이다(마 6:6)[4]

② 기도는 하나님의 자녀가 하나님께 드리는 향이다(계 5:8)

③ 기도는 하나님의 자녀들의 영적인 호흡이다(살전 5:17)

④ 기도는 하나님의 자녀들에게 죄 용서함을 받는 통로이다(대하 7:14)

⑤ 기도는 하나님께서 그의 자녀로 말미암아 영광을 받으시는 귀중한 것이다(사 60:21)

⑥ 기도는 하나님의 자녀들이 그의 아버지되신 하나님께 부르짖는 것이다(시 50:15)

2. 기도의 참된 대상 - 삼위일체 하나님

〈웨스트민스터 대교리문답〉 178 문답 : 기도가 무엇입니까?

기도는 그리스도의 이름으로, 성령의 도우심으로 말미암아 우리의 소원을 하나님께 올리는 것인데, 우리 죄를 자백하고, 그의 긍휼하심을 감사하게 생각하면서 하는 것입니다.

그러므로 우리가 기도하는 대상은 오직 영원토록 살아계신 참된 하나님, 곧 삼위일체 하나님뿐이시다.[5] 그 외에 어떤 피조물이라도 우리의 기도의 대상이 될 수 없다.

(1) 기도의 대상이신 아버지 하나님(Pray to God, 마 6:9)

〈웨스트민스터 대교리문답〉 179 문답

하나님만이 마음을 감찰하시고, 우리의 요구를 들으시며, 죄를 용서하시고, 모든 사람의 소원을 이루어 주실 수 있으며, 그만이 신앙과 종교적 예배의 대상이 되실 수 있으므로, 예배의 특별한 부분인 기도는 모든 사람이 그에게만 올려야 하고, 그 한 분 외에 아무에게도 기도해서는 안됩니다.

(2) 기도의 근거이신 성자 하나님(Through the Lord Jesus Christ, 요 14:13)

〈웨스트민스터 대교리문답〉 180 문답

그리스도의 이름으로 기도하는 것은 그의 명령에 순종하고, 그의 약속들을 신뢰함으로 그의 공로로 긍휼을 간구하는 것인데, 그의 이름을 단순히 말함으로 되는 것이 아니라, 그리스도와 그의 중보로부터 우리가 기도할 용기를 얻고, 또한 기도에서 우리의 담대함과 힘, 그리고 수납되리라는 소망을 얻음으로 하는 것입니다.

〈웨스트민스터 대교리문답〉 181 문답

사람의 죄악상과 이로 인하여 하나님과 사람 사이에 생긴 거리가 심히 크므로 중보자 없이는 하나님 앞에 접근할 수 없으며, 그리스도 한 분밖에는 그 영광스러운 사역에 임명받았거나 그것에 적합한 자가 하늘이나 땅에 없으므로 우리는 다른 이름으로는 할 수 없으며, 오직 그의 이름으로만 기도할 수 있습니다.

(3) 기도의 원동력이신 성령 하나님(In the Holy Spirit, 롬 8:26)

〈웨스트민스터 대교리문답〉 182 문답

우리가 마땅히 기도할 것을 알지 못하므로 성령께서 우리의 연약함을 도우셔서 누구를 위하여 무엇을, 어떻게 기도할 것을 우리로 하여금 깨닫게 하시며, 또한 그 의무를 바르게 이행하는 데 필수적인 이해와 열정과 은혜를 우리 마음 가운데 일으키시고 소생시킴으로써 (비록 모든 사람에게나 어느 때이든지 다 같은 분량으로 하는 것은 아닐지라도) 우리를 도와주십니다.

3. 기도의 목적은 무엇인가?

우리가 기도해야만 하는 이유가 무엇인가? 그리고 우리는 구체적으로 무엇을 위해서 기도하는가? 성경이 가르치는 바, 우리가 기도하는 목적들에 대하여 다음과 같이 정리해 볼 수 있다.

① 하나님께서 베풀어 주신 은혜에 감사하고 영광을 돌려 드리기 위해서이다.
② 하나님께서 주시는 무한한 은혜를 덧입기 위해서이다.
③ 하나님의 깊으시고 선한 뜻을 깨달아 알기 위해서이다.
④ 하나님의 놀라우신 계획과 뜻하심이 이 땅에서도 이루어지도록 구하는 것이다.
⑤ 우리의 죄를 깨닫고 회개함으로 죄 용서함을 받기 위해서이다.
⑥ 하나님의 말씀에 순종하며, 성령의 인도하심을 받는 삶을 살아가기 위해서이다.
⑦ 하나님께서 주시는 새로운 힘과 능력을 덧입기 위해서이다.
⑧ 우리의 고난과 어려움에서 구원받기 위해서이다.
⑨ 우리의 질병과 고통에서 치유받기 위해서이다.
⑩ 다른 사람을 위하여 하나님께 간구하기 위해서이다.

4. 기도의 필요성 – 우리는 왜 기도해야 하는가?

하나님께서는 우리의 모든 형편과 필요를 아시고 계신다. 그러나 그럼에도 불구하고 우리가 기도해야 하는 이유는 그 모든 필요를 우리가 분명하게 인식해야 하며, 또한 그 모든 것을 허락하시고 주시는 이가 하나님이심을 깨닫고, 오직 하나님만 의지해야 할 필요가 있기 때문이다.[6] 따라서 하나님께서는 우리에게 언제든지 "구하라"(마 7:7)고 하시며, "쉬지 말고 기도하라"(살전 5:17)고 하셨다.[7] 즉, 하나님께서는 우리가 필요로 하는 모든 것을 은혜로 넘치도록 주시되, 오직 기도의 방법을 통하여 그렇게 하신다.[8] 그러므로 기도 자체가 하나님께서 그의 자녀들에게 주신 은혜의 특권임과 동시에 놀라운 은혜의 방편인 것이다.

- **마 6:7-8** : 또 기도할 때에 이방인과 같이 중언부언하지 말라 그들은 말을 많이 하여야 들으실 줄 생각하느니라 그러므로 그들을 본받지 말라 구하기 전에 너희에게 있어야 할 것을 하나님 너희 아버지께서 아시느니라
- **약 4:2-3** : 너희가 얻지 못함은 구하지 아니하기 때문이요 구하여도 받지 못함은 정욕으로 쓰려고 잘못 구하기 때문이라
- **약 1:5-6** : 너희 중에 누구든지 지혜가 부족하거든 모든 사람에게 후히 주시고 꾸짖지 아니하시는 하나님께 구하라 그리하면 주시리라 오직 믿음으로 구하고 조금도 의심하지 말라
- **마 7:7-8** : 구하라 그리하면 너희에게 주실 것이요 찾으라 그리하면 찾아낼 것이요 문을 두드리라 그리하면 너희에게 열릴 것이니 구하는 이마다 받을 것이요 찾는 이는 찾아낼 것이요 두드리는 이에게는 열릴 것이니라

5. 기도의 범위 – 누구를, 무엇을 위하여 기도해야 하는가?

(1) 하나님과 관련하여 드리는 기도(마 6:33)

① 하나님의 영광을 위하여 기도한다(마 6:9)

② 하나님의 뜻이 땅에서도 이루어지도록 기도한다(마 6:10)

③ 하나님의 거룩하고 크신 일이 이루어지도록 기도한다(합 3:2)

(2) 자신을 위하여 드리는 기도(마 6:11-13)

① 일용할 양식을 위하여 기도한다(마 6:11)

② 죄 용서함을 받기 위하여 기도한다(마 6:12)

③ 시험과 유혹에 빠지지 않기 위하여 기도한다(마 6:13; 눅 22:46)

④ 지혜를 얻기 위하여 기도한다(약 1:5)

⑤ 성령 충만함을 위하여 기도한다(엡 5:18)

⑥ 필요한 모든 것을 받아 하나님께 영광을 돌리기 위하여 기도한다(마 21:22)

(3) 타인을 위한 도고의 기도(창 27:27)

① 주의 종들과 말씀의 사역자들을 위하여 기도한다(엡 6:19)

② 성도들을 위하여 기도한다(엡 6:18)

③ 핍박자와 모욕자를 위하여 기도한다(마 5:44; 눅 6:28)

④ 국가 지도자를 위하여 기도한다(딤전 2:1, 2)

⑤ 민족과 동포를 위하여 기도한다(롬 9:3)

〈웨스트민스터 대교리문답〉 183 문답 : 우리는 누구를 위하여 기도할 것입니까?

우리는 지상에 있는 그리스도의 전체 교회를 위하여, 교역자들과 위정자들을 위하여, 우리 자신들과 우리 형제들뿐만 아니라 원수들을 위해서, 살아 있는 혹은 장차 살아 있을 모든 종류의 사람들을 위하여 기도할 것이지만, 죽은 자나 죽음에 이르는 죄를 범한 것으로 알려져 있는 사람들을 위하여 기도해서는 안 됩니다.

6. 기도의 형식과 종류

① 무언의 기도(삼상 1:13)

② 급하게 부르짖는 기도(눅 23:42)

③ 은밀하게 드리는 기도(마 6:6)

④ 금식하며 드리는 기도(마 6:16-18; 행 13:3)

⑤ 통곡하며 드리는 기도(스 10:1)

⑥ 개인적인 기도(고후 12:8)

⑦ 공중 기도(행 12:5)

⑧ 온 가족이 함께 드리는 기도(행 10:2)

⑨ 단체가 회집하여 드리는 기도(마 18:20; 행 20:36)

⑩ 국가와 민족적인 기도(삼상 7:5-6; 욘 3:5-6)

7. 기도의 자세와 태도

(1) 기도의 여러 가지 자세

① 앉아서 기도함(삼하 7:18)

② 머리를 숙이어 땅에 엎드려 기도함(출 34:8-90; 대하 29:29)

③ 무릎을 꿇고 기도함(왕상 8:54; 스 9:5-6; 눅 22:41-42; 행 9:40)

④ 손을 펴들고 기도함(왕상 8:22; 레 9:22; 눅 24:50; 요 11:41; 딤전 2:8)

⑤ 서서 기도함(합 2:1; 대하 20:9; 막 11:25)

⑥ 가슴을 두드리며 기도함(눅 18:13)

⑦ 벽을 마주 보고 기도함(왕하 20:2; 사 38:2)

⑧ 하늘을 우러러 보며 기도함(요 11:41)

⑨ 심한 통곡과 눈물로 기도함(히 5:7; 삼상 1:10)

(2) 기도에 임하는 태도

① 남에게 보이기 위한 외식하는 기도를 피해야 한다(마 6:5)

② 중언부언하는 기도를 하지 않아야 한다(마 6:7)

③ 먼저 구할 것과 나중 구할 것을 분별하여 기도해야 한다(마 6:33)

④ 확신하는 믿음으로 구하고 의심하지 않아야 한다(약 1:6-7; 막 11:24; 마 21:22)

⑤ 진실된 마음과 영으로 기도해야 한다(고전 14:15)

8. 기도의 구체적인 5가지 순서

① 가장 먼저 기도의 대상을 부른다

→ "하나님 아버지"

② 하나님의 은혜에 대해 감사와 찬양을 드린다

→ "은혜를 감사합니다"

③ 죄를 구체적으로 고백하고 회개하는 기도를 해야 한다

→ "나(우리)의 죄를 용서하여 주옵소서"

④ 바라고 원하는 것을 확신을 가지고 구체적으로 간구한다

→ "~ 을 이루어 주옵소서"

⑤ 마지막으로 반드시 "예수 그리스도의 이름으로 기도 드립니다. 아멘!"으로 마친다.

9. 기도의 다양한 유익들

① 하나님께 영광을 돌리게 한다(요 14:13)

② 하나님을 기쁘시게 한다(잠 15:8)

③ 하나님으로부터 세상이 줄 수 없는 참된 위로와 기쁨을 받게 된다(요 14:26)

④ 하나님의 뜻을 깨달아 알게 된다(욥 42:42)

⑤ 하나님께서 주시는 참된 샬롬의 축복, 평강을 얻게 된다(빌 4:6, 7)

⑥ 우리가 알지 못하는 큰 비밀을 보게 된다(렘 33:3)

⑦ 우리가 구하는 것을 얻게 된다(마 7:7)

⑧ 질병과 고통에서 고침을 받게 된다(약 5:17)

10. 기도의 올바른 방법

① 먼저 하나님의 나라와 그의 의를 위하여 기도해야 한다(마 6:33)

② 하나님께 찬양을 드리며 기도해야 한다(시 22:1-5)

③ 하나님의 말씀을 따라서 기도해야 한다(잠 28:9; 시 145:18-19)

④ 성령 안에서 그의 인도하심에 따라 기도해야 한다(엡 6:18; 고전 14:15)

⑤ 자신의 죄를 회개하고 기도해야 한다(요일 1:9)

⑥ 다른 사람의 잘못을 용서하고 기도해야 한다(마 6:14, 15)

⑦ 겸손한 자세로 기도해야 한다(요일 1:9)

⑧ 감사하며 기도해야 한다(골 4:2; 요 11:41)

⑨ 믿음으로 구하고 의심하지 말아야 한다(약 1:5-7)

⑩ 끝까지 참고 인내하며 쉬지 말고 기도해야 한다(마 7:7; 눅 18:1-8; 살전 5:17)

⑪ 우리의 정욕으로 쓰려고 잘못 구하지 않아야 한다(약 4:3)

⑫ 예수님의 이름으로 기도해야 한다(요 16:24)

〈웨스트민스터 대교리문답〉 185문답 : 우리는 어떻게 기도해야 합니까?
우리는 하나님에 대한 위엄에 대한 엄숙한 이해와 우리 자신의 무가치함과 필요한 것들과 죄에 대한 깊은 의식과 통회하며 감사하는 열띤 마음을 가지고 이해, 믿음, 성실, 사랑과 인내로써 하나님을 바라며, 그의 뜻에 겸손히 복종함으로 기도해야 할 것입니다.

11. 기도에 대한 여러 가지 응답

(1) 우리의 기도에 대한 하나님의 응답

성경은 우리가 기도하면 하나님께서 반드시 응답하신다고 약속하고 있다. 하나님께서는 우리의 기도를 들으시는 하나님이시다. 그러므로 하나님의 응답이 없는 기도란 있을 수 없다(cf. 요일 5:14-15; 렘 33:3; 마 7:11; 요 16:24).

- 마 21:22 : 너희가 기도할 때에 무엇이든지 믿고 구하는 것은 다 받으리라 하시니라
- 렘 29:11-13 : 여호와의 말씀이니라 너희를 향한 나의 생각을 내가 아노니 평안이요 재앙이 아니니라 … 너희가 내게 부르짖으며 내게 와서 기도하면 내가 너희들의 기도를 들을 것이요 너희가 온 마음으로 나를 구하면 나를 찾을 것이요 나를 만나리라

(2) 우리의 기도에 대한 하나님의 응답의 다양한 형태

① 긍정적으로 응답하심(God may answer 'Yes', 왕하 20:5; 막 10:51-52)

우리가 하나님께서 원하시는 방법에 따라 기도하면, 하나님께서는 우리의 기도를 들으시고 응답하신다. 그러나 하나님께서 보시기에 가장 좋은 때에, 가장 좋은 것으로, 그리고 가장 좋은 방법으로 응답하신다.

② 부정적으로 응답하심(God may answer 'No', 고후 12:8-9)

부정적인 응답이라 하더라도, 하나님께서 일방적으로 부정적인 응답을 하시는 경우는 없다. 만일 기도에 대한 하나님의 응답이 지체된다면, 여기에는 하나님의 더 깊고 선한 뜻이 담겨 있다고 보아야 한다. 어린아이가 울며 떼를 쓴다고 아이의 잘못된 요구를 다 들어주는 부모는 이 세상에 아무도 없다. 그러므로 만일 기도에 대한 응답이 없다고 느껴진다면, 먼저 우리의 기도에 어떤 잘못이 없는지 살펴야 하고, 우리의 기도가 바뀌어야 한다. 가장 좋은 기도는 "나의 원대로 마시옵고 아버지의 원대로 하옵소서"(마 26:39)라는 예수님의 기도의 모범을 따르는 것이다.

③ '좀 더 기다리라'고 응답하심(God may answer 'Wait', 시 37:7; 합 2:3)

대부분의 하나님의 무응답은 그냥 응답하시지 않는 것이 아니라, 더 기다리며 기도하라는 뜻으로 받아들여도 좋을 것이다. 하나님의 기다림의 응답은 하나님의 정한 때(하나님 보시기에 가장 적절한 때)를 기다리라는 것이요, 또한 그것을 통하여 우리의 인내와 믿음을 시험하시는 경우도 있다. 또한 우리를 겸손하게 하시고, 더 많은 기도를 요구하시는 경우도 있으며, 더 나아가 영적으로 연단시키는 목적도 있다.

④ '더 좋은 것'으로 바꾸어 주심으로 응답(God may answer by 'the Best One', 마 7:7-11)

하나님께서는 무한한 지혜를 가지시며, 모든 형편을 아시는 전지하신 하나님이시요, 또한 모든 것을 가능하게 하는 전능하신 하나님이시다. 그러므로 좋으시고 선하신 하나님께서는 우리가 혹 어떤 것을 잘 못 구하더라도 우리가 구한 것보다 더 좋은 것으로, 아니 가장 좋은 것으로 응답해 주신다.

⑤ '지금 바로 행하라'고 응답하심(God may answer 'Do and Work', 출 14:15-16; 17:6)

때때로 하나님께서 주권적이고 일방적인 역사보다는 우리의 행함 있는 순종을 통해 역사하시고 응답하시는 경우가 있다. 그러므로 보다 좋은 기도는 "주님께서 모든 것을 다 해 주옵소서"하는 것보다는 "주여, 저에게 힘과 지혜를 주시어 제가 주의 뜻을 행할 수 있게 하옵소서", 혹은 단순히 "어려움이 없게 하옵소서"보다는 "어려움을 이길 힘과 능력을 주옵소서"라고 기도하는 것이다.

(3) 하나님께서 우리의 기도에 응답을 주시는 여러 가지 방법

① 마음의 평강을 주심으로 응답하신다(빌 4:6-7).

② 성경의 말씀을 통하여 응답하신다(요 14:26).

③ 선포되는 설교를 통하여 응답하신다(살전 2:13).

④ 성도들과의 신실한 교제를 통한 조언이나 상담을 통하여 응답하신다 (살전 5:14).

⑤ 때로는 하나님의 음성이나 환상, 꿈 등을 통해 주신다(창 28:12).

⑥ 우리가 알 수 없는 놀라운 기사와 이적으로 응답하신다(행 16:25-26).

빌 4:6-7 : 아무 것도 염려하지 말고 다만 모든 일에 기도와 간구로 너희 구할 것을 감사함으로 하나님께 아뢰라 그리하면 모든 지각에 뛰어난 하나님의 평강이 그리스도 예수 안에서 너희 마음과 생각을 지키시리라

야베스가 이스라엘 하나님께 아뢰어 이르되

주께서 내게 복을 주시려거든

나의 지역을 넓히시고

주의 손으로 나를 도우사

나로 환난을 벗어나 내게 근심이 없게 하옵소서 하였더니

하나님이 그가 구하는 것을

허락하셨더라

(대상 4:10)

주(註) |

16과

1) 일반적으로 개혁주의 신학에서 성령론이 약화되어 있다고 비판하나 꼭 그렇지는 않다. 그러한 비판은 주로 은사주의적 성령론에 치우친 오순절 계통에서 나온 것이며, 실제로 워필드(B. B. Warfield)는 종교개혁자 칼빈을 평가하기를 "그 어떤 이름보다도 성령의 신학자라는 위대한 이름이 칼빈에게 합당하다"라고 했다. 김재성, 『성령의 신학자 존 칼빈』 (서울: 생명의말씀사, 2004), 25. 이와 같이 워필드는 칼빈을 위대한 '성령의 신학자'(the theologian of the Holy Spirit)라고 불렀고, 그로 말미암아 전체 교회사를 통해 처음으로 성령론이 제 위치를 찾게 되었다고 평가했다. Benjamin B. Warfield, "John Calvin the Theologian" in *Calvin and Augustine* (Philadelphia: Presbyterian and Reformed Publishing Co., 1956), 487. 뿐만 아니라, 워필드는 말하기를, "어거스틴으로부터 죄와 은총의 교리, 안셀무스로부터 만족설, 그리고 마틴 루터로부터 이신칭의 교리가 온 것처럼, 성령의 사역에 관한 교리는 칼빈에 의해 주어진 교회에 대한 선물이라고 말해야 한다. 구원의 전체적인 경험을 특별히 성령의 사역과 관련해서 처음으로 자세하게 상술한 사람이 바로 칼빈이었다"고 한다(Ibid., 485). 개혁주의 입장에서 쓰여진 성령론에 관한 저작들로는 다음을 참조하라. John Owen, *The Holy Spirit: His Gift and Power* (Grand Rapids: Kregel Publications, 1954); Abraham Kuyper, *The Work of the Holy Spirit*, trans. Henri De Vries (Grand Rapids: Eerdmans, 1956), 김해연 역, 『성령의 사역』 (서울: 성지출판사, 1998); Edwin H. Palmer, *The Person and Ministry of the Holy Spirit: The Traditional Calvinistic Perspective* (Grand Rapids: Baker Book House, 1974), 최낙재 역, 『감동적인 성경적 성령론』 (서울: 개혁주의신행협회, 2006); J. I. Packer, *Keep in Step with the Holy Spirit* (Old Tappan, N.J.: Fleming H. Revell Co., 1984); Richard B. Gaffin, Jr., 『성

령의 은사론』, 권성수 역 (서울: 기독교문서선교회, 1983); Sinclair B. Ferguson, *The Holy Spirit* (Downers Grove, IL: InterVarsity Press, 1996), 김재성 역, 『성령』 (서울: IVP, 1999), etc.

2) 이 부분은 이 책의 "제4과, 성경의 하나님 – 삼위일체 하나님"에 대한 전체적인 논의를 참조하라.

3) 성령 하나님에 대한 다양한 호칭들과 표현들에 대하여는 Ray Pritchard, *Names of the Holy Spirit* (Chicago: Moody Press, 1995)를 참조하라.

4) 성령 하나님의 하시는 일에 대한 보다 상세한 논의와 설명은 다음의 저작들을 참조하라. Rene Pache, *The Person and Work of the Holy Spirit* (Chicago: Moody Press, 1954); Edward H. Bickersteth, *The Holy Spirit: His Person and Work* (Grand Rapid: Kregel Publications, 1959); Alasdair I. C. Heron, *The Holy Spirit* (Philadelphia: Westminster Press, 1983); Donald T. Williams, *The Person and Work of the Holy Spirit* (Nashville, TN: Broadman & Holman Publishers, 1994), etc.

5) 성령의 은사와 열매와의 관계와 관련하여 데메리스트는 다음과 같이 말하고 있다. "성령의 은사와 열매는 다 어느 시대든 교회의 성도들에게 필요하다. 모든 그리스도인은 성령의 은사(*charismata*, 고전 12:29-30)를 다 가질 수는 없지만 성령의 열매(*karpos*, 마 7:17) 만큼은 맺어야 한다. 그 까닭은 성령의 은사는 섬김과 관련된 것인 반면, 성령의 열매는 그리스도인의 성품과 관련된 것이기 때문이다. 그리스도인의 삶의 질은 섬기는 일에 기초가 된다. 경건한 그리스도인의 성품과는 동떨어진 성령의 은사는 쓸모없거나 심지어 해롭기까지 하다." Bruce Demarest, *The Cross and Salvation* (Wheaton, IL: Crossway Books, 1997), 이용중 역, 『십자가와 구원』 (서울: 부흥과개혁사, 2006), 635. 나아가 우리는 갈 5:22에 나타난 아홉 가지 성령의 열매들을 다음과 같이 분류

할 수 있다. (1) 첫 번째 세 가지는 그리스도인의 가장 기본적인 덕목을 말하며, 근본적인 기질에 관계한다 – 사랑 / 희락 / 화평; (2) 두 번째 세 가지는 타인과의 관계에 연관하여 나타나야 할 덕목들이다 – 오래 참음 / 자비 / 양선; (3) 마지막 세 가지는 자기 자신에게 관련된 덕목들이다 – 충성 / 온유 / 절제. Cf. ibid., 635f.

6) 성경적인 구원의 개념과 구원론에 대한 보다 상세한 논의와 관련하여 다음의 저작들을 참조하라. Antony A. Hoekema, *Saved by Grace* (Grand Rapids: Eerdmans, 1989), 류호준 역, 『개혁주의 구원론』(서울: 기독교문서선교회, 1991); John Murray, *Redemption Accomplished and Applied* (Grand Rapids: Eerdmans, 1955), 하문호 역, 『구속론』(서울: 성광문화사, 1989); Bruce Demarest, *The Cross and Salvation* (Wheaton, IL: Crossway Books, 1997), 이용중 역, 『십자가와 구원』(서울: 부흥과개혁사, 2006); Richard B. Gaffin, Jr., *By Faith, Not by Sight: Paul and the Order of Salvation* (Bucks, UK: Paternoster, 2006), 유태화 역, 『구원이란 무엇인가』(서울: 크리스챤, 2007); 김세윤, 『구원이란 무엇인가』(서울: 두란노, 2001), etc.

7) 구원에 있어 인간의 협력적인 요소가 있기는 하지만, 언제나 그 주동적인 주체는 삼위일체 하나님이시다. 구원에 있어 삼위일체 사역에 대하여 성경은 "[먼저] 성부를 구원의 궁극적인 원천이요, 계획자요, 창시자로 묘사한다. … 둘째로, 성자 그리스도께서는 당신의 순종의 삶과 속죄의 죽음을 통해 온전한 구속을 이루셨다. … 마지막으로, 성령께서는 그리스도께서 믿는 자들에게 주신 구속을 적용하고, 효력 있게 하며, 보존하신다." Demarest, 『십자가와 구원』, 63f.

8) 이 부분의 전체적인 논의와 관련해서는 김은수, "칼빈 구원론의 중심과 본질: 그리스도와의 연합과 이중은혜," 「칼빈 500주년 기념학술대회 발표논문집」제4권 (2009.06.), 1-14를 보라. 이 '그리스도와의 연합'(*unio cum Christo*)이라

는 중요한 주제는 칼빈 신학에 있어 삼위일체론, 인간론, 기독론, 성령론, 구원론, 교회론, 성례론, 영성론 등 아주 다양한 분야를 상호 긴밀하게 통합하여 파악할 수 있게 한다. 이러한 '그리스도와 연합'이 가지는 풍성한 의미에 대하여는 다음의 저작들을 참조하라. Dennis E. Tamburello, *Union with Christ: John Calvin and the Mysticism of St. Bernard* (Louisville: Westminster John Knox Press, 1994); Lewis B. Smedes, *Union with Christ: A Biblical View of the New Life in Jesus Christ* (Grand Rapids: Eerdmans, 1970), 오광만 역, 『바울의 그리스도와의 연합 사상』(서울: 여수룬, 1999); 김재성, 『성령의 신학자 존 칼빈』(서울: 생명의말씀사, 2004); 원종천, 『존 칼빈의 신학과 경건』(서울: 대한기독교서회, 2008), Berkhof, 『조직신학』, 694-701; Hoekema, 『개혁주의 구원론』, 91-113; Demarest, 『십자가와 구원』, 467-512, etc.

9) 이러한 '그리스도와 연합'이 가지는 속성은 "(1) 상상적인 것이 아니라 사실적이며, 단지 우발적이 아니라 매우 의도적인 것이며, 고유한 방식으로 실체적이다. (2) 전인적인 그리스도인이 전인적인 그리스도와 연합되며, 육체와 영혼이 그리스도의 양성, 즉 인성과 신성에 연합됨에 따라 전체적이다. (3) 불가해하고 영원하다. (4) 물론 그리스도는 머리로, 그리스도인들은 지체로 구성되며, 그리스도와 그리스도인 안에 있는 한 성령의 역사로 이루어지기 때문에 영적이다. 그리고 (5) 자연적인 육체가 아니라 신비적인 육체와 관련된다는 면에서 신비적이다." Heppe, 『개혁파 정통교의학』, 728.

10) 데머리스트는 성도들이 그리스도와 연합됨으로써 주어지는 여러 가지 영적인 결과들을 다음과 같이 말하고 있다: (1) 그리스도인들은 그리스도와 함께 십자가에 못박혀 죽었다(롬 6:6; 갈 2:20; 골 3:3). (2) 신자들은 그리스도와 함께 장사된 것으로 간주된다(롬 6:4; 골 2:12). (3) 뿐만 아니라 신자들은 그리스도의 함께 영적인 죽음에서 영원한 영적 생명으로 살아났다(엡 2:4-5; 골

2:13; 롬 6:23; 딤후 2:11). (4) 신자들은 그리스도의 부활에 동참하여 함께 부활한다(골 2:12; 골 3:1; 엡 2:6). (5) 마지막으로 신자들이 그리스도와 함께 영화롭게 될 것인데(골 3:4; 골 1:27), 이러한 영화는 장래에 있을 육체의 부활, 천국에서의 영원한 생명의 향유, 그리고 그리스도의 천상의 통치에의 참여 등을 의미한다. 나아가 그리스도와의 연합에 따르는 유익들은 무수히 많은데, 그리스도 안에서 율법의 멍에로부터의 자유(갈 2:4), 그리스도 안에서의 위로와 격려(빌 2:1), 그리스도 안에서의 평안 내지 내적 평정(14:27; 빌 4:7), 그리스도 안에서 지혜로워짐(고전 4:10), 그리스도 안에서 기뻐함(빌 4:4, 10), 그리스도 안에서 영적으로 풍요로워짐(고전 1:5), 그리스도 안에서의 영적 승리(고후 2:14), 그리스도 안에서 소망을 얻음(고전 15:19; 엡 1:12), 그리스도 안에서 안전함을 누림(롬 16:20) 등이 있다. Demarest, 『십자가와 구원』, 498-501.

11) 구원의 서정(*Ordo Salutis*)에 대하여 벌코프는 말하기를, "구원의 순서(*ordo salutis*)란, 그리스도 안에서 행해진 구원의 사역이 죄인들의 심령과 삶에 주관적으로 실현되는 과정을 서술하는 용어다. 구원의 순서는 구속사역의 적용에 있어서 성령의 다양한 활동들을 논리적인 순서로 또한 이들을 상호 연관하에 서술하는 것을 목적으로 한다. 구원의 순서에 있어서는 인간이 하나님의 은혜를 획득하는데 있어서 무엇을 하는가가 아니라 하나님께서 이를 적용하는데 있어서 무엇을 행하시는가에 강조점이 있다"고 한다. Berkhof, 『조직신학』, 660. 구원의 서정에 대한 보다 상세한 논의는 Hoekema, 『개혁주의 구원론』, 22-48; Demarest, 『십자가와 구원』, 53-63; Gaffin, 『구원이란 무엇인가 – 바울과 구원의 서정』을 참조하라.

17과

1) 벌코프는 이러한 부르심(소명)의 주체와 관련하여 다음과 같이 의미있는 진술을 하고 있다: "부르심은 삼위일체 하나님의 사역이다. 이는 우선 아버지의 사역이다(고전 1:9; 살전 2:12; 벧전 5:10). 하지만 아버지는 아들을 통해 모든 일을 행하신다. 그러므로 이 부르심은 또한 아들에게 속하기도 한다(마 11:28; 눅 5:32; 요 7:37; 롬 1:6). 그리고 그리스도는 말씀과 성령으로 부르신다(마 20:20; 요 15:26; 행 5:31, 32)." Berkhof, 『조직신학』, 705f.

2) "외적인 부르심은 죄인에게 죄의 용서와 영원한 생명을 얻기 위하여 그리스도를 신앙으로 받아들일 것을 간절하게 권면하며, 그리스도 안에 있는 구원을 제시하고 제공하는 것이다." Berkhof, 『조직신학』, 708.

3) 그러나 언제나 "하나님은 복음을 듣고도 회개치 않는 자들의 죽는 것을 기뻐하지(chahets) 않으시며 오히려 회개하고 그에게 돌아와 구원받기를 기뻐하신다. 이것이 복음의 부르심을 듣는 모든 사람을 향한 하나님의 나타난 뜻이며 구약 선지자들이 호소했던 회개에의 부르심이기도 하다." Hoekema, 『개혁주의 구원론』, 124. 그러므로 "비유효적 소명[의 책임]은 유기자의 것이다. 그것이 비유효적이라고 부르는 것은 본질적(*per se*)이 아니라 우연적(*per accidens*)이며, 부르는 하나님이 아니라 듣지 못하는 마음을 가진 사람의 측면에서 그러하다. 마치 태양이 그 빛 자체로는 유효하지만 결코 소경에게 비추일 수 없는 것처럼, 소명 자체는 항상 유효하지만 멸망하는 자들에게는 그러하지 않다." Heppe, 『개혁파 정통교의학』, 735.

4) 데머리스트의 설명에 따르면, "효력 있는 내적 부르심이라는 말은 선포된 말씀을 통해 전달되는 하나님의 능력의 역사를 뜻한다. 이를 통해 성령께서는 어두어진 지성을 조명하시고, 완악한 의지를 부드럽게 하시며, 살아 계신 하나님에 대한 적대적인 마음을 누그러뜨리시고, 그럼으로써 거듭나지 않은 자를 그리

스도께 인도하여 구원에 이르게 하신다." Demarest, 『십자가와 구원』, 330.

5) "이와 같이 선택받은 자의 소명에 있어 인간의 선포는 본질적으로 성령의 내적 효력과 결합된다. 말씀을 인간의 심령에 기록하는 성령의 역사가 없이는, 하나님의 말씀 자체가 죄인을 죽이고 새롭게 범죄하도록 유도하는 공허한 문자에 불과하다. … 인간이 설교하는 말씀과 성령이 마음판에 새기는 말씀은 동일하다. 엄격하게 말해서, 소명은 하나이지만 그 동인과 매체는 둘이다: 외적으로 설교하는 인간은 도구적이며, 그것을 마음 판에 새기는 성령이 주동적이다." Heppe, 『개혁파 정통교의학』, 736-37.

6) "개혁주의 신학자들은 종종 복음의 부르심과 효력있는 부르심을 한 부르심의 두 가지 측면 혹은 양면이라고 말하였다. 일반적으로 하나님께서는 말씀이 전파되고 가르쳐지고 있는 곳에 효력적으로 부르신다. 그때에 성령의 능력적인 사역은 설교자나 교사가 선포한 말씀을 성령 자신에게 연합시킨다. 그 다음엔 성령께서 어떻게 일하시는가? (1) 사람의 마음을 열어 말씀에 응답하게 하시고(행 16:14), (2) 마음을 밝히사 복음의 메시지를 이해하게 하시고(고전 2:12-13; 참고 고후 4:6), (3) 영적 생명을 부여하시어 사람으로 하여금 믿음 안에서 하나님께로 향하여 가게 하신다(엡 2:5)." Hoekema, 『개혁주의 구원론』, 149.

7) 중생과 관련하여 후크마는 "소명의 직접적인 결과는 중생이다: '중생은 신의 초물리적인 행위로서, 이 과정을 통하여 영적으로 죽어있던 피택자에게 새로운 신적 생명이 주입되며, 성령의 초월적 능력으로 생기를 받고 하나님의 말씀의 부패하지 않는 씨앗으로부터 태어난다.' 다시 말하자면, "중생은 선택받은 죄인에게 일어나는 하나님의 역사로서, 그리스도를 통하여 구속되고 실제로 칭의되고 소명되는데, 이를 통하여 그로부터 하나님을 향하여 살도록 그들을 본질상(realiter) 부패에서 새로운 생명으로 변화시킨다.'" Heppe, 『개혁파 정통교의학』, 737. 후크마는 성경에서 가르치며 중생의 여러 가지 의미들을 다음

과 같이 정리하고 있다. "성경은 세 가지 서로 다른 의미에서 중생을 말하고 있다. 그러나 서로 연관을 갖고 있음을 잊어서는 안된다: (1) 중생이란 새로운 영적 생명의 시작을 의미하는데 이것은 성령에 의해 우리 안에 심기워지며 우리로 하여금 회개하고 믿음에 이르도록 하는 의미에서의 중생이다(요 3:3, 5); (2) 심겨진 새 생명이 처음으로 나타날 때를 가리며 중생이라 하기도 한다(약 1:18; 벧전 1:23); (3) 하나님의 창조세계가 최종적인 완성의 상태에 이르는 것을 중생이라 하기도 한다(마 19:28)"고 말하고 있다. Hoekema, 『개혁주의 구원론』, 156. 그러나 구원론에서 다룰 문제는 좁은 의미의 중생개념인 앞의 두 가지를 말한다.

8) 후크마는 이점과 관련하여 말하기를, "중생에 관한 성경의 가르침으로부터 우리는 구원론에 있어서의 하나님의 전적 주권을 배운다: 우리가 구원얻는 것은 처음부터 하나님의 일이다. 그러므로 그에게 모든 찬양을 드리자!"라고 한다. 이러한 이유로 해서 "중생은 일방적이지 상호협력적인 사역이 아니다. 하나님과 인간이 함께 협력하여 이루어 나가는 일이 아니라 전적으로 하나님 혼자만의 사역이다. 인간의 타락한 자연상태, 유효적인 부르심, 사람을 거듭나게 하시는 하나님의 방법 등을 고찰해보면 한 가지 사실이 분명해 진다: 우리를 거듭나게 하는 은혜는 참으로 거절할 수 없는 불가항력적 은혜(irresistible grace)라는 사실이다." Hoekema, 『개혁주의 구원론』, 169, 173f. 참고로, '칼빈주의 5대 교리'는 다음과 같다: (1) 전적부패(Total Depravity), (2) 무조건적 선택(Unconditional Election), (3) 제한속죄(Limited Atonement), (4) 불가항력적 은혜(Irresistible Grace), 그리고 (5) 성도의 견인(Perseverance of the Saint). 이러한 5가지의 영문자를 따서 TULIP(튤립)이라 한다.

18과

1) 후크마는 회심(Conversion, 돌이킴)에 대하여 다음과 같이 설명하고 있다. "돌이킴이란 거듭난 사람이 의식적인 행동을 통하여 회개와 믿음 안에서 하나님께로 돌아가는 것이라 정의할 수 있다. 돌이킴은 두 가지 돌아섬을 의미한다: 하나는 죄로부터의 돌아섬이며 또 다른 하나는 하나님을 향한 섬김에로의 돌아섬이다. 폭넓은 의미에서 돌이킴은 다음과 같은 요소들을 포함한다: (1) 마음이 조명을 받아 죄가 하나님을 불쾌하게 하는 행동이라는 참된 의미를 알게 되고; (2) 죄의 쓰라린 결과들에 대해 유감 정도로 그치는 것이 아니라 진정으로 죄에 대해 슬퍼하는 것이며; (3) 하나님께 대하여 그리고 우리의 죄로 인하여 상처를 입은 다른 사람들에 대하여 죄를 겸허하게 고백하는 것이며; (4) 죄를 증오하되 죄로부터 피하기 위하여 온갖 노력을 아끼지 않는 행위이며; (5) 하나님께서만 우리의 죄들을 용서하실 수 있다는 믿음 안에서, 그리스도 안에 계신 우리의 은혜로우신 아버지께 돌아가는 것이며; (6) 그리스도를 통하여 하나님 안에서 전심을 다하여 즐거워하는 것이며; (7) 하나님과 다른 사람들을 진정으로 사랑하며 하나님을 섬기는 일에 즐거움을 삼는 것을 말한다."
Hoekema,『개혁주의 구원론』, 187.

2) 이러한 사실에 대하여 머레이(Jonh Murray)는 다음과 같이 잘 설명하고 있다: "신앙과 회개는 어느 것이 먼저인가 하는 문제가 논란이 되어왔다. 그러나 이들 사이에 선후를 따진다는 것은 불필요한 일이다. 여기에는 선후가 없다. 구원적 신앙은 회개해야 하는 신앙이며, 생명으로 인도하는 회개는 신앙적 회개이다. … 신앙과 회개가 서로 의존하고 있는 사실은 신앙이 죄로부터 구원에로 향한 그리스도 안에 있는 신앙이라는 점을 생각하면 쉽게 알 수 있다. 그런데 신앙이 죄로부터 구원으로 향하게 하는 것이라면 거기에는 반드시 죄를 미워함과 그 죄로부터 구원받기를 갈망하는 마음이 있을 것이다. 이러한 죄에 대한

증오는 바로 죄에서부터 하나님께로 돌이킴을 본질로 하는 회개이외에 다른 것이 아니다. 또한 회개는 죄로부터 하나님께로 돌이키는 것이라고 할 때 하나님께로 돌이키는 그 행위는 그리스도 안에서 나타난 하나님의 자비하심을 믿는 신앙을 포함하게 된다. 그러므로 신앙과 회개는 분리시킬 수 없다." Murray, 『구속론』, 149. 이러한 측면을 데머리스트도 다음과 같이 강조하고 있다: "회심은 구별되지만 분리할 수 없는 두 측면을 가진 하나의 행위이다. 회개, 즉 죄를 버리고 새 소망을 북돋는 일과 믿음, 즉 확신과 신뢰로 그리스도께로 돌이키는 일은 동전의 양면처럼 서로 연관되어 있다. 이 둘은 상대편이 없이는 불완전해지는 상호의존적 반응이다. 그러므로 회심은 믿음 있는 회개와 회개하는 믿음 둘 다를 포괄한다. 참된 회개는 믿음을 요구하며, 충만한 믿음은 회개의 영을 요구한다." Demarest, 『십자가와 구원』, 397.

3) 그러므로 회심(돌이킴)은 "하나님의 일임과 동시에 사람의 일이기도 하다. [먼저] 하나님께서 우리를 돌이키셔야 한다. 그러나 우리도 그 분에게로 돌이켜야 한다: 이 두 가지가 진리이다. 우리는 역설의 어느 한 면도 버려서는 안된다. 그러므로 설교자는 부지런히 그리고 열정적으로 그의 청중들에게 돌이키라고 외쳐야 한다. 동시에 하나님께서 그들로 하여금 돌이키도록 하실 것을 믿으면서 그렇게 해야 한다. 돌이킴이 일어날 때에, 복음전파자와 그의 청중들은 하나님께 모든 영광과 찬양을 돌려야 할 것이다." Hoekema, 『개혁주의 구원론』, 190.

4) Cf. Berkhof, 『조직신학』, 743-45; Demarest, 『십자가와 구원』, 386-94; Hoekema, 『개혁주의 구원론』, 220-28.

5) 후크마는 믿음을 다음과 같이 정의한다: "구원하는 신앙이란 하나님의 부르심에 대한 반응으로서 전 인격 즉 구원에 있어서 복음의 진리에 대한 확신과 그리스도 안에서 하나님에 대한 신뢰, 그리고 그리스도와 그 분의 섬김에 대한

참된 서약으로 그리스도를 받아들임이라고 정의할 수 있을 것이다." Hoekema, 『개혁주의 구원론』, 231f.

6) 벌코프 이러한 믿음의 세 가지 요소를 '지식'(notitia), '동의'(assensus), 그리고 '신뢰'(fiducia)라고 한다. 머레이는 이것을 '지식'(Knowledge), '확신'(Conviction), 그리고 '신뢰'(Trust)라고 한다. Murray, 『구속론』, 145-49. 후크마는 이것을 다시 '지식'(Knowledge), '찬동'(Assent), 그리고 '신뢰'(Trust)라고 표현한다. Hoekema, 『개혁주의 구원론』, 232-36. 그러나 각각의 정의들은 서로 다른 것을 말하는 것이 아니라 동일한 개념들이다.

7) Cf. Berkhof, 『조직신학』, 729-32; Demarest, 『십자가와 구원』, 376-86; Hoekema, 『개혁주의 구원론』, 204-10.

8) 후크마는 정의하기를, "회개란 중생한 사람이 온전한 삶의 변화를 통해서 새로운 사고와 감정과 의지를 반영하면서 죄로부터 돌아서서 하나님을 향하는 의식적인 돌아섬"이라 한다. Hoekema, 『개혁주의 구원론』, 210. 이것은 다음과 같은 몇 가지 사실들을 함축하고 있다. (1) 그리스도인의 삶의 시초에 있는 첫 회개와 그 뒤에 평생에 걸쳐 계속되는 회개 사이에 구별이 필요하다. 즉, 전격적인 삶의 전환으로서의 돌이킴과 계속되는 실족함과 자범죄로부터의 돌이킴이 그것이다. 그러므로 그리스도인의 삶의 전체는 회개의 삶이다. (2) 그러한 평생에 걸친 회개와 성화가 근본적으로 다르지 않다는 점이다. (3) 회개는 우리 자신에 의하여 완전하게 이루어 질수 없고 오직 하나님의 은혜의 선물이다. cf. ibid., 217.

9) 마틴 루터(Martin Luther)가 1517년 10월 31일 만성절에 비텐베르크(Wittenberg) 교회 문에 써붙임으로서 종교개혁을 촉발시키는 계기가 되었던 그의 유명한 '95개조 항의문' 가운데 첫 번째 항목은 다음과 같이 시작한다: "1. 우리 주 예수 그리스도께서 'Poenitentiam agite'(회개하라, 마 4:17)라고

말씀하셨을 때 그는 신자의 전 생애가 회개이어야 한다는 의지를 표명하셨다 [When our Lord and Master Jesus Christ said, 'Repent' (Matt 4:17), he willed the entire life of believers to be one of repentance]." Kurt Aland, *Martin Luther's 95 Theses: With the Pertinent Documents from the History of the Reformation* (Saint Louis: Condordia Publishing House, 1967), 50. 칼빈 또한 전 생애에 걸친 회개의 지속성을 강조하며, 그러한 과정은 오직 하나님 앞에 설 때에 끝이 난다고 하였다. Cf. Calvin, 『기독교 강요』, III. iii. 9, 20.

10) Cf. Berkhof, 『조직신학』, 735f; Demarest, 『십자가와 구원』, 382. 성경에서 참된 회개의 모습은 다윗이 밧세바와 범죄한 뒤에 지은 시편 51편의 참회시에 잘 나타나 있다: "(1) 다윗은 죄에 대한 자각을 표현한다(1-3절). 다윗은 선지자 나단의 책망이 양심을 신문했을 때 자기의 죄를 직시했다. (2) 다윗은 절절한 죄의 고백을 올린다(4-5절). 그는 여호와 앞에 그가 범한 특정한 죄(3-4절)만이 아니라 자신의 타고난 죄악된 본성(5절)까지 인정했다. (3) 다윗은 참된 참회의 태도를 '상한 심령', '상하고 통회하는 마음' 이라는 표현에 담아 보여 준다(17절). (4) 그는 죄사함을 위한 기도를 올리며(7-9절), 하나님께 자신을 '정결' 케 하고 '씻겨' 주셔서 자신의 모든 죄악을 '도말' 해 달라고 간구한다. (5) 다윗은 깊은 내적 소생의 체험을 구한다(10-12절). 그래서 그는 이렇게 기도했다. '하나님이여 내 속에 정한 마음을 창조하시고 내 안에 정직한 영을 새롭게 하소서' (10절). 동사 바라(bara, 창조하다)는 마음의 근본적인 변화가 하나님이 하시는 일임을 암시한다(참조, 겔 11:19; 36:26). 마지막으로 (6) 다윗은 죄와 그 결과로부터의 구원에서 비롯된 기쁨을 체험한다(12절)." Demarest, 『십자가와 구원』, 381. 신앙인 다윗의 위대한 점은 이와 같이 비록 죄로 인해 실패하고 넘어졌지만, 그기에 주저앉아 완전히 무너지지 아니하고 하나님 앞에서 자기의 비참한 죄를 인정하고 철저하고도 참된 회개를 통하여

믿음으로 다시 일어났다는 사실이라 할 것이다.

19과

1) "오직 믿음으로 말미암아 의롭다하심을 받는다"는 '이신칭의'(Justification by faith alone) 교리는 구원에 대한 성경의 핵심적인 가르침일 뿐만 아니라 종교개혁의 위대한 재발견이며, 그 무엇과도 타협하지 않고 우리가 언제나 확고하게 붙들어야 할 영원한 진리이다. 그러므로 칼빈은 칭의를 "구원의 전 교리의 원리이자 모든 신앙의 기초"라고 했으며, "개혁주의 개신교는 이신칭의의 교리를 복음의 성패가 절대적으로 달려있는 기독교 신앙의 중요한 금과옥조로 간주한다." Demarest, 『십자가와 구원』, 514, 535. 헤페도 이점을 강조하여 말하기를, "복음적인 구원교리 전체가 구속교리의 핵심인 칭의교리에 의해 좌우된다. … 신학에서 칭의라는 주제는 대개 우선적이며 우리에게 가장 구원적이다. 만일 그것이 불분명하거나 변질되거나 왜곡된다면, 다른 부분에서 교리적 순수성의 유지나 진정한 교회의 존재가 불가능해진다." Heppe, 『개혁파 정통교의학』, 772. 이러한 칭의론에 대한 보다 상세한 논의는 다음의 저작들을 참고하라. John Owen, *Justification by Faith* (Grand Rapids: Sovereign Grace Publishers, 1971); James Buchanan, *The Doctrine of Justification* (Pennsylvania: Banner of Truth Trust, 1997), 신호섭 역, 『칭의 교리의 진수』 (서울: 지평서원, 2002); Charles Hodge, *Justification by Faith Alone* (Hobbs, NM: The Trinity Foundation, 1995); Edward Boehl, *The Reformed Doctrine of Justification* (Grand Rapids: Eerdmans, 1946); John MacArthur, et al., *Justification by Faith Alone* (Morgan, PA: Soli Deo Gloria, 1995); Alister McGrath, *Iustitia Dei: A History of the Christian Doctrine of*

Justification, 3rd ed. (Cambridge: Cambridge University Press, 2005), 한성진 역, 『하나님의 칭의론: 기독교 교리 칭의론의 역사』 (서울: CLC, 2008); J. V. Fesko, Justification: Understanding the Classic Reformed Doctrine (Phillipsburg: P&R Publishing, 2008), etc.

2) 벌코프는 칭의를 다음과 같이 정의하고 설명한다: "칭의는 예수 그리스도의 의를 기초로 율법의 모든 요구가 충족되었다고 죄인에 대해 선언하시는 법적인 행위이다. 칭의가 구속 사역의 적용에 있어서 특이한 점은 칭의는 하나님의 법적인 행동 즉 죄인에 대한 선언이지, 중생이나 회심과 같은 갱신 행위나 과정이 아니라는 점이다. 칭의는 죄인과 관련되지만 내면적 삶은 변화시키지 않는다. 칭의는 그의 조건보다는 신분에 영향을 주며, 그러한 점에서 구원의 순서의 다른 모든 부분들과 구별된다. 칭의는 죄의 용서와, 하나님의 호의의 회복을 포함한다." Berkhof, 『조직신학』, 765.

3) "칭의는 은혜로우면서도 법적인 하나님의 행위이다. 이로써 하나님은 믿는 죄인들을 의롭다고 선언하시는데 그것은 그리스도의 의에 근거해서 그렇게 하시는 것이다. 곧 그리스도의 의가 그들의 것으로 양도되고, 그들의 모든 죄를 다 용서하시며 그들을 자기의 자녀로 입적시키고, 또한 그들에게 영생을 누릴 권리를 주는 것이기 때문이다." Hoekema, 『개혁주의 구원론』, 282.

4) Cf. Hoekema, 『개혁주의 구원론』, 313. 우리가 의롭다 함을 받는 유일한 근거는 오직 예수 그리스도의 공로이며, 그의 완전한 의에 기초한 것이다. 이와 같이 칭의의 근거가 되는 그리스도의 완전한 의는 "첫째로 그리스도의 고결한 삶이다. 주 예수께서는 하나님의 뜻을 완벽하게 성취하심으로써 성부의 의로우시고 거룩하신 요구를 만족시키셨다(마 3:15). … 두 번째로, 칭의의 성경적 근거는 십자가 위에서의 그리스도의 순종적인 죽음이다. 고후 5:21에서 바울은 죄인에 대한 의의 전가를 갈보리 위에서의 그리스도의 대속적 희생과 연결시

컸다." Demarest, 『십자가와 구원』, 548f.

5) 데머리스트는 "칭의의 근거 내지 기초는 그리스도의 고결한 삶과 순종적인 죽음인 반면, 의를 소유하는 수단은 성령께서 주시는 믿음이다"라고 말한다. Demarest, 『십자가와 구원』, 553. Cf. Hoekema, 『개혁주의 구원론』, 285.

6) 칭의의 시기에 대한 여러 가지 논의에 대하여는 Berkhof, 『조직신학』, 769-75를 참조하라.

7) Cf. Hoekema, 『개혁주의 구원론』, 310f. 제임스 패커(James Paker)는 믿음은 "그리스도를 영접함으로 의를 받아들이기 위해 앞으로 내민 빈손이다"라고 표현한다 (Ibid., 311에서 재인용). 머레이는 말하기를, "성경은 우리가 의롭게 되는 것은 믿음에 의해서(by faith), 또는 믿음을 통하여(through faith), 또는 믿음에 근거하여(upon faith)라고만 말하지, 믿음 까닭에(on account of failth), 또는 믿음 때문에(because of faith)라고는 결코 말하지 않는다." Murray, 『구속론』, 165f. 이것은 성경이 우리의 믿음을 결코 칭의를 위한 공로적인 근거로 말하지 않는다는 사실을 분명하게 말하는 것이다. 이러한 믿음과 칭의와의 관계에 대한 논의는 Berkhof, 『조직신학』, 772-75; Demarest, 『십자가와 구원』, 553-55를 보라.

8) "칭의의 결과는 입양이다. 그것은 신자의 지고한 위엄으로서, 그로 인해 그들이 그리스도 덕분에 하나님의 가족에 받아들여져 그 가족의 일원이 되며, 한마디로 천상의 유업에 참여자가 된다. 이 은혜스러운 신분의 증표와 보증은 양자의 영이라고 불리는 성령이다." Heppe, 『개혁파 정통교의학』, 784. 참고로, 데머리스트는 칭의의 결과들을 다음과 같이 열거하고 있다: (1) 하나님의 의롭다 하심은 죄사함으로부터 시작해서 여러 중요한 영적 결과들을 가져온다. (2) 모든 죄가 용서 되었으므로 정죄의 판결은 무효화되었다. (3) 영생의 선물이 주어진다. (4) 하나님과 회개한 죄인 사이에 적대적인 관계가 중단되므로 영적

화평이 주어진다. (5) 칭의는 신분상의 성화로 귀결된다. (6) 법적으로 하나님의 자녀로 입양되는 것이다. Demarest, 『십자가와 구원』, 556-59.

9) 이 모든 것은 칭의의 적극적인 면이며, 그 결과라고 할 수도 있다. 후크마의 설명에 따르면, "칭의는 소극적인 면과 적극적인 면을 다 가지고 있다. 소극적인 면에서 칭의는 우리의 죄에 대한 용서를 의미한다. 적극적인 면에서는 우리가 하나님의 자녀로 입적되는 것과 우리가 영원한 생명을 누리는 권리를 받게 된다는 것을 포함한다." Hoekema, 『개혁주의 구원론』, 290, 또한 292-310을 보라. 이러한 논의는 우리에게 전가되는 '그리스도의 의'의 두 가지 측면을 구분함에 의한 것이다. 즉, 예수 그리스도의 순종은 그의 '수동적 순종'(passive obedience, suffering obedience - 십자가의 고난과 죽음)과 '능동적 순종'(active obedience, law-keeping obedience - 율법에의 완전한 순종)으로 구분할 수 있다. 이러한 구분에 근거하여, "우리는 그리스도께서 그의 고난받는 순종을 통하여 우리의 죄들에 대한 형벌을 대신 받으셨으며 우리를 대신하여 저주를 받으셨다고 말할 수 있다(갈 3:13; 롬 3:24-26; 5:8-10과 비교해 보라). 그렇게 해서 그는 우리를 위하여 죄들을 용서 받을 수 있는 공로를 이루셨다. 또한 그리스도께서 자기의 율법준수의 순종을 통하여 우리를 대신하여 율법을 완전하게 지키심으로 우리를 위하여 하나님의 자녀로 입적되는 권리와 영생을 누릴 권리를 획득하셨다. 그러나 우리가 결코 잊어서는 안되는 것은 고난을 감당하는 것과 율법을 준수하는 것은 하나의 순종행위의 두 국면들이라는 사실이다." Ibid., 298.

10) 우리가 양자됨으로 인하여 다음과 같은 결과들이 주어진다: "(1) 우리는 이제 '하나님의 자녀'라는 새 이름과 새 정체성을 갖게 되었다(요일 3:1). 또 우리는 입양된 자녀로서 (2) 성령의 친밀한 내주하심을 경험한다(갈 4:6; 참조 롬 8:14). 하나님의 가족으로의 입양은 (3) 우리가 그의 특별한 사랑의 대상임을

보증한다(요일 4:9-11). 신자들은 사랑받는 자녀로서 (4) 하늘 아버지에게서 특별한 보살핌과 공급하심을 받는다(눅 11:11-13). 우리는 하나님의 일원으로서 (5) 아버지의 존전에 담대히 나갈 수 있는 권리와 특권을 갖는다(히 4:14-16; 참조 2:10-13). 이런 새로운 양자의 지위는 (6) 육신의 아버지가 자기 자식에게 하듯 하나님이 사랑으로 신자들을 징계하시고 연단하심을 뜻한다(히 12:7-8). 마지막으로, 하나님과 한 가족이 된다는 것은 (7) 우리가 아버지의 영원한 나라와 영광의 상속자가 된다는 것을 뜻한다(롬 8:17)."
Demarest, 『십자가와 구원』, 560.

11) Cf. Murray, 『구속론』, 178-85.

20과

1) 우리는 구원의 이해에 있어 칭의와 성화를 혼동하거나 또는 서로 분리시켜 어느 한쪽만을 강조하는 오류를 피해야만 한다. 칼빈에 의하면 칭의와 성화는 어떤 시간적인 연대기적 순서나, 인과적인 관계, 혹은 목적론적인 관계에 있지 아니하다. 즉, 칭의가 성화에 시간적으로 앞서는 것도 아니며, 또한 칭의가 성화의 원인도 아닐뿐더러, 성화가 칭의의 결과적 산물이거나 목적도 아니다. 칼빈에게 있어 칭의와 성화는 신자들이 성령으로 말미암아 그리스도에게 접붙여짐(연합)의 결과로서 신자들에게 서로 '동시적'(simul)으로 주어지는 이중은혜(duplex gratia)이며, 또한 '서로 구별되지만 나누일 수 없는'(distinctio sed non separatio) 그리스도의 은덕들(beneficia Christi)이다. 칼빈은 그와 같은 칭의와 성화의 동시성(simultaneity)과 불가분리적인 관계성(inseparable relationship)을 다음과 같은 명제로 아주 분명하고도 명쾌하게 요약하고 있다: "그러므로 그리스도께서는 반드시 동시에 성화시키지 않는 사람은 그 누구도

칭의시키지 않는다(*nullum ergo Christus iustificat quem non simul sanctificat*). 이 은혜들은 영원히 풀 수 없는 유대관계에 의해 서로 결합되어져 있기 때문에, 그리스도께서는 그의 지혜로 조명하신 사람들을 구속하시며, 구속하신 자들을 의롭다 하시며, 의롭다 하신 자들을 또한 거룩하게 하신다. 그러나 여기에서는 [칭]의와 성화가 문제가 되어 있으므로, 이것에 대하여 자세히 말하고자 한다. 비록 우리는 이 두 가지를 구별하지만, 그리스도께서는 자신 안에 이 둘을 분리할 수 없도록 포함하고 있다. 그리스도 안에서 의를 얻기를 원하는가? 그렇다면 먼저 그리스도를 소유해야 한다. 그러나 그의 성화에 참여함이 없이 그리스도를 소유할 수는 없다. 왜냐하면 그는 조각조각 나누일 수 없기 때문이다(고전 1:13). 그러므로 주님께서 우리에게 이 은혜들을 주시며 우리가 이 은혜들을 누리게 하시는 방법은 오직 그가 자신을 우리에게 주시는 것뿐이므로, 그는 두 가지를 동시에(*simul*) 함께 주시며, 하나가 없이는 결코 다른 하나도 주시지 않는다. 그러므로 우리가 행위로 의롭다함을 받는 것도 아니며, 또한 행위없이 의롭다 함을 받는 것도 아니라는 사실이 분명하다. 왜냐하면 우리는 그리스도에게 참여함으로써 의롭다함을 받으며, 그것은 [칭]의에 못지않게 성화를 포함하기 때문이다." Clavin, 『기독교 강요』, III. xvi. 1 (강조 첨가). 칼빈의 칭의와 성화의 관계에 대한 보다 상세한 논의와 관련해서는 김은수, "칼빈 구원론의 중심과 본질: 그리스도와의 연합과 이중은혜," 1-14를 보라.

2) 벌코프는 칭의와 성화의 차이점을 다음과 같이 설명하고 있다: "(1) 칭의는 죄책을 제거하고, 영원한 기업을 포함해서 하나님의 자녀로서의 신분에 내포된 모든 권리를 죄인에게 회복시킨다. 성화는 죄의 부패를 제거하며, 죄인을 하나님의 형상으로 점진적으로 새롭게 한다. (2) 칭의는 하나님의 법정에서 죄인의 외부에서 일어나며 하나님의 판결이 주관적으로 적용되지만, 내적인 생활을

변화시키지는 않는다. 반면 성화는 인간의 내면적 삶에서 일어나고, 점차 전존 재에 영향을 미친다. (3) 칭의는 한번 일어난다. 칭의는 반복할 수 없으며, 과정일 수도 없다. 이는 단번에 완성된다. 칭의에는 정도 차이란 존재할 수 없다. 인간은 완전히 칭의되든지 전혀 칭의받지 못한다. 이와는 대조적으로 성화는 지속적 과정이며, 현세에서는 완성될 수 없다. (4) 양자는 모두 그리스도의 공로를 공로적 요인으로 가지지만, 그 동인(動因)에 있어서는 다르다. 이를 간단히 말한다면, 성부 하나님은 죄인을 의롭다고 선언하시며, 성령 하나님은 그를 성화시킨다." Berkhof, 『조직신학』, 765f. Cf. Demarest, 『십자가와 구원』, 598.

3) 벌코프는 성화를 정의하기를, "성화는 칭의받은 죄인을 죄의 부패로부터 해방하고 그의 본성 전체를 하나님의 형상으로 갱신하며 그가 선행을 할 수 있게 하는 성령의 자비롭고 지속적인 사역"이라고 한다. Berkhof, 『조직신학』, 784. 또한 후크마는 성화를 다음과 같이 정의하고 있다: "우리는 우리의 책임있는 참여를 포함하여 하나님의 형상에 따라서 죄의 오염으로부터 우리를 건지시며, 우리의 본성 전체를 새롭게 하시어서 우리가 주님을 즐겁게 하는 삶을 영위할 수 있도록 하시는 성령의 은혜로운 역사를 성화라고 한다." Hoekema, 『개혁주의 구원론』, 315f.

4) Cf. Demarest, 『십자가와 구원』, 573.

5) 성화에는 두 가지 측면이 있는데, 즉 "옛 사람(죄의 지배를 받는 인간 본성)을 죽이는 것과 새사람(성령으로 인해 새로워진 인간 본성)을 소생시키는 것이다." Demarest, 『십자가와 구원』, 603f. Cf. Berkhof, 『조직신학』, 785. 또한 성화의 즉각성과 점진성에 대한 논의는 Hoekema, 『개혁주의 구원론』, 333-43을 참조하라. 참고로, 데머리스트는 성화의 즉각적인 측면과 점진적인 측면을 '신분적(객관적) 성화' 와 '점진적(주관적) 성화' 로 구분하고 있다. 전자는 "신자가

하나님의 소유로 따로 구별되고 그리스도의 칭의의 역사 안에서 믿음으로 거룩하다고 선언된 상태"를 뜻하며, 후자는 "의롭다 함을 받은 성도가 영적인 성숙으로 나아가는 것을" 의미한다고 한다. Demarest, 『십자가와 구원』, 606f. 칼빈은 성화의 항구적이며 점진적인 성격에 대하여 다음과 같이 말하고 있다. "내가 복음적 완전에 도달하지 못한 사람은 그리스도인으로 인정하지 않겠다고 할 정도로 복음적 완전을 엄격하게 요구하는 것은 아니다. 그렇지 않다면 완전에서 멀지 않은 사람은 한 사람도 없기 때문에 모두 교회에서 몰아내야 할 것이다. … 신자의 대부분은 심히 약하다. 그들은 비틀거리며 절름거리며 심지어 기어갈 뿐, 그 움직이는 속도가 아주 느리다. 그러므로 우리는 각각 자기의 미미한 능력의 한도에 따라서 전진할 생각으로 우리가 시작한 여행을 떠나도록 하자. 비록 짧은 거리일지라도 매일 앞으로 나가지 않는다면 그런 출발은 상서롭지 못할 것이다. 그러므로 우리는 주의 길에서 다소라도 부단히 전진하도록 우리의 노력을 중단치 말아야 한다. 우리의 성공이 사소한 때에도 낙심하지 말라. 원하는 데까지 미치치 못하더라도 어제보다 오늘이 나으면 무익한 노력이 아니다. 우리는 다만 진실하고 단순한 마음으로 우리의 목표를 바라보면서 앞으로 나아갈 뿐이다. … 종점을 향해서 계속 분투 노력하라." Calvin, 『기독교 강요』, III. vi. 5.

6) Cf. Hoekema, 『개혁주의 구원론』, 327-33.

7) 그렇다면 성화에 있어 하나님의 사역과 인간의 노력은 과연 어떤 관계에 있는가? 머레이의 설명에 의하면, "우리 안에 이루시는 하나님의 역사는 우리가 일하기 때문에 정지되는 것이 아니고, 반면 우리의 활동이 하나님의 역사 때문에 중단되는 것도 아니다. 이 관계는 하나님은 그의 편에서 일하시고, 우리는 또 우리의 일을 하면서 소정의 결과를 이루어내는 상호협조의 관계도 아니다. [오히려 그것은] 하나님은 우리 안에서 일하시고 우리는 또한 그 안에서 일하는

관계이다. 그러나 그 관계는 하나님이 일하시기 때문에 우리가 일하는 관계이다. 우리 편에서 구원에 관하여 하게 되는 모든 일은 우리 안에서 하나님이 일하시는 결과이며, … 또 한편으로는 하나님 자신이 우리 안에서 구원을 이루신다. 우리가 일하는데 능동적일 수록 우리는 더욱 하나님의 일하게 하시는 모든 은혜와 능력을 힘입게 될 것이다." Murray, 『구속론』, 196f. 이러한 설명은 구원사역에 있어 우리의 노력을 소외키지 않으면서도 하나님의 주동적 역할을 강조하여 잘 설명하고 있다. 따라서 "우리는 성화란 성도의 노력을 포함한 하나님의 초자연적인 역사라고 말할 수 있을 것이다. 우리가 거룩해지려고 노력하면 할수록 우리는 더욱 우리에게 노력할 수 있게끔 해주는 강력한 능력이 하나님의 능력임을 확신하게 될 것이다." Hoekema, 『개혁주의 구원론』, 333. Cf. Berkhof, 『조직신학』, 784-86.

8) 참고로, 벌코프는 성화의 수단과 관련하여 (1) 하나님의 말씀, (2) 성례, 그리고 (3) 하나님의 섭리적 인도하심을 들고 있다. Cf. Berkhof, 『조직신학』, 787f.

9) 이점과 관련하여 데머리스트는 "성화는 이 땅에서 완전히 끝나지 않는 하나의 과정이기 때문에 그리스도의 형상을 완벽하게 닮는다는 목표는 재림과 부활 때 가서야 비로소 이루어 질것이다"라고 말한다. Demarest, 『십자가와 구원』, 611. 칼빈의 다음과 같은 언명도 성화의 이러한 측면을 잘 설명하고 있다. "우리는 그리스도의 은혜로 얻은 중생에 의해서 아담 때문에 잃었던 하나님의 의를 회복하게 된다. 이와 같이 주께서는 생명의 기업을 받도록 양자로 삼으신 모든 사람을 완전히 회복시키기를 기뻐하신다. 그리고 이 회복은 한 순간이나 하루나 한 해에 이루어지는 것이 아니고 한 평생이 필요하다. 하나님께서는 계속적으로, 어떤 때에는 느린 걸음으로, 선택 받은 사람들 속에서 육의 부패를 씻어버리며, 그들의 죄책을 깨끗이 없애며, 그들을 성전으로 주께 바치게 하신다. 그리고 그들의 온 마음을 새롭게 하여 진정한 순결에 이르게 하시며, 그들

이 평생을 통하여 회개를 실천하며 이 싸움은 죽음이 와야만 끝난다는 것을 알게 하신다." Calvin, 『기독교 강요』, III. iii. 9. 이러한 성화에 대한 칼빈과 개혁파의 견해는 소위 '제2축복에 의한 성화론'이나 '완전성화론'을 부정하는 것이다. 이에 대한 상세한 논의는 Demarest, 『십자가와 구원』, 612-26; Hoekema, 『개혁주의 구원론』, 353-71을 참조하라.

21과

1) '구원의 확신'에 대한 교리는 개혁주의 신앙에 있어 아주 중요하다. 이에 대하여는 Berkhof, 『조직신학』, 758-61; Hoekema, 『개혁주의 구원론』, 240-48을 보라. 더불어 개혁주의 신학에서 이 교리에 대한 상세한 분석으로는 Joel R. Beeke, *Assurance of Faith: Calvin, English Puritanism, and the Duch Second Reformation* (New York: Peter Lang, 1994)을 참조하라.

2) John Bunyan, *The Pilgrim's Progress*, 유성덕 역, 『천로역정』 (고양: 크리스챤다이제스트, 2003).

3) 후크마는 말하기를, "메이첸(J. Gresham Machen)은 '우리의 구원은 우리의 믿음의 강도에 좌우되지 않는다'고 말했다. 이것이 진정 사실이지 않는가? 우리의 믿음의 연약함이나 우리가 무가치하다고 한 생각 모두 구원의 확신을 흔들 수는 없다. 그 확신의 배경은 우리에게 있는 것이 아니라, 오직 그리스도 안에서와 우리를 위한 그의 구원 사역 안에서 온전히 발견된다"고 한다. Hoekema, 『개혁주의 구원론』, 248.

4) 머레이는 구원의 확신과 관련하여 다음과 같이 말하고 있다. "신자가 확신하기를 요구받는 것은 오직 하나님만이 하시는 것, 즉 궁극적인 원천으로서의 택하심과 구원의 실제적 적용이 시작되는 부르심이다. 한마디로 말하면, 하나님의

결정적인 행위에 주의가 집중되고 있다. 그러므로 확신의 교리가 주권적 선택, 효력 있는 은혜, 제한된 속죄 또는 효과 있는 구속, 효과적 부르심의 불개변성, 은혜의 선물의 불변성을 하나님이 결정하신다는 사고를 바탕으로 하는 신학에서 나타났다는 것은 놀라운 일이 아니다." John Murray, 『조직신학』, 박문재 역 (고양: 크리스챤다이제스트, 2008), 279. 또한 머레이는 신자가 구원과 영생에 대하여 확신을 가지는 근거로서, (1) 구원의 본질에 대한 지적 이해(벧후 1:2, 3, 5-6, 8; 3:18), (2) 하나님의 은사와 부르심의 불변성에 대한 인식(롬 11:29), (3) 하나님의 계명들에 대한 순종(요일 2:3), (4) 스스로 살핌(고후 13:5), (5) 그리고 '친히 우리 영으로 더불어 우리가 하나님의 자녀인 것을 증거하시는' 성령의 내적 증거(롬 8:15-16; 갈 4:6)를 들고 있다. Murray, 『조직신학』, 281-85. Cf. Reymond, 『최신 조직신학』, 1005.

5) 〈웨스트민스터 신앙고백서〉 제18장 1항: "위선자나 그 밖에 중생하지 못한 사람들은 자신들이 하나님의 은총과 구원의 상태에 있는 줄로 알고서 거짓된 소망과 육적인 억측으로 헛되게 자기 자신을 속일 수 있으나, 그들이 가지고 있는 소망은 사라질 것이다. 그러나 주 예수를 참으로 믿고, 신실한 마음으로 그를 사랑하며, 그 앞에서 모든 선한 양심을 따라서 힘서 행하는 그러한 사람들은 이 세상에서 그들이 은혜의 상태에 있다는 것을 확신할 수 있으며, 하나님의 영광의 소망 중에서 즐거워할 수가 있다. 이 소망은 결코 그들을 부끄럽게 하지 않을 것이다."

6) 〈웨스트민스터 신앙고백서〉 제18장 2항: "이 확실성은 허황된 소망에 근거한, 단순한 억측에 지나지 않는 그럴듯한 확신이 아니라, 신앙에서 나오는 무오(無誤)한 확신이다. 이 확신은 구원의 약속들의 신적 진리와, 이같은 약속들을 하게 된 그 은혜들에 대한 내적 확증과 우리가 하나님의 자녀인 것을 우리의 영으로 더불어 증거하는 성령의 증거 등에 기초하고 있다. 이 영은 우리의 기업

에 대한 보증이며, 이 영으로 말미암아 구속의 날까지 우리가 인(印)치심을 받았다."

7) 〈웨스트민스터 신앙고백서〉 제18장 3항: "절대로 틀림없는 이 확신은 믿음의 본질에 속한 것이 아니라, 참 신자가 오랫동안 기다리고 많은 난관들에 부딪히고 난 연후에야 그 확신을 갖게 되는 것이다. 그렇지만 하나님께로부터 그에게 값없이 주어진 것들을 그가 성령을 통하여 알 수 있기 때문에, 색다른 특별한 계시 없이도, 통상적인 방편들을 올바르게 사용함으로써 그 확신에 도달할 수가 있다. 그러므로 모든 신자에게는 자기의 부르심과 택하심을 확실하게 하기 위하여 열심을 다할 의무가 있는 것이다. 그렇게 함으로 해서 그의 마음은 성령 안에서 화평과 희락으로 넘치고, 하나님께 대한 사랑과 감사로 넘치며, 또한 복종하는 일에 있어서는 힘있고 유쾌하게 된다. 이같은 것들은 확신에서 오는 당연한 열매들이다. 그러므로 이 확신을 갖게 되면 사람들은 결코 방탕한 생활을 할 수가 없는 것이다."

8) 〈웨스트민스터 신앙고백서〉 제17장 1-2항은 성도의 견인 교리에 대하여 다음과 같이 가르치고 있다: "하나님께서 자기의 사랑하는 독생자 안에서 용납해 주시고, 그의 성령으로써 효과적으로 부르시고 또한 거룩하게 하신 자들은 은혜의 상태에서 전적으로 또는 최종적으로 타락될 리 없으며, 그들은 마지막 날까지 그 상태에 꾸준히 인내하여 머물러 있게 되며, 또한 영원히 구원 받을 것이다. 성도들의 이 견인은 그들 자신의 자유 의지에 달려 있는 것이 아니다. 하나님 아버지의 자유롭고 변치 않는 사랑에서 나오는 선택의 작정의 불변성과 예수 그리스도의 공로와 중보의 효력과, 성령의 내주하심과, 그들 안에 있는 하나님의 씨로 말미암은 것이요 은혜 언약의 본질에 달려 있는 것이다. 이와 같은 모든 것에서 또한 견인의 확실성과 무오성이 나오는 것이다."

9) 벌코프는 견인교리의 근거로 다음과 같은 사항들을 열거하고 있다: (1) 하나님

의 선택, (2) 하나님의 영원한 구속 언약, (3) 그리스도의 공로와 중보기도의 효력, (4) 그리스도와의 신비적 연합, (5) 신자 안에 내주하시는 성령의 사역, 그리고 (6) 성도들이 가지는 구원의 확신이 바로 그것이다. Cf. Berkhof, 『조직신학』, 800f.

10) 모든 참된 신자들에게 있어 구원의 확실성은 궁극적으로 다음과 같은 사실에 근거해 있다: "구원을 위한 하나님의 영원한 계획(요 6:39-40), 하나님의 은혜와 불변성과 능력과 신실하심의 완전성(벧전 1:5; 벧후 1:3), 당신의 백성을 끝까지 지키시겠다는 하나님의 약속(요 6:37; 10:28-29; 고전 1:8; 빌 1:6), 주님의 백성을 위한 그리스도의 기도(요 17:9, 11, 15; 롬 8:34; 히 7:25), 이 모두는 참된 신자의 견인을 보증한다. 성도의 최종적인 운명은 자기 자신이 아니라 하나님께 달려있다." Demarest, 『십자가와 구원』, 653.

11) "성경은 낙망의 두려움과 우리가 범한 죄로 인해 받을 수 있는 영원한 거부에 반대하여 신앙이 끝까지 자유롭고 안전하게 유지된다는 네 개의 움직이지 않는 기둥을 제공한다: (1) 첫째 기둥은 그리스도 예수의 가장 거룩한 희생이 가지는 효력과 권능이다. (2) 둘째 기둥은 모든 신자를 위한 예수 그리스도의 중보가 가지는 지속적 능력이다. (3) 셋째 기둥은 하나님의 보좌 우편에서 행사하는 그리스도 예수의 전능한 능력과 통치로서, 그가 죄와 사망과 마귀와 지옥에 대해 강력하게 통치하시기 때문에 결코 자기 양이 약탈되도록 방관하지 않는다. (4) 넷째 부동의 기둥은 하나님의 영원한 사랑과 은혜로운 선택으로서, 그가 창세전부터 그리스도 안에서 우리를 사랑하고 선택하였으며, 따라서 결코 영원한 그의 사랑과 은혜의 선택을 변경하지 않는다." Heppe, 『개혁파 정통교의학』, 828.

12) "견인의 선물은 하나님의 은택으로서, 이로써 그가 성령을 통하여 중생한 선택받은 자에게 그리스도의 구원적 은혜를 확인하며, 그 결과 그들은 끝까지

유지되고 이 은혜에서 결코 낙오될 수 없다." Heppe, 『개혁파 정통교의학』, 827.

13) 견인교리는 또한 우리 인간의 편에서 해야 할 역할을 배제하지 않으며, 우리는 끝까지 믿음을 지키고 인내하는 노력이 필요하다. 데머리스트는 그러한 것들을 다음과 같이 요약하고 있다: (1) 계속하여 믿음을 지켜야 한다(엡 6:16; 골 1:23; 벧후 1:5). (2) 그리스도의 가르침을 굳게 붙들고(요 8:31; 15:7; 살후 2:15; 요이 9) 그의 계명에 순종해야 한다(요 14:15, 21, 23). (3) 쉬지 말고 기도해야 한다(롬 12:12; 엡 6:18; 골 4:2; 살전 5:17; 히 4:16). (4) 삶의 거룩을 추구해야 한다(고후 7:1; 딤전 5:22; 딤후 2:19; 히 12:14; 요일 3:3). (5) 주의하고 깨어있어야 한다(눅 21:36; 벧전 5:8; 벧후 3:17). (6) 믿음을 견고하게 유지해야 한다(히 3:6; 4:14; 10:23; 벧전 5:9, 12). (7) 인내를 실천해야 한다(고전 16:13; 골 1:23; 계 2:25; 3:11; 13:10; 14:12). (8) 고난을 참아야 한다(롬 12:12; 히 10:32). (9) 죄와 싸워야 한다(엡 6:11-15; 히 12:4). (10) 마귀를 대적해야 한다(엡 4:27; 6:11; 약 4:7; 벧전 5:8-9). (11) 하늘의 푯대를 향해 부지런히 달음질해야 한다(빌 3:12-14). (12) 오직 '믿음의 주요 온전하게 하시는 이인' 예수 그리스도를 바라보며(히 12:2), 그에 대한 믿음의 신의를 지키기 위해 노력해야한다(계 14:12). Cf. Demarest, 『십자가와 구원』, 667f.

22과

1) 개혁주의 혹은 복음주의적 입장에서 쓰여진 종말론에 대한 저작들로는 다음의 것들을 참조하라. Berkhof, 『조직신학』, 925-1015; Reymond, 『최신 조직신학』, 1229-1367; Grudem, 『조직신학(하)』, 385-498; Erickson, 『복음주의 조직신학(하)』, 349-457; Herman Bavinck, *The Last Things: Hope for this*

World and the Next, trans. John Vriend (Grand Rapids: Baker Books, 1996); Anthony A. Hoekema, *The Bible and the Future* (Grand Rapids: Eerdmans, 1979), 유호준 역, 『개혁주의 종말론』 (서울: 기독교문서선교회, 1986); Heinrich Quistorp, *Calvin's Doctrine of the Last Things*, 이희숙 역, 『칼빈의 종말론』 (서울: 성광문화사, 1995); Andrew Kuyvenhoven, *The Day of Christ's Return: What the Bible Teaches, What You Need to Know* (Grand Rapids: CRC Publications, 1999), 심재승 역, 『쉽게 풀어 쓴 개혁주의 종말론』(서울: 이레서원, 2001); Millard J. Erickson, *Contemporary Options in Eschatology* (Grand Rapids: Baker Book House, 1977), 박양희 역, 『현대 종말론 연구』 (서울: 생명의말씀사, 1996); George Eldon Ladd, *The Last Things: An Eschatology for Laymen* (Grand Rapids: Eerdmans, 1978), 이승구 역, 『개혁주의 종말론 강의: 마지막에 될 일들』 (서울: 이레서원, 2000), etc.

2) 에릭슨은 말하기를, "육체적인 죽음은 육체로부터의 영혼의 분리이지만, 영적인 죽음은 인간이 하나님으로부터 분리되는 것이다. 영원한 죽음은 그러한 분리 상태의 완성이다"라고 한다. Erickson, 『복음주의 조직신학(하)』, 371.

3) Cf. Erickson, 『복음주의 조직신학(하)』, 372f.

4) Cf. Berkhof, 『조직신학』, 938.

5) 이하에서 제시되는 대부분의 내용은 김은수, "칼빈의 영혼불멸 교리와 개인종말론에 대한 소고,"『칼빈연구』제5집 (2008.1.), 191-233에서 발췌되었다.

6) 육체적 죽음에 대하여 벌코프는 다음과 같이 말하고 있다. "성경에서 말하는 육체의 죽음이란, 몸과 혼의 분리에 의한 육체적 생명의 종결이다. … 그러나 육체의 죽음은 결코 소멸이 아니다. 하나님께서는 당신의 피조물 중 어떤 것도 없애지 않으신다. 죽음은 존재의 중지가 아니라 생명과 자연과의 관계의 단절이다. 삶과 죽음은 존재와 비존재로서 대립되는 것이 아니라 단지 서로 다른

존재의 양태로서만 대립하는 것이다." Berkhof, 『조직신학』, 935f. 특별히 관계 속에서의 생명과 죽음에 대한 성경적인 이해를 시도한 것으로는 김은수, "개혁주의 생명신학의 신학적 기초에 대한 탐구 (II): 존재와 시간에 대한 새로운 성경적 이해," 『한국개혁신학』 제24권 (2008.10.), 120-63을 참조하라.

7) 인간의 육체적 죽음이후 예수 그리스도의 재림하심으로 인하여 육체가 다시 부활 할 때까지의 영혼의 사후존속 문제를 다루는 중간상태 교리에 대하여는 Berkhof, 『조직신학』, 948-64; Erickson, 『복음주의 조직신학(하)』, 376-88; Hoekema, 『개혁주의 종말론』, 129-51을 참조하라.

8) 후크마는 "중간상태란 죽음과 부활 사이의 기간 동안에 죽은 자들이 처해 있는 상태를 말한다"고 한다. Hoekema, 『개혁주의 종말론』, 129.

9) 에릭슨은 '중간상태'에 대한 성경적 근거를 다음과 같이 정리하여 제시하고 있다. "(1) 요아킴 예레미야스(Joachim Jeremias)는 신약 성경이 게헨나와 하데스를 구분하고 있다고 지적하였다. 하데스는 죽음과 부활 사이의 기간 동안에 불의한 자를 받지만, 게헨나는 마지막 심판에서 영구히 지정된 형벌의 장소이다. 게헨나의 고통은 영원하다(막 9:43, 48). 더욱이 사악한 영혼들은 하데스에서 몸 밖에 있지만, 게헨나에서는 부활시에 재연합되는 몸과 영혼이 영원한 불에 의해 소멸된다(막 9:43-48; 마 10:28). (2) 의롭게 죽은 자들은 하데스로 내려가지 않는다는 지시들이 존재한다(마 16:18-19; 행 2:31; cf. 시 16:10). (3) 오히려 의로운 자들이나, 혹은 적어도 그들의 영혼들은 낙원으로 받아들여진다(눅 16:19-31; 23:43). (4) 바울은 몸을 떠나는 것을 주와 함께 있는 것과 동일시하고 있다(고후 5:1-10; 빌 1:19-26)." Erickson, 『복음주의 조직신학(하)』, 386.

10) 구약성경에서 '스올'(음부)은 일반적으로 (1) 사자(死者)의 영역을 의미하며, 상징적으로 죽음의 상태를 가리킨다(창 37:35; 욥 17:13, 16; 시 16:10). (2)

때때로 무덤으로 번역되기도 한다(시 141:7). 구약의 '스올'은 70인역(LXX) 에서 헬라어 '하데스'로 번역되었다. (3) 신약에서 '하데스'(음부)는 죽은 자의 영역을 지칭하고 있다(마 11:23; 16:18; 행 2:27, 31; 계 20:13). (4) 또한 하데스가 단지 죽은 자들의 영역이 아니라 중간상태 속에서의 불경건한 자들이 당하는 고통의 상황과 형벌의 장소를 의미하기도 한다(눅 16:19-31). Cf. Hoekema, 『개혁주의 종말론』, 134-42.

11) Cf. Calvin, 『기독교 강요』, III. xxv. 6.
12) Cf. Ibid, III. v. 6.
13) Cf. Ibid, III. v. 10.

23과

1) 이미 예수 그리스도 안에서 '시작된 종말'과 '미래적 종말'에 대한 성경의 독특한 종말론적 이해에 대한 보다 상세한 논의는 다음의 저작들을 참조하라. Hoekema, 『개혁주의 종말론』, 11-107; Geerhardus Vos, *The Pauline Eschatology* (Grand Rapids: Erdmans, 1953), 이승구/오광만 역, 『바울의 종말론』, 『서울: 엠마오, 1989); G. R. Beasley-Murray, *Jesus and the Kingdom of God* (Grand Rapids: Eerdmans, 1986), 박문재 역, 『예수와 하나님 나라』 (서울: 크리스천다이제스트, 1991); Herman Ridderbos, *The Coming of the Kingdom*, trans. H. de Jongste (Philadelphia ; P&R Publishing, 1962), 오광만 역, 『하나님 나라』 (서울: 엠마오, 1988); Oscar Cullmann, *Salvation in History*, trans. Sidney G. Sowers (New York ; Harper & Row, 1967), 김광식 역, 『구원의 역사』 (서울: 대한기독교출판사, 1978), 그리고, *Christ and Time: The Primitive Christian Conception of Time and History*, trans. Floyd

V. Filson (Philadelphia: Westminster Press, 1950), 김근수 역,『그리스도와 시간』(서울: 나단, 1987); George Eldon Ladd,『하나님 나라』, 원광연 역 (고양: 크리스챤다이제스트, 1997; 이 책은 이전에 서로 독립되어 출판되었던 조지 래드의 세 가지 저작들, The Gospel of the Kingdom - '하나님 나라의 복음'; Crucial Questions about the Kingdom of God - '하나님 나라에 관한 중대한 질문들'; 그리고 The Presence of the Future - '미래의 현존'이 합본되어 번역 출간된 것이다), etc.

2) 이점과 관련하여 에릭슨은 말하기를, "재림에 대한 사실은 성경에서 매우 강하고 명백하게 주장되고 있지만, 시간은 그렇지 않다. 실제로, 성경은 예수가 재림할 정확한 때를 우리가 모르며 또한 확인할 수 없다는 사실을 분명히 한다. 비록 하나님께서는 명확한 때를 정하셨을지라도, 그 시간은 계시되지 않았다. 예수는 자기나 천사들이라도 그의 재림의 때를 알지 못하며, 제자들도 모를 것이라고 지적하였다(막 13:32-33, 35, 또한 마 24:36-44)." Erickson,『복음주의 조직신학(하)』, 391. 여기에서 우리가 한 가지 더 언급해야 할 것은, 어떤 자들이 "그러나 그 날과 그 때는 아무도 모르나니 하늘의 천사들도, 아들도 모르고 오직 아버지만 아시느니라"(마 24:36)라는 구절을 해석하면서, 우리가 비록 그 날과 시는 정확하게 알지 못하지만 달과 해(년도)는 알 수 있다고 말하는 것은 본문의 의미를 심히 왜곡시킨 억지에 불과하다. 예수께서 우리가 기대하지 않은 때에(마 24:44), 생각지 않은 때에(눅 12:40) 도둑과 같이 오신다고 강조하고 있다. 그러므로 "이 구절들이 강조하고자 하는 것은, 주님은 자신이 재림하실 때를 우리가 알지 못한다고 말씀하셨다는 사실이다. 주님은 생각지 않은 때에 오실 것이므로 우리는 항상 그의 재림에 대비하고 있어야 한다." Grudem,『조직신학(하)』, 389f.

3) 벌코프는 예수 그리스도의 재림(파루시아) 전에 있을 대사건들로서 다음과 같

은 것들을 들고 있다: (1) 이방인들의 부르심, (2) 이스라엘 전체의 회심, (3) 대배교와 대환난, (4) 적그리스도의 나타남, (5) 표적과 기사들. Berkhof, 『조직신학』, 969-76. 후크마는 이러한 특별한 징조들을 다음과 같이 세 그룹으로 묶어서 정리하고 있다: "1. 하나님의 은총을 증거하는 징조들 – (1) 모든 나라에 복음이 선포됨, (2) 이스라엘의 충만한 숫자의 구원; 2. 하나님께 반역하는 징조들 – (1) 환난, (2) 배도, (3) 적그리스도; 3. 하나님의 심판을 가리키는 징조들 – (1) 전쟁들, (2) 지진들, (3) 기근들"이 그것이다. Hoekema, 『개혁주의 종말론』, 191. 나아가 후크마는 이러한 징조들을 잘못 사용하는 경우들로 (1) 시대의 징조들을 전적으로 세상 끝 날만을 가리키는 것으로 생각하려는 것, (2) 그러한 징조들을 비정상적인, 극적인, 혹은 큰 재앙의 사건들로만 생각하려는 것, 그리고 (3) 그러한 징조들을 그리스도의 재림의 정확한 때를 계수하는 방법으로써 사용하려고 시도하는 것이라고 한다. 그러나 그러한 징조들을 바르게 보는 방법은 (1) 비록 우리가 일반적으로 시대의 징조들이 미래를 가리키는 것으로 생각하지만, 이런 징조들은 무엇보다도 먼저 하나님께서 과거에 행하셨던 것을 가리키는 경우가 많다. (2) 시대의 징조들이란 앞으로의 역사의 종말 특히 그리스도의 재림을 가리킨다. (3) 시대의 징조들은 역사 가운데서 하나님의 왕국과 악의 세력들 사이에 끝없는 대립을 나타내는 것이다. (4) 시대의 징조들은 결단을 촉구한다. (5) 시대의 징조들은 우리에게 계속적으로 깨어 경성할 것을 요구한다. Cf. Hoekema, 『개혁주의 종말론』, 180-90.

4) 이스라엘의 민족적인 회심과 관련하여 특별히 롬 11:26의 "온 이스라엘이 구원을 받으리라"는 구절의 해석과 관련하여 여러 가지 견해가 있다. 이 문제에 대한 논의는 Hoekema, 『개혁주의 종말론』, 194-206을 참조하라. 후크마 자신은 이것이 "유대인들 중 선택받은 자들의 전체 숫자가 인류 전(全) 역사를 통해서, 구원에 이르게 된다"는 해석을 취한다(p. 196).

5) '적그리스도'(Anti-Christ)의 의미에 대하여는 Berkhof,『조직신학』, 973-76; Hoekema,『개혁주의 종말론』, 215-26을 참조하라.

6) Cf. Berkhof,『조직신학』, 978-80; 참고로, 에릭슨은 재림의 특성을 (1) 인격성(Personal), (2) 육체성(Physical), (3) 가시성(Visible), (4) 불시성(Unexpected), (5) 승리와 영광(Triumphant and Glorious)으로 말하고 있다. Erickson,『복음주의 조직신학(하)』, 392-95.

7) 벌코프는 예수 그리스도의 재림의 목적을 다음과 같이 설명하고 있다: "예수 그리스도는 세상을 심판하고 그의 백성들의 구원을 완성시키기 위하여 재림하실 것이다. 생시간에 인간과 천사들이 그 앞에서 그들의 행위에 관한 기록에 의해 심판받을 것이다(마 24:30, 31; 25:31, 32). 재림은 악인에게는 무서운 심판으로, 그러나 성도에게는 영원한 영광의 복으로 임할 것이다(마 25:33-46). 그는 악인들에게는 영벌을 선고하시지만, 그의 백성들은 정식으로 자기 소유로 인정하시고, 그의 영원한 나라의 완전한 희락으로 인도하실 것이다. 이것은 예수 그리스도의 완성된 승리의 표지가 될 것이다." Berkhof,『조직신학』, 588f.

8) 죽은 자의 부활은 삼위일체 하나님의 사역이다. 벌코프는 말하기를, "어떤 때 성경은 하나님의 한 위를 특정하여 표현하지 않고, 단지 하나님께서 죽은 자를 일으키셨다고만 말한다(마 22:29; 고후 1:9). 그러나 보다 구체적으로 부활은 성자의 사역이라고 일컬어진다(요 5:21, 25, 28, 29; 6:38-40, 44, 54; 살전 4:16). 또한 간접적으로 역시 성령님의 사역으로도 지칭된다(롬 8:11)." Berkhof,『조직신학』, 997.

9) 부활체의 성질과 관련하여 "바울은 고전 15:42-44에서, 신자들의 장래의 몸은 썩지 않고(부패가 불가능함), 영광스러우며(천상의 광채로 빛남), 강하고(능력과 아마도 새로운 기능으로 충만), 신령할 것이라고(비물질적이거나 영체적

<etheral>인 것이 아니라 영에 합당한, 성령의 완벽한 도구가 됨) 우리에게 말하고 있다. … 신자들 안에서 발생하는 변화는 육체적인 동시에 영적이다." Berkhof, 『조직신학』, 580. 부활체의 본질이 무엇인지에 대한 성경적인 상세한 논의는 J. A. Schep, *The Nature of the Resurrection Body*, 김종태 역, 『부활체의 본질』(서울: 기독교문서선교회, 1991)을 참조하라.

10) 이 부분에 대한 상세한 논의는 Berkhof, 『조직신학』, 1012-15; Hoekema, 『개혁주의 종말론』, 340-84; Erickson, 『복음주의 조직신학(하)』, 434-52를 참조하라.

24과

1) '교회'(Church)는 다음과 같은 여러 가지 의미로 사용된다: (1) 회집 장소(Meeting place), (2) 한 지역의 신자들의 조직(Local Church), (3) 신자들의 보편적인 총체(Universal Church), (4) 하나의 특수한 교파(cf. Reformed Church), 혹은 (5) 어떤 특수한 지역이나 국가와 관계된 신자들의 조직(cf. the Church in Korea), etc. Cf. Robert L. Saucy, *The Church in God's Program* (Chicago: Moody Press, 1972), 11.

2) 구속사적인 측면에서 성경적인 교회 이해를 위해서는 다음의 저작들을 참조하라. Paul D. Hanson, *The People Called: The Growth of Community in the Bible* (San Francisco: Harper & Row, 1986); Robert L. Saucy, *The Church in God's Program* (Chicago: Moody Press, 1972); Elmer A. Martens, *Plot and Purpose in the Old Testament Theology* (Leicester, UK: InterVasity Press, 1990), 김지찬 역, 『구약에 나타난 하나님의 계획과 목적』(서울: 생명의 말씀사, 1990); Willem VanGemeren, *The Progress of Redemption: The*

Story of Salvation from Creation to the New Jerusalem (Grand Rapids: Baker Books, 1988), 안병호/김의원 역, 『구원계시의 발전사 (I, II)』 (서울: ESP, 2006); John Bright, *The Kingdom of God : The Biblical Concept and Its Meaning* (Nashville: Abingdon Press, 1983), 김철손 역, 『하나님의 나라』 (서울: 컨콜디아사, 1990); Karl Ludwig Schmidt, *The Church* (London: Adam and Charles Black, 1950); Everett F. Harrison, *The Apostolic Church* (Grand Rapids: Eerdmans, 1985); Everett Ferguson, *The Church of Christ: A Biblical Ecclesiology for Today* (Grand Rapids: Eerdmans, 1996); D. A. Carson, *Biblical Interpretation and the Church: Text and Context* (Grand Rapids: Baker Book House, 1984); Paul S. Minear, *Images of the Church in the New Testament* (Philadelphia: Westminster Press, 1960); Kevin Giles, *What on Earth is the Church?: An Exploration in the New Testament* (Downers Grove, IL: InterVarsity Press, 1995), 홍성희 역, 『신약성경의 교회론』 (서울: 기독교문서선교회, 1999), etc.

3) '교회'에 대한 성경 용어의 상세한 분석에 대하여는 Schmidt, *The Church*, 1-69; Giles, 『신약성경의 교회론』, 46-48, 337-52; Saucy, *The Church in God's Program*, 11-18; Berkhof, 『조직신학』, 811-13; Erickson, 『복음주의 조직신학(하)』, 221-25 등을 참조하라.

4) 이점과 관련하여 한스 큉은 말하기를, "초대 교회는 에클레시아라는 명칭을 받아들임으로써 자신이 마지막 때의 참된 하나님의 모임이며, 참된 하나님의 공동체이고, 참된 하나님의 백성임을 의식적으로 주장했다"고 한다. Hans Küng, *The Church*, trans. Ray and Rosaleen Ockenden (New York: Sheed and Ward, 1967), 정지련 역, 『교회』 (서울: 한들출판사, 2007), 110. 이 용어의 의미와 관련하여 Berkhof, 『조직신학』, 812f를 보라. 참고로, 길레스는 '에클레시

아'(*ekklesia*)의 현대적인 번역 문제를 다루면서 다음과 같이 결론내리고 있다. "현대 영어로 크리스천의 신학적 용례 안에서 에클레시아의 의미를 주는 최상의 단어는 '공동체'(community)이다. 때로 그 단어는 전체적인 크리스천 공동체를 나타낼 수도 있으며 때로는 특정한 지역 내의 크리스천 공동체를 지칭하는 의미일 수도 있다. 그리고 때로는 함께 모임을 가지는 크리스천을 표현하는 데 사용될 수도 있다." Giles, 『신약성경의 교회론』, 355.

5) Cf. Giles, 『신약성경의 교회론』, 47.

6) Cf. Saucy, *The Church in God's Program*, 11; Giles, 『신약성경의 교회론』, 353.

7) 이점과 관련하여 〈벨직 신앙고백서〉 제27항은 다음과 같이 언명하고 있다: "이 교회는 인류의 시작부터 있었고 앞으로도 영원토록 존재할 것이며, 이것은 그리스도께서 영원토록 왕이 되신다는 사실에서 명백한 일인데, 왜냐하면 다스림을 받는 존재자들이 없을 때에는 결코 그리스도께서 왕이 될 수 없기 때문이다." 김의환 편집, 『개혁주의 신앙고백집』, 305. 사실 성경에서 부부관계의 연합의 신비는 결혼의 유비(the analogy of marriage)를 통하여 그리스도와 그의 몸된 교회와의 신비적 연합을 말하는 가장 중요한 유비로 사용되고 있다. 즉, "아담이 이르되 이는 내 뼈 중의 뼈요 살 중의 살이라 이것을 남자에게서 취하였은즉 여자라 부르리라 하니라 이러므로 남자가 부모를 떠나 그의 아내와 합하여 둘이 한 몸을 이룰지로다"(창 2:23-24)라는 말씀은 곧 "이는 남편이 아내의 머리 됨이 그리스도께서 교회의 머리 됨과 같음이니 그가 바로 몸의 구주시니라 … 우리는 그 몸의 지체임이라 그러므로 사람이 부모를 떠나 그의 아내와 합하여 그 둘이 한 육체가 될지니 이 비밀이 크도다 나는 그리스도와 교회에 대하여 말하노라"(엡 5:23, 30-32)라는 말씀에 그대로 적용되고 있음을 알 수 있다. 그러므로 칼빈은 바로 이러한 결혼의 유비를 사용하여 신자들과 그리스

도와의 신비적 연합을 다음과 같이 설명하고 있다: "결혼을 통한 연합은 … 우리가 그리스도와 가지는 신비한 결합을 말하는 놀라운 말씀이다. 왜냐하면 우리는 그의 몸과 살, 그리고 뼈의 지체들이 되기 때문이다. … 마치 하와가 그의 남편의 실체(substance)로부터 이루어졌고, 그럼으로써 그의 일부분이 되어졌던 것처럼, 만일 우리도 참된 그리스도의 지체라면 그의 실체(substance)를 나누며, 이러한 교제를 통하여 그의 몸으로 연합된다. … 이와 같이 우리와 그리스도 사이의 연합은 그가 우리를 그의 실체(substance)에 참여하게 하심으로 이루어진다. '우리는 그의 뼈 중의 뼈요, 그의 살 중의 살이다'(창 2:23). 그것은 그가 우리처럼 인성을 가졌기 때문이 아니라, 그의 성령의 능력으로 우리를 그의 몸의 일부로 만드셔서 그로부터 우리의 생명을 얻게 되기 때문이다." John Calvin, *Comm.*, Eph. 5:29-32. 그러므로 하나님께서 첫 인간인 아담과 하와를 창조하시고 그들과 언약관계 속에서 교제하시며, 예배를 받으시기를 원하셨던 것은 곧 '하나님의 언약백성', 곧 교회의 창설을 의미한다고 볼 수 있을 것이다.

8) 이점과 관련하여 벌코프는 다음과 같이 설명하고 있다. "족장 시대에는 믿는 자들의 가족이 종교적 회중을 형성하고 있었다. 경건한 가정이 교회를 대표했으며, 아버지가 제사장의 역할을 수행했다. 이 당시에는 어떤 정규적인 예배 의식이 없었다. 다만 창 4:26에 여호와의 이름을 공적으로 불렀다는 정도만이 언급되어 있을 따름이다. … 홍수 때에 교회는 노아의 가족 안에서 보전 되었으며, 특별히 셈의 혈통을 통하여 맥이 이어졌다." Berkhof, 『조직신학』, 827.

9) Cf. 유해무, 『개혁 교의학』, 548.

10) 이점과 관련하여 길레스는 다음과 같이 말하고 있다: "예수의 핵심 열두 명의 존재는 복음서의 모든 전통에서 증명되고 있으며, 대부분의 성경주석가들은 열둘이라는 숫자에 심오한 신학적인 의미가 있다는 것에 동의한다. 그것은

유대인들에게 있어 신성한 숫자였다. 역사적인 이스라엘은 야곱-이스라엘이라고 불리우는-의 열두 아들인 열두 조상의 뿌리를 가지고 있다. 예수 당시에 유대인들이 품고 있던 선지자적인 소망은 메시아가 오시면 자신들의 열두 지파-이미 존재하지 않은지가 오래인-가 회복되리라던 것이었다(겔 37:1-28; 39:23-29, 40-48, etc). 따라서 예수께서 열두 제자를 임명하신 것은 선지자적 상징 행위(symbolic prophetic action)였던 것이었다. 그것은 예수께서 이스라엘을 재창조하셨음을 선포한다. 회복된 이스라엘의 중추요 기초로서, 열두 제자들은 새로이 구성될 하나님의 백성의 조상이다." Giles, 『신약성경의 교회론』, 57f.

11) 특이하게도 공관복음서들 가운데 오직 마태복음서에만 '교회'(ekklesia)라는 독특한 단어가 사용되고 있는데(마 16:18; 18:17), 이것은 이미 우리가 분석한 것처럼 옛 언약백성을 대체하고 계승하는 새로운 언약 공동체의 탄생을 말하고자 하는 저자의 의도가 분명하게 반영된 것이라 볼 수 있다. Cf. VanGemeren, 『구원계시의 발전사(II)』, 47ff.

12) 한스 큉에 따르면, "각각의 에클레시아(= 각 개별 집회, 개별 공동체, 개별교회)는, 그것이 바로 에클레시아(= 전체 집회, 전체 공동체, 전체 교회)인 것은 아니나, 에클레시아를 완전히 현실화한다. … 각 에클레시아, 각 집회, 각 공동체, 각 교회는 - 아무리 작고, 아무리 빈약하고, 아무리 보잘것없는 것이라고 하더라도 - 완전히 하나님의 에클레시아, 하나님의 집회, 하나님의 공동체, 하나님의 교회의 발현이요 표현이며 실현이다." Hans Kung, 『교회란 무엇인가』, 이홍근 역 (경북: 분도출판사, 1994), 66f.

13) Cf. 유해무, 『개혁 교의학』, 549.

25과

1) 교회론의 전반에 대한 상세한 논의와 관련하여 다음의 저작들을 참조하라. Berkhof, 『조직신학』, 809-922; Reymond, 『최신 조직신학』, 1019-1225; Grudem, 『조직신학(하)』, 21-382; Erickson, 『복음주의 조직신학(하)』, 215-346; 김영한, 『21세기와 개혁신학(III)』 (서울: 한국장로교출판사, 1998), 31-105; 유해무, 『개혁 교의학』, 493-579; G. C. Berkouwer, *The Church*, trans. James E. Davison (Grand Rapids: Eerdmans, 1976), 나용화/이승구 역, 『개혁주의 교회론』 (서울: CLC, 2006); Edmond P. Clowney, *The Church* (Downers Grove, IL: InterVasity Press, 1995), 황영철 역, 『교회』 (서울: IVP, 1998); Otto Weber, 『칼빈의 교회관』, 김영재 역 (서울: 풍만출판사, 1985); Hans Küng, *The Church*, trans. Ray and Rosaleen Ockenden (New York: Sheed and Ward, 1967), 정지련 역, 『교회』 (서울: 한들출판사, 2007), 그리고 이것의 요약인 『교회란 무엇인가』, 이홍근 역 (경북: 분도출판사, 1994); Eric G. Jay, *The Church: Its Changing Image through Twenty Centuries*, vol. I, II (London: SPCK, 1977, 1978), 주재용 역, 『교회론의 변천사』 (서울: 대한기독교서회, 2002), etc.

2) 성경에 나타나는 교회에 대한 명칭과 비유적 표현들에 대한 상세한 분석에 대하여는 Paul S. Minear, *Images of the Church in the New Testament* (Philadelphia: Westminster Press, 1960); Geoffrey Preston, *Faces of the Church: Meditations on a Mystery and Its Images* (Grand Rapids: Eerdmans, 1997)를 참조하라. 그리고 교회에 대한 비유적 표현들의 간단한 목록은 Reymond, 『최신 조직신학』, 1026, n. 13을 보라.

3) Cf. 유해무, 『개혁 교의학』, 548.

4) 한스 큉에 의하면, "교회가 실제로 하나님의 백성이라면, 교회의 출발점은 결

코 개개 신자가 아니다. 개개 신자를 교회의 출발점으로 보는 것은 교회에 대한 사유적인 오해(*privatisievende Missverstandnis*)라 할 수 있다. 그렇게 될 때 교회는 경건한 개인들의 응집체로 해소되고 말 것이다. … 하나님의 부르심은 개인의 모든 행위와 신앙에 선행하며, 이러한 부르심은 하나님의 백성 모두를 지향해 나간다. 따라서 개인은 결코 홀로 있는 것이 아니라, 항상 공동체 내에 존재하며, 개개의 공동체 또한 하나의 공동체 또는 교회 내에 존재하게 된다." Küng, 『교회』, 173.

5) 그러므로 구원론과 교회론의 연결은 성령의 역사로 말미암는 '그리스도와의 연합'이다. 즉, 그리스도와 연합에 대한 개인적이고 주관적인 측면을 다루는 것이 '구원론'이고, 공동체적이고 객관적인 측면을 다루는 것이 '교회론'이라 할 수 있다.

6) 이점과 관련하여 밴게머렌은 다음과 같이 말하고 있다. "이스라엘을 그의 아들, 그의 백성, 그의 거룩한 나라 그리고 그의 왕적 통치의 대상으로 선택한 것은, 열방들 가운데 하나님의 이름을 높이기 위한 목적이었다. 그는 하늘에서 천사들이 그의 원하는 대로 순종하는 것처럼 땅위에서 하나의 충성스럽고, 책임있고, 사랑스러운 백성을 세우기를 원하셨다. … 야웨와 그의 백성과의 밀접한 관계성은 열방에게 큰 두려움을 주었고(출 15:13-16) 질투심을 일으켰다(신 4:6-8). 그 언약 백성은 하나님의 '찬양과 명예와 열방들 위에 드높은 영광'이 되도록 예정되었다." VanGemeren, 『구원계시의 발전사(I)』, 178.

7) "하나님의 백성으로서 그들은 거룩한 삶을 살도록 해주는 율법들을 지킴으로써, 하나님을 아는 지식을 성찰함으로써, 그리고 하나님의 지상 통치권을 세움으로써, 이방 나라들 가운데서 하나님의 나라로서의 구별을 반영해야 했다(신 26:18-19)." VanGemeren, 『구원계시의 발전사(I)』, 176.

8) 이점과 관련하여 클라우니는 다음과 같이 말한다. "예수님은 '교회'라는 말을

사용하실 때 다분히 구약적인 의미로 사용하신다. 이스라엘은 하나님이 그들과 언약을 맺기 위하여 그들을 시내산 앞으로 부르시던 그 위대한 날에 하나님의 총회(assembly)였다. 하나님은 '독수리의 날개'로 이스라엘을 자신에게 이끄셨다(출 19:4). 출애굽의 구속은 시내산에서의 '총회의 날'에 절정에 이르렀다(신 4:10; 9:10; 10:4; 18:16). 이스라엘은 하나님 앞에 모여서 하나님 존전에 나아온 무리였다(신 4:10)." Clowney, 『교회』, 31.

9) 교회론적 의미에서 "그리스도와의 연합"의 의미는 Berkouwer, 『개혁주의 교회론』, 109-18을 참조하라.

10) 한스 큉에 따르면, 그리스도께서 교회의 머리이심과 교회가 그리스도의 몸이라는 사실은 다음과 같은 의미를 지닌다. (1) 그리스도와 교회가 머리와 몸으로 묘사되는 것은 양자가 서로 분리될 수 없음을 말하는 것이다. 실로 그리스도와 교회는 운명공동체이다! (2) 머리로서의 그리스도는 교회 성장의 근원과 목표이다. (3) 머리로서의 그리스도는 몸으로서의 교회를 통치하신다. 그리고 몸으로서의 교회는 머리로서의 그리스도에게 복종한다. Cf. Küng, 『교회』, 328.

11) 이점과 관련하여 큉은 말하기를, "성령, 즉 높여지신 주를 통해 주어진 하나님의 영은 자신을 여러 가지 측면에서 교회의 실존 근거와 교회의 생명 원리, 교회의 형성력으로 나타낸다. 교회는 하나님의 권능과 힘에서 나오는 영에 의해 채워지고, 생명을 얻으며, 유지되고 인도된다. 교회의 근원과 존재, 지속됨은 모두 이러한 하나님의 영에 기인한다. 이러한 의미에서 교회를 성령의 피조물이라 부를 수 있다"고 한다. Küng, 『교회』, 241. 더불어 교회가 성령의 피조물이며, 자유의 영이신 성령 아래에 있는 교회의 의미와 관련하여 큉이 말하고 있는 다음의 네 가지 명제는 우리가 경청할 만하다: "1. 성령은 교회가 아니다. 성령과 교회를 동일시하는 것은 매우 위험한 일이다. 성령의 교회의

영이 아니라 하나님의 영이다"(p. 242). "2. 성령은 교회에 선행한다. 성령은 교회에 부가되는 우연적인 것(Akzidens)이 아니다. … 성령이 먼저다. 하나님이 성령 안에서 교회를 창조하는 것이지, 인간이 교회를 창조하는 것은 아니다"(p. 245). "3. 성령은 자신이 역사하고자 하는 곳에서 역사하신다. 성령의 활동은 교회에 의해 한정될 수 없다"(p. 246). "4. 성령은 역사하시고 싶을 때 역사하신다. … 그러나 이것을 두고 '하나님의 영은 불어야 할 때 분다' 고 이해해서는 안 된다. 오히려 우리는 '하나님의 영은 불고 싶을 때 분다' 고 말해야 한다. … 하나님은 절대적으로 자유로우시다. 하나님은 자신의 자유에 대해서도 자유로우시다.… 하나님의 영은 그 자신의 자유의 법외에는 그 어떠한 법에도 종속되어 있지 않다. … [그러므로] 성령은 교회에 의해 규제받거나 명령받을 수 없다. 교회는 오히려 '성령이여 오소서!' 라고 기도하고 간청할 수 있을 뿐이다"(p. 247-49).

12) Cf. 유해무, 『개혁 교의학』, 551.
13) 성령의 열매와 은사에 대한 반게머런의 다음과 같은 언급을 참고하도록 하자. "성령의 열매와 성령의 은사들 사이에는 중요한 차이가 있다. 그리스도 안에 있는 자는 누구나 성령 안에서 행해야 하며(갈 5:16, 25), 새로운 삶을 삶으로써 성령의 열매를 맺을 것이다. 성령의 열매는 예수 그리스도 안에 반영되어 있는 하나님의 형상을 확인해 주는 삶의 특성들: 사랑, 희락, 화평, 인내, 자비, 양선, 충성, 온유, 절제이다(갈 5:22-23; 엡 5:9). 모든 그리스도인들은 예외 없이 그러한 영적 열매를 맺으라는 고귀하고 거룩한 부르심을 받고 있다. 그러나 성령의 은사들은 그리스도의 몸 안에 있는 다양한 기능들에 해당된다. 사도 바울은 우리가 이미 본 바와 같이 몸 안의 다양성을 강조하는데, 실제로 다양한 은사들에 대한 가르침 속에서 다양성을 강조하고 있다(롬 12:6-8; 고전 12:8-10, 28-30; 엡 4:11). 다양한 은사들은 그리스도의 교회에 속한 모든

자들이 동일한 성령으로 세례를 받는다는 사실을 나타낸다(고전 12:13; 엡 4:4). 이런 은사들은 카리스마타(*charismata*), 즉 영적 은사들이다. 이것들은 하나님의 영이 교회의 몸을 세우기 위해 주권적으로 부여하시는 것이다(12-13절). 개개인들은 교회 안에서 독특하게 섬김에 대한 부르심을 받는다. … 은사들은 개인들이 누리는 것이 아니라 몸 전체를 세우기 위한 것이다. 성령의 은사들은 연합을 이루며, 연합하는 곳에서 예수께서는 그의 백성가운데 임재 하신다. 예수께서 계신 곳에 영적 성숙이 나타난다." VanGemeren, 『구원 계시의 발전사(II)』, 134.

26과

1) "구약의 이스라엘은 선택된 하나님의 백성이었다. 이에는 언약과 구속 사역이 뒤따른다(출 19:5-6; 레 26:12; 겔 37:27). 구약의 총회는 하나님의 소유가 되어 그에게 찬양과 경배를 드리기 위하여 연합된 언약의 교중이다." 유해무, 『개혁 교의학』, 548.

2) 그러므로 "개혁주의 예배 전통은 하나님을 예배하는 것이 모든 그리스도인들의 임무 중 가장 중요한 것이라는 사실을 모든 시대의 그리스도인들이 상기하게끔 해야 한다. 즉, 하나님을 예배하는 것이야말로 그리스도인들이 교회에 가야 하는 최고의 이유이다." Reymond, 『최신 조직신학』, 1104.

3) 클라우니는 말하기를, "하나님의 [초월적] 영광이 우리의 찬양을 이끌고 우리를 더욱 변화시키는 복으로 이끈다. … 하나님의 영광은 우리의 예배를 이끌고 하나님의 뜻은 우리의 예배를 명한다. 하나님은 질투하시는 하나님이다. 하나님은 그의 이름이 거룩히 여김을 받으시는 것에 불타는 열심을 가지고 계신다. 하나님은 다른 존재와 예배를 나누려 하지 않으신다"라고 한다. Clowney, 『교

회』, 137.

4) 그러나 레이몬드가 지적하는 것처럼, "기독교 예배는 즐거움과 기쁨으로 가득해야하는 동시에(시 149:2), 히브리서 기자가 말한 것처럼 '경건함과 두려움 가운데' (히 12:28-29) 이루어져야 한다." Reymond, 『최신 조직신학』, 1106.

5) 이점을 레이몬드는 다음과 같이 강조하고 있다. "교회는 언제나 (1) '하나님의 구원의 은혜가 대대로 계속되는 것이 그의 뜻이며 계획' 이라는 것과(창 17:7-9; 출 20:6; 신 6:6-7; 시 103:17-18; 사 44:3; 54:13; 59:21; 렘 32:38-39; 겔 37:25; 행 2:38-39; 16:14-15, 31; 고전 7:14), (2) '언약적 자녀들에 대한 성경적 패러다임은 그들의 믿음을 어린 아이 때부터 성장시키는 것' 이라는 것을(시 22:9; 71:6; 엡 6:4; 딤후 3:15) 기억해야 한다." Reymond, 『최신 조직신학』, 1114.

6) 클라우니는 교회 양육의 목표를 다음과 같이 제시한다. "교회의 양육의 목표는 하나님 안에서 발견된다. 그것은 주님을 알고 주님의 뜻을 행하며 주님처럼 되는 것이다." Clowney, 『교회』, 162. 나아가 "그리스도와 같이 된다는 것은 십자가의 길을 따르는 것이며 희생적인 사랑의 길을 따르는 것이다"(p. 168). 이러한 그리스도의 뒤따라가는 제자도는 특별히 본회퍼가 강조하였으며, 그 스스로 그러한 신앙의 삶을 죽기까지 실천하였다. Cf. Dietrich Bonhoeffer, *Nachfolge* (Munchen: Kaiser Verlag, 1949), 허혁 역, 『나를 따르라』 (서울: 대한기독교서회, 1991).

7) 이러한 성도들의 실제적인 교제의 의무를 베르까우어는 말하기를, "그 '마땅히 함' 은 함께 고통받고 함께 즐거워하며(고전 12:26), 그리스도의 사랑을 함께 이해하며(엡 3:17f), 한께 영에 참여하며(빌 2:1), 하나님에 의해 선택된 가난한 자들을 사랑하며(약 2:5), 강한 자가 약한 자들을 돌아보며(롬 15:1; 고전 8:7ff), 다른 이들의 짐을 지며(갈 6:2), 모든 고립을 파괴하는 중보 기도의 무한한 능력을 경험하는 중에 있는 '한 몸 안에서의 사랑의 교제' 라는 이 실재를

밝히며 나타내는 것이다"라고 한다. Berkouwer, 『개혁주의 교회론』, 120f.

8) 그러므로 베르까우어가 말하는 바와 같이, "어떠한 점에서도 우리는 다른 이에 의해 위협받지 않는다. 오히려 은사들의 다양성은 전적으로 하나의 교제에 유익하도록 되어 있다. 그 어떤 지체도 독립적이거나 그 스스로 서지 않는다. … 왜냐하면 성령이 '그들 각자에게' 부어지면(행 2:3f) 긴장과 분열이 없었듯이 각 사람이 전체 안에서 의미있는 자리를 가지고 있기 때문이다." Berkouwer, 『개혁주의 교회론』, 103.

9) "성령께서 그리스도인들에게 다양한 은사를 주신 유일한 목적은 바로 그리스도의 몸을 세우고 사랑으로 성도들을 세우기 위함이다. [그러므로] 어떠한 영적 은사도 그 은사를 받은 자신만을 세우기 위해 이기적으로 사용되어서는 안 된다." Reymond, 『최신 조직신학』, 1122.

10) 이 부분의 상세한 내용은 김은수, "개혁주의 선교개념의 확장: 송영(Doxology)으로서의 선교," 『성경과 신학』 제50권 (2009.5.), 249-95를 참조하라.

27과

1) 교회의 속성에 대한 상세한 논의는 Berkhof, 『조직신학』, 829-33; Reymond, 『최신 조직신학』, 1061-75; Küng, 『교회』, 375-514; Berkouwer, 『개혁주의 교회론』의 전체 내용을 참조하라.

2) 이점과 관련하여 베르까우어는 말하기를, "'한 교회'(one church, *mia ekklesia*)라는 표현이 신약에 나타나는 않는다. 이것은 통일성에 대한 관심의 부족 때문이 아니라, 이 통일성이 본질적으로 교회의 존재에 속하기 때문이다. 즉 '한 교회'란 표현은 사실상 군더더기(*pleonasm*)일 뿐이다. 교회의 통일성

은 그의 이름을 위하여 백성을 모으시려는 하나님의 표현된 의도와 가장 밀접히 연관되어 있다. 그 배경은 어두움으로부터 그의 놀라운 빛으로 부르시는 하나님의 한 부르심이요, 한 백성을 그의 소유로 하시는 하나님의 은혜로운 선택의 부르심이다(행 15:14; 벧전 2:9)"라고 한다. Berkouwer, 『개혁주의 교회론』, 39. 그러므로 그는 "교회의 분리는 인간의 죄를 그 기원으로 한다"고 말한다(p. 43).

3) Cf. Berkouwer, 『개혁주의 교회론』, 61-64.

4) 교회의 거룩성이 함의하는 의미와 관련하여 Berkouwer, 『개혁주의 교회론』, 389-413을 참조하라.

5) 베르까우어는 교회의 보편성에 대하여 "'카톨릭'이라는 개념은 언제나 어느 정도의 폭넓음이나 공간을 포함한다"고 말함과 동시에 "보편성이라는 말은 단순히 지리적이고 양적인 '보편성' 이상의 것이며, 깊이의 차원이 더한다면 시간적 차원도 포함해야만 한다. 즉 특정한 시간이나 세대라는 전망에 제한되지 않은 모든 시대의 교회라고 이해해야 하는 것이다. 이런 연속성을 볼 때 과거, 현재, 미래에서의 불파괴성에 해당하는 다양한 형용어귀가 교회에 붙여진다(unassailability and indestructibilty)"고 봄으로써 필자의 견해와 동일한 입장을 제시하고 있다. Berkouwer, 『개혁주의 교회론』, 136, 211.

6) 이 문제에 대한 상세한 논의는 Berkouwer, 『개혁주의 교회론』, 323-48을 참조하라.

7) Cf. 유해무, 『개혁 교의학』, 559.

8) 참된 교회의 표지에 대한 상세한 논의는 Berkhof, 『조직신학』, 834-36; Reymond, 『최신 조직신학』, 1076-90; Clowney, 『교회』, 115-32를 참조하라.

9) 벌코프는 개혁주의 신학 내에서 참된 교회의 표지와 관련하여 여러 가지 입장을 정리하여 소개 하면서, 다음과 같이 말하고 있다. "엄격하게 말한다면, 말씀

을 참되게 선포하고 그것을 교리와 삶의 표준으로 인식하는 것이 교회의 유일한 표지이다. 이 표지가 없으면, 교회가 존재하지 않는다. 이 표지는 성례의 바른 시행과 권징의 신실한 집행을 결정한다. 그럼에도 불구하고 성례의 바른 시행은 교회의 참된 표지이다. 또한 권징의 시행이 교회에만 속해 있는 것은 아니지만 – 다시 말하면 교회 안에서만 독점적으로 발견되는 것은 아니지만 – 그것은 교회의 순결을 유지하는데 절대적으로 필요하다." Berkhof, 『조직신학』, 835.

10) Calvin, 『기독교 강요』, IV. i. 9.

11) 그러므로 레이몬드는 말하기를, "이러한 표지들이 있는 곳에, 하나의 거룩하고 보편적인 사도적 교회가 존재하는 것이다. 그러한 표지들이 없다면, 그 외의 또 다른 어떤 것들을 아무리 많이 가지고 있다 할지라도 그 교회는 참된 교회(ecclesia vera)가 아니다"라고 한다. Reymond, 『최신 조직신학』, 1079.

12) Cf. 유해무, 『개혁 교의학』, 561.

13) Cf. Berkhof, 『조직신학』, 835.

14) Ibid., 835.

15) Ibid., 836.

28과

1) 교회의 여러 가지 정치제도에 대한 상세한 논의는 Berkhof, 『조직신학』, 837-51; Reymond, 『최신 조직신학』, 1131-48; Erickson, 『복음주의 조직신학(하)』, 264-83; Grudem, 『조직신학(하)』, 99-168을 참조하라.

2) 오늘날 감독정치 형태를 유지하고 있는 교회 혹은 교파들에는 "로마 가톨릭 교회, 그리이스 정교회와 러시아 정교회, 영국 국교회, 미국의 감독파 교회, 미국

안에 있는 연합 감리교회 등에서 나타난다." Reymond, 『최신 조직신학』, 1142.

3) 장로 정치제도의 역사적 발전과 관련하여 다음을 참조하라. Janet G. MacGregor, *The Scottish Presbyterian Polity* (Edinburgh: Oliver and Boyd, 1926), 최은수 역, 『장로교 정치제도 형성사』 (서울: 솔로몬, 1997); 오덕교, 『장로교회사』 (수원: 합동신학대학원출판부, 2005), etc.

4) 그러므로 레이몬드는 말하기를, "최초의 교회정치 형태는 장로정치였던 것이다. 따라서 누군가 성경적이고 사도적인 교회정치 형태를 찾고 있는 중이라면, 바로 장로정치가 그것이다"라고 강조한다. Reymond, 『최신 조직신학』, 1141.

5) 회중정치 제도는 존 오웬(John Owen)과 조나단 에드워드(Jonathan Edwards) 등의 신학자들이 지지했다. 그러나 오늘날 회중정치 내에도 여러 가지 형태가 혼재하고 있다. 그루뎀에 따르면, (1) 한명의 장로(혹은 목사)가 있는 형태, (2) 지역교회의 복수 장로제도 형태, (3) 운영이사회(cooperate board) 형태, (4) 완전한 민주적 형태, (5) 어떠한 구체적인 정치 형태가 없이 성령에 의한 정치 형태 등이 있으나, 구르뎀 자신은 두 번째 형태를 지지하고 있다. Cf. Grudem, 『조직신학(하)』, 131-43.

6) Cf. Berkhof, 『조직신학』, 840-42.

7) 이점과 관련하여 벌코프는 말하기를, "그리스도의 통치는 … 주관적으로는 교회 안에서 역사하는 성령을 통하여, 그리고 객관적으로는 권위의 표준인 하나님의 말씀을 통하여 다스리신다. 모든 신자들은 무조건 왕의 말씀에 순종하여야 한다. 그리스도께서 교회의 유일한 주권적인 통치자이듯이 그의 말씀은 절대적인 의미에서 법이라고 할 수 있는 유일한 말씀이다. 결과적으로 교회 안에서는 어떤 형태의 독재적 권력도 행사되어서는 안 된다. 그리스도와 관계없는 통치권이란 있을 수 없다"고 한다. Berkhof, 『조직신학』, 841.

8) 이하의 내용은 대한예수교장로회총회, 『헌법』(서울: 한국장로교출판사, 2007)을 참조하라.

9) Cf. Berkhof, 『조직신학』, 843.

29과

1) 이점과 관련하여 벌코프는 말하기를, "엄격하게 말해서 말씀과 성례만이 은혜의 방편 즉 그리스도께서 교회에 제정하신 객관적인 통로로 간주될 수 있으며, 그리스도는 이 객관적인 통로를 통해서만 자신의 은혜를 전달하신다. … 이 방편들은 그 자체만으로는 아무런 효력도 발휘하지 못하고, 다만 성령의 효과적인 작용을 통해서만이 영적인 결과를 산출할 수 있다"고 한다. Berkhof, 『조직신학』, 866. 그러나 구르뎀은 은혜의 방편을 확장하여 다음과 같은 여러 가지들을 다 포함시켜 말한다: 말씀의 선포, 세례, 성찬, 서로를 위한 기도, 예배, 교회 권징, 구제, 영적 은사들, 친교, 전도, 개인을 향한 사역 등. Gurdem, 『조직신학(하)』, 170f. 그러나 우리는 전통적인 개혁파 입장과 또한 〈소교리문답〉 88문답이 가르치는 대로 말씀과 성례와 기도를 다루고자 한다. 왜냐하면 '은혜의 방편'에서 말하는 것은 일반적인 은혜가 아니라 "'특별은혜'의 수단을 말하는 것이기 때문이다. Cf. Reymond, 『최신 조직신학』, 1151.

2) 칼빈에 따르면, '하나님의 말씀'(the Word of God)이란 표현은 단순히 기록된 말씀으로서의 성경만을 의미하는 것이 아니다. 주의 깊은 독법에 의하면, 칼빈에 있어 '하나님의 말씀'은 삼중적인 의미를 가진다: (1) 삼위일체 하나님 가운데 제2의 위격으로서의 말씀(the Word as the Second Person of the Trinity, God the Son); (2) 기록된 말씀, 즉 성경으로서의 말씀(the written word); 그리고 (3) 설교로 선포된 말씀(the preached word)이 곧 그것들이다. 무엇보다

먼저, 칼빈에 있어 하나님의 말씀은 삼위일체 가운데 제2의 위격인 하나님의 아들, 곧 예수 그리스도를 가리킨다. 그는 말하기를, "말씀(the Word)은 하나님과 함께 계시는 영원한 지혜(the everlasting Wisdom)를 의미하는 것이며 … 지혜가 만세 전에 성부로부터 나와서 만물을 창조하고 하나님의 모든 사역을 통할하였다. … 우리는 마땅히 이 본체적인 말씀을 모든 말씀 계시의 원천으로서 가장 높은 위치에 두는 것이 합당할 것이다. 이 말씀은 불변하시며 하나님과 영원히 동일하시고 바로 하나님 자신이시다"(『기독교 강요』, I. xiii. 7). 그러므로 칼빈에 따르면, 성경에 기록된 '모든 말씀과 예언들'은 그 영원한 지혜로부터 나온 것이며, "사도들과 … 고대의 예언자들도 그리스도의 영(the Spirit of Christ)으로 말하였기 때문"이고, 또한 "예언자들에게 영감을 준 영이 말씀의 영이었다"(『강요』, I. xiii. 7.). 이러한 의미에서 맥닐의 표현에 의하면, "그리스도는 인격의 말씀이고, 성경은 기록된 형태로 그 말씀을 표현한다." John T. McNeill, "The Significance of the Word of God for Calvin," *Church History* 28 (1959), 139. 마지막으로, 칼빈에게 있어서, "설교된 말씀 또한 마땅히 하나님의 말씀으로 고려되어야 한다." R. Gamble, "Word and Spirit in Calvin," in *Calvin and the Holy Spirit*, ed., Peter De Klerk (Grand Rapids: Calvin Studies Society, 1989) 76. 이렇게 '하나님의 말씀'에 대한 칼빈의 삼중적인 의미를 제대로 이해하자면, 신정통주의 신학자인 칼 바르트가 더욱 분명하게 정립한 '하나님의 말씀의 삼중교리'(the Word of God in its Threefold Form)는 실상 칼빈으로부터 유래한 것임을 알 수 있다. 참고로, 칼빈에 있어 암시적이었던 것을 칼 바르트는 하나님의 말씀을 다음 같은 삼중형식으로써 더욱 분명하게 제시하고 있다: '계시된 하나님의 말씀'(the Word of God Revealed); '기록된 하나님의 말씀'(the Word of God Written); 그리고 '선포된 하나님의 말씀'(the Word of God Preached). Karl Barth, *Church*

Dogmatics, vol. I.1, *The Doctrine of the Word of God,* 2nd ed., trans., G. W. Bromiley (London and New York: T & T Clark, 1975): 88-124를 참조하라. 이 부분의 보다 상세한 논의에 대하여는 김은수, "칼빈 신학에 있어 성경과 성령의 관계성에 대한 고찰," 『성경과 신학』 제45권 (2008.5.), 72-111을 보라.

3) 이점과 관련하여 칼빈은 다음과 같이 말하고 있다. "하나님의 모든 계시는 '하나님의 말씀'이라는 말로 불리는 것이 옳은 일이기 때문에, 우리는 마땅히 이 본체적인 말씀을 모든 말씀의 계시의 원천으로서 가장 높은 위치에 두는 것이 합당할 것이다. 이 말씀은 불변하시며 하나님과 영원히 동일하시고 바로 하나님 자신이시다." Calvin, 『기독교 강요』, I. xiii. 7.

4) 은혜의 방편으로서 설교에 대하여 〈웨스트민스터 대교리문답〉은 다음과 같이 가르치고 있다.

"제158문: 하나님의 말씀은 누가 설교할 수 있습니까?

답: 하나님의 말씀은 충분한 은사를 받았을 뿐만 아니라 정식으로 공인되고 이 직분에 부름을 받은 자만이 설교할 수 있습니다.

제159문: 그 직분에 부름을 받은 사람들은 하나님의 말씀을 어떻게 설교해야 합니까?

답: 말씀의 사역에 수종들도록 부름을 받은 자들은 바른 교리를 전파하되 부지런히(diligently), 때를 얻든지 못 얻든지 명백하게(plainly), 사람의 지혜의 권하는 말로 하지 아니하고 성령의 나타남과 능력으로 할 것이며, 신실하게(faithfully) 하나님의 모든 뜻을 알게 할 것이며, 지혜롭게(wisely) 청중들의 필요들과 이해 능력에 적용시켜 열심히(zealously) 하나님과 그의 백성의 영혼들에 대한 뜨거운 사랑으로 할 것이며, 성실하게(sincerely) 하나님의 영광과 그들의 회심, 건덕(健德)과 구원을 목적하고 설교할 것입니다.

제160문: 설교를 듣는 자들에게 요구되는 것이 무엇입니까?

답: 설교를 듣는 자들에게 요구되는 것은 근면과 준비와 기도로써 설교에 유념하고, 그 들은 바를 성경으로 살펴보고, 진리이면 믿음과 사랑과 온유와 준비된 마음으로 그것을 하나님의 말씀으로 마음에 받아들이며, 그것을 묵상하고, 참고하며, 그것을 그들의 마음속에 간직하고, 그들의 생활에서 그 말씀의 열매가 맺혀야 하는 것입니다."

5) 설교와 관련하여 레이몬드의 다음과 같은 언급을 참조하도록 하자. "말씀의 사역자가 항상 유념하여야 할 것은 사역자로서 그의 권위는 성경의 권위에 종속되어 있다는 점(벧전 4:11)과, 그의 메시지가 성경의 진리 자체와 일치하는 때에만 권위가 있다고 주장할 수 있다는 점이다. 또한 유념해야 할 것은 그의 권위가 사역적이며 선포적(ministerial and declarative)일 뿐, 고압적이고 입법적(magisterial and legislative)이지 않다는 점이다. 다시 말해서, 사역자의 권위는 그가 하나님의 말씀을 선포하고 그리스도를 대신하여 그리스도의 전권 대사로서 섬기는 때에 하나님 자신의 권위인 것이다." Reymond, 『최신 조직신학』, 1156.

30과

1) Augustine, *The City of God*, 조호연/김종흡 역, 『하나님의 도성』 (고양: 크리스챤다이제스트, 1998), X. 5.

2) Cf. Reymond, 『최신 조직신학』, 1158. 참고로, 벌코프는 성례를 다음과 같이 정의하고 있다: "성례란 그리스도께서 제정하신 거룩한 규례로, 이 성례라는 감지될 수 있는 표징을 통해 그리스도 안에 있는 하나님의 은혜와 은혜 언약이 주는 유익이 신자들에게 제시되고, 인쳐지고, 적용되며, 신자들은 하나님에 대한 신앙과 충성을 표현한다." Berkhof, 『조직신학』, 878.

3) 그러므로 우리는 성례에는 다음과 같은 구성요소가 있음을 알아야 한다. 벌코프에 따르면, (1) 외적인 혹은 가시적인 표징(sign) – 모든 성례는 감지될 수 있는 물질적 요소를 가지고 있다. (2) 의미하고 인치게 되는 내면적인 은혜 – 표징과 인은 인침을 받은 어떤 것의 존재를 가정하며, 통상적으로 내면적인 요소 (*materia interna*)라고 하는데, 그것은 은혜 언약(창 9:12, 13; 17:11), 믿음의 의(롬 4:11), 죄 사함(막 1:4; 마 26:28), 믿음과 회심(막 1:4; 16:16), 그리스도의 죽으심과 부활에 참여하는 것(롬 6:3) 등이다. (3) 표징(sign)과 표징이 의미하는 것과의 성례적 연합 – 이것은 물질적인 것이나(로마 카톨릭), 장소적인 것(루터파)이 아니라 오히려 영적 혹은 도덕적이고 관계적이어서 믿음을 통하여 성례를 받아들이는 곳에는 하나님의 은혜가 함께 나타나는 것이다. Cf. Berkhof, 『조직신학』, 879f.

4) 이점에 대하여 벌코프의 다음과 같은 설명을 참고하도록 하자: "성례는 구원에 절대적으로 필요한 것은 아니다. 그 근거로서 다음과 같은 사실들을 말할 수 있다. (1) 복음 시대의 자유롭고 영적인 성격을 말할 수 있는 바, 하나님은 어떤 외적인 형식만을 통하여 자신의 은혜를 전달하시지는 않는다(요 4:21, 23; 눅 18:14). (2) 성경은 오직 믿음만을 구원의 도구적인 조건으로 말한다(요 5:24; 6:29; 3:36; 행 16:31). (3) 성례는 믿음을 일으키는 것이 아니라 그것을 전제로 하는 것이며, 믿음이 받아들여진 곳에서 시행된다(행 2:41; 16:14, 15, 30, 33; 고전 11:23-32). (4) 많은 사람들이 실제적으로는 성례를 사용하지 않고도 구원받는다. 아브라함 시대 이전의 신자들과 십자가 위에서 회개한 강도를 생각해 보라." Berkhof, 『조직신학』, 880.

5) Cf. Berkhof, 『조직신학』, 877f; Reymond, 『최신 조직신학』, 1161.

6) 말하자면, "성례는 객관적인 효력을 가진 것이 아니다. 성례는 의식을 통하여 (*ex opere operato*) 참여자를 성화시키지 못하며, 다만 참여자 자신의 작용을

통해서만(*ex opere operantis*) 곧 믿음과 사랑으로 받을 때만 성화시키는 것이다." Berkhof, 『조직신학』, 880f.

7) 신구약 성경에서 우리는 각각 두 가지의 성례를 발견할 수 있다. 구약시대에는 할례와 유월절이 그것이며, 신약에서는 세례와 성찬이 바로 그것이다. 그러나 벌코프에 따르면, "사실상 구약의 성례와 신약의 성례 사이에는 본질적인 차이가 없다. (1) 고전 10:1-4에서 바울은 신약의 성례의 본질적인 요소가 구약의 교회에 기인한 것으로 말한다. (2) 롬 4:11에서 그는 아브라함의 할례를 믿음의 의의 인침이라고 말한다. (3) 성례들이 같은 영적인 실재들을 나타낸다. 곧, 신약과 구약의 성례들의 명칭들이 상호 교차적으로 사용된다. 할례와 유월절이 신약 교회에 대해서도 사용되고 있으며(고전 5:7; 골 2:11), 세례와 성찬이 구약 교회에 대해서도 사용된다(고전 10:1-4). [그러나 그기에는 형식상의 차이들이 있다]. 신약과 구약의 성례가 본질적으로 일치하고 있는 한편, 차이점도 무시할 수 없다. (1) 이스라엘에서 성례는 은혜의 상징과 인으로서의 영적인 의미 외에도 국가적인 면을 가지고 있었다. (2) 성례와 더불어 이스라엘은 다른 많은 상징적인 규례들, 예컨대 성례와 일치하는 제사 규례와 정결의식을 가지고 있었던 것과는 대조적으로, 신약에는 오직 성례만이 존재한다. (3) 구약의 성례는 그리스도를 예시하며 장차 누리게 될 은혜를 인치는 역할을 하는 반면, 신약의 성례는 그리스도와 그리스도의 완성된 구속의 제사를 회고한다. (4) 구약의 성례에 따르는 하나님의 은혜가, 신약의 성례들을 신실하게 받음으로써 지금 얻는 은혜보다 적었다는 것은, 전 구약 시대와 조화된다"고 한다. Berkhof, 『조직신학』, 881.

31과

1) Cf. Reymond, 『최신 조직신학』, 1165. 벌코프에 따르면, 이러한 예수님의 위임 명령에는 다음과 같은 요소가 내포되어 있다: "(1) 제자들은 온 세상에 나아가서 모든 족속에게 복음을 전함으로써 사람들을 회개케 하고 예수님을 약속된 구주로 고백하게 해야 한다. (2) 믿음을 통하여 그리스도를 영접한 자들은, 자신들이 하나님과 새로운 관계를 맺었으며 하나님 나라의 법에 따라 살 의무가 있다는 사실에 대한 표징과 인(印)으로서, 삼위일체 하나님의 이름으로 세례를 받아야 한다. (3) 그들은 말씀의 사역의 지배를 받아야 되는바, 곧 복음의 선포와 새로운 언약의 신비와 특권과 의무에 관한 설명을 배우고 거기에 순종해야 한다." Berkhof, 『조직신학』, 886f.

2) 이점과 관련하여 레이몬드는 말하기를, "구약의 할례가 할례의식과는 관계없이 믿음으로 받는바 전가된 의(imputed righteousness)의 표호이자 인호인 것처럼(롬 4:11), 할례의 성례전적 후속 의식인 신약의 세례도 새 언약의 영적 진리에 대한 표호요 인호로서 성격상 구원을 위해 효력이 있을 뿐이다. 다시 말해서, 표호이자 인호로서 세례는 '세례의식과 관계없이 믿음으로' 은혜를 (1) 상징하고(signify), (2) 확증하는(confirm) 은혜의 방편이다." Reymond, 『최신 조직신학』, 1197.

3) 이점과 관련하여 벌코프는 다음과 같이 설명하고 있다. "개혁 교회에서는 말씀의 선포와 성례의 시행이 같은 범주에 속한 것으로 보고, 가르치는 장로나 목사가 유일한 세례 시행자라는 원리를 견지했다. 말씀과 성례는 합하여 제정된 말씀을 이룬다." Berkhof, 『조직신학』, 894.

4) 유아세례는 종교개혁기의 재세례파, 그리고 지금의 침례교회와 개혁교회와의 가장 중요한 차이점 가운데 하나이다. 개혁교회의 유아세례에 대한 근거와 상세한 논의에 대하여는 Berkhof, 『조직신학』, 895-905; Reymond, 『최신 조직

신학』, 1177-94. 참고로, 레이몬드는 유아세례에 대한 성경적, 교회사적 근거를 살핀 후 다음과 같이 말하고 있다. "구약의 역사와 신약의 세대를 통해서뿐만 아니라 교회 역사에 이르기까지, 언약 부모(covenant parents)의 아이들의 경우 언약 공동체 안에서 지위를 차지하고 있음이 분명하다. 그러므로 개혁주의 유아세례론자들은 오늘날 유아들과 어린 아이들의 세례가 다음과 같은 세 가지 성경의 부인할 수 없는 진리들로부터 정당하게 추론될 수 있다고 믿는다. (1) 남자 아이들은 구약 시대에 은혜 언약의 표호와 인호를 받았다. (2) 은혜 언약은 계속성과 유기적인 통일성을 가지고 있다. 즉, 하나님의 백성은 본질적으로 모든 세대에 하나이다. (3) 은혜 언약의 표를 언약의 아이들에게 베풀도록 한 구약의 명령을 신약에서 폐기한 사실을 아무도 결코 발견할 수가 없다"(p. 1188).

5) 성찬에 대한 성경의 여러 가지 표현들이 나타나는데 대표적인 것들은 다음과 같다: '주의 만찬(성만찬)'(the Lord's Supper, 고전 11:20), '주의 상'(고전 10:21), '떡을 떼 나눔'(행 2:42; 고전 10:16); '축사, 축복'(성찬, *Eucharist*, 고전10:16; 11:24); '(거룩한) 교통'(고전11:20), etc. Cf. Reymond, 『최신 조직신학』, 1201; Berkhof, 『조직신학』, 910.

6) Cf. Berkhof, 『조직신학』, 914. 성찬은 상징일 뿐만 아니라 인(印)이기도 하다. 벌코프에 따르면, 성례의 두 가지 특성 곧 표지와 인은 서로 밀접한 상관성이 있다. 하나의 상징으로서의 성례, 달리 말하면 성례는 성례 그 자체가 의미하는 모든 것과 함께, 계시된 하나님의 언약의 은혜에 대한 보증이다. 그러므로 성찬이 인을 쳐 주는 것은 다음과 같은 사실들이다. (1) 성찬은 참여자에게, 그리스도께서 신자들을 위하여 수치스럽고 비참한 죽음에 자신을 내어 주셨다는 사실에 계시된 그리스도의 위대한 사랑을 인쳐 준다. (2) 참여자에게 은혜 언약에서 약속된 그리스도의 사랑과 은혜를 약속해 줄뿐만이 아니라, 구원의 복

이 실제적으로 그의 소유가 되었다는 것을 확신시켜 준다. (3) 또한 성찬은 참여자가 하는 하나의 신앙고백의 표지이기도 한데, 즉 그리스도를 자신들의 구주로 고백하며, 왕으로서의 그리스도께 충성을 서약하며, 그의 거룩한 명령에 순종하는 삶을 살 것을 서약하는 것이다(p. 915 참조).

7) 종교개혁기에 그리스도께서 성찬에 임재하는 형식과 관련하여 많은 신학적인 논란이 있었다. (1) 로마 가톨릭의 견해 – '화체설'(Transubstantiation): 실제로 떡과 포도주가 그리스도의 살과 피로 바뀐다고 본다. 그러므로 성례적 연합을 물질적인 것으로 보았다. (2) 루터파의 견해 – '공재설'(Consubstantiation): 떡과 포도주는 아무런 변화가 없이 남아있으나, 떡과 포도주 '안에, 함께, 그리고 아래에', 몸과 피를 포함하는 그리스도의 전 인격이 신비스럽고 기적적인 방법으로 임재한다고 보았다. (3) 쯔빙글리의 견해 – '상징설'(Symbolic Representation, 기념설): 성찬의 요소들은 그리스도의 죽음에 대한 상징적이고 가견적인 표현(symbolic visible representations of the death of Christ)으로 보았다. (4) 존 칼빈과 개혁파 견해 – '실제적 영적 임재설'(Real Spiritual Presence): 성찬에 있어 그리스도께서 육체적으로 또는 장소적으로 임재하시는 것은 아니지만, 그러나 성령을 매개로 하여 실제적으로, 영적이며 신비적으로 임재하신다고 본다. 보다 상세한 논의는 Berkhof, 『조직신학』, 915-18; Reymond, 『최신 조직신학』, 1205-11; Erickson, 『복음주의 조직신학(하)』, 313-322를 보라.

32과

1) 참고로, 벌코프는 객관적인 은혜의 방편으로서 오직 '하나님의 말씀과 성례' 두 가지만을 말하고 있으나(cf. Berkhof, 『조직신학』, 866), 레이몬드는 "기도

로 말미암아 '만복의 근원이신 하나님께로 나아가게' 되는 점과, 하나님과의 교제 곧 하나님과의 대화인 기도를 통해서 모든 은혜의 정서들(graces affections) 곧 경외, 사랑, 감사, 순복, 믿음, 기쁨, 그리고 경건의 헌신 등이 더욱 뜨거워지게 된다는 점을 고려하면, 기도가 분명 은혜의 열매이기는 하지만, 은혜의 방편으로 취급하는 것도 옳은 일이다"라고 말하고 있다. Reymond, 『최신 조직신학』, 1150f, n. 1. 그리고 〈소교리문답〉 88문답은 분명히 은혜의 방편으로서 '말씀과 성례, 그리고 기도'를 말하고 있기 때문에, 여기에서는 3가지를 말하려고 한다. 신학에 있어 기도의 중요성에 대하여는 유해무, 『신학: 삼위일체 하나님을 위한 송영』, 204-33을 참조하라.

2) 그러므로 칼빈은 말하기를, 기도는 "믿음의 최상의 실천이며 우리는 이것을 통해 매일 하나님의 은혜를 받는다"고 말하며, 기도를 '하나님과의 대화'라고 정의하고 있다. Calvin, 『기독교 강요』, III. xx. (기도에 대한 표제)와 III. xx. 4.

3) 구르뎀은 기도에 대하여 다음과 같이 말하고 있다. "[먼저] 기도는 하나님을 향한 우리의 신뢰를 나타내고 우리의 신뢰를 증진시킬 수 있는 수단이기 때문에, 하나님은 우리가 기도하기 원하신다. … 기도는 하나님과의 관계를 더욱 깊게 해주며, 하나님은 우리를 사랑하시고 우리와의 교제를 기뻐하신다.… 하나님께서는 피조물인 우리가 기도를 통해서 영원히 중요한 일들에 관여하기를 원하신다는 것이다. 우리가 기도할 때 하나님의 나라가 확장된다. 따라서 기도는 우리로 하여금 천국 사역에 참여할 수 있는 엄청난 기회를 제공하며, 하나님의 형상대로 지음을 받은 피조물로서의 우리의 위대함을 보여준다." Gurdem, 『조직신학(상)』, 566ff.

4) 골즈워디는 기도에 대하여 아주 간단명료하게 정의하기를, "기도는 하나님과 이야기하는 것이다"라고 한다. Graeme Goldsworthy, *Prayer and the Knowledge of God* (Leicester, UK: InterVarsity Press, 2003), 정옥배 역, 『기

도와 하나님을 아는 지식』 (서울: IVP, 2005), 18. 이러한 기도에 대한 정의를 통하여 그는 "기도에 대한 기독교적[혹은 성경적] 이해는 하나님의 자기 계시와 하나님에 대한 우리의 지식과 결부되어 있음"을 말한다(p. 29). 다음의 요약은 그가 말하고자 하는 성경적인 기도의 실제적인 기초이다: "삼위일체 내에서 말을 통해 소통하는 것은 영원히 지속되는 하나님의 본성이다. 말씀하시는 하나님이 말씀으로 만물을 창조하시고 그의 형상으로 사람을 지으셨다. 창조하시는 말씀이 육신이 되었으며 지상에 계실 동안 그의 백성을 위하여 기도하셨다. 부활하시고 승천하신 말씀이신 예수님은 우리가 하나님께 돌아가기 위해 필요한 모든 일을 하시고, 이제 하늘에서 그의 백성들을 위해 기도하신다. 하나님의 참된 형상이신 예수님은, 우리가 그리스도 안에 있다는 것이 곧 하나님의 형상으로 회복되고 그 안에서 기도하는 백성이 된다는 의미임을 보여 주신다"(p. 46).

5) 우리가 기도할 때 성부 하나님에게만 해야 하는가 하는 의문이 있는데, 성부, 성자, 성령 하나님, 곧 삼위일체 하나님 모두 공히 우리의 기도의 대상이 되신다. Cf. Gurdem, 『조직신학(상)』, 573ff.

6) 칼빈은 우리가 기도해야 할 이유를 다음과 같이 여섯 가지로 요약하여 설명하고 있다: "첫째로, 하나님을 항상 찾으며 사랑하며 섬기겠다는 소원과 열의가 우리 마음에 불일 듯하기 위해서이다. 이렇게 되려면 곤란한 일이 있을 때마다 하나님을 거룩한 구원의 닻으로 믿고 그에게 달려가서 피난하는 습관이 붙어야 한다. 둘째로, 하나님께 알려 드리지 못할 부끄러운 욕망이나 소원이 우리 마음에 침입하지 못하도록 하기 위해서이다. 이렇게 되려면 하나님의 눈앞에 우리의 모든 소원을 내놓으며, 우리의 속마음을 토로해야 한다. 셋째로, 하나님께서 여러 가지 은혜를 주실 때에 진심으로 감사하면서 받을 수 있도록 하기 위해서이다. 기도는 우리로 하여금 모든 은혜가 하나님의 손으로부터 온다는

것을 기억하게 한다(시 145:15-16 참조). 넷째로, 우리가 구하던 것을 얻고, 하나님께서 기도에 응답해주셨다는 확신으로 그의 인자하심을 더욱 열심히 명상하도록 하려는 것이다. 동시에 다섯째로, 기도로 얻었다고 인정하는 것들을 더욱 큰 기쁨으로 받아들이도록 하기 위해서이다. 끝으로, 우리의 연약한 정도에 따라서 습관과 경험으로 그의 섭리를 확인하도록 하려는 것이다. 이렇게 되려면 하나님께서 우리를 결코 버리지 않겠다고 약속하시며, 우리가 곤란할 때에 그에게 빌 길을 친히 열어주신다는 것을 깨달을 뿐만 아니라, 하나님께서는 자기 백성을 언제나 도와주시며, 말씀으로 달래시는 것이 아니고 즉각적인 도움으로 지켜주신다는 것을 깨달아야 한다." Calvin, 『기독교 강요』, III. xx. 3.

7) "쉬지 말고 기도하라"는 말씀의 의미는 한 순간도 쉬지 말고 계속하여 기도하라는 것이거나 또는 "일상생활을 그만두고 기도원으로 들어가라는 뜻이 아니다. 항상 하나님과 교제를 나누면서 살고 '기도의 구조'가 '삶의 구조'가 되도록 하라는 말씀이다. 기도에서도 하나님께서 1인칭으로 말씀하시고 우리는 2인칭으로서 그의 말씀을 듣는다. '하나님 앞에서' (coram Deo) 일상생활을 영위하는 것이 곧 기도의 구조로 살아가는 삶이다. 생활에서 모든 것을 하나님께 구하고 살아가는 사람은 '범사에 감사하라' (살전 5:18)는 말씀도 지킨다. 진정으로 기도하는 사람은 모든 것을 주님께 돌려드리고 송영을 드리면서 사는 사람인 것이다." 유해무, 『신학: 삼위일체 하나님을 향한 송영』, 227f.

8) 이점과 관련하여 다음과 같은 칼빈의 설명을 들어보기로 하자. "그러므로 하늘 아버지께서 우리를 위해 저장되어 있는 보물에 우리의 손이 닿으려면 기도의 힘을 빌려야 한다. 왜냐하면 사람과 하나님 사이에는 교통이 있으며 또 하나님께서는 말씀만으로 약속하셨지만 우리는 그것을 믿었고, 필요한 때에는 그 약속이 헛되지 않다는 것을 체험하기 위하여 우리는 하늘 지성소에 들어가서 직접 하나님께 호소할 수 있기 때문이다. 그러므로 하나님께 기대해도 좋다고 약

속하신 것은 또한 기도를 통하여 무엇이든지 하나님께 구하라고 하셨다. 주의 복음이 우리에게 가리켜 주었고 우리가 믿음의 눈으로 본 보화를 기도로 파낸다고 하는 것은 틀림없는 사실이다." Calvin, 『기독교 강요』, III. xx. 2.

참고문헌(Bibliography)

Achtemeier, Paul J. *Inspiration and Authority: Nature and Function of Christian Scripture*. Peabody, MS: Hendrickson Publishers, 1999.

Aland, Kurt. *Martin Luther's 95 Theses: With the Pertinent Documents from the History of the Reformation*. Saint Louis: Condordia Publishing House, 1967.

Anselm. 『인간이 되신 하나님(*Cur Deus Homo*)』. 이 은재 역. 서울: 한들출판사, 2007.

Archer, Gleason L. *Encyclopedia of Bible Difficulties*. Grand Rapids: Zondervan, 1982.

_____. *A Survey of Old Testament: Introduction*. Chicago: Moody Press, 1974. 김정우 역.『구약총론』. 서울: 기독교문서선교회, 1989.

Augustine. *The Trinity*. 김종흡 역.『삼위일체론』. 고양: 크리스챤다이제스트, 1993.

_____. *The City of God*. 조호연 · 김종흡 역.『하나님의 도성』. 고양: 크리스챤다이제스트, 1998.

_____. *The Confessions*. 선한용 역.『고백론』. 서울: 대한기독교서회, 2003.

Bahnsen, Greg L., et al. *Five Views on Law and Gospel*. Grand Rapids: Zondervan, 1996.

Baker, D. L. *Two Testaments, One Bible*. Leicester: IVP, 1976. 오광만 역.『구속사적 성경해석학』. 서울: 엠마오, 1989.

Barth, Karl. *Church Dogmatics*, Vol. I.1, *The Doctrine of the Word of God*, 2nd ed. Trans. G. W. Bromiley. London and New York: T & T Clark, 1975. 박순경 역.『교회 교의학 I/1』. 서울: 대한기독교서회, 2003.

Barton, John, ed. *The Cambridge Companion to Biblical Interpretation*.

Cambridge: Cambridge University Press, 1998.

Basinger, David. *The Case for Freewill Theism: A Philosophical Assessment.* Downers Grove, IL: InterVarsity Press, 1996.

Bavinck, Herman. *The Doctrine of God*. Trans. William Hendricksen. Pennsylvania: The Banner of Truth Trust, 1977. 이승구 역.『개혁주의 신론』. 서울: 기독교문서선교회, 1988.

_____. *The Last Things: Hope for this World and the Next*. Trans. John Vriend. Grand Rapids: Baker Books, 1996.

Beasley-Murray, G. R. *Jesus and the Kingdom of God*. Grand Rapids: Eerdmans, 1986. 박문재 역.『예수와 하나님 나라』. 서울: 크리스천다이제스트, 1991.

Beeke, Joel R. *Assurance of Faith: Calvin, English Puritanism, and the Dutch Second Reformation*. New York: Peter Lang, 1994.

Berkhof, Louis. *Principles of Biblical Interpretation*. Grand Rapids: Baker Book House, 1994, Reprinted. 윤종호 · 송종섭 역.『성경 해석학』. 서울: 개혁주의신행협회, 1979.

_____. *Systematic Theology*. Grand Rapids: Eerdmans, 1996, New Combined Edition. 권수경 · 이상원 역.『조직신학(합본)』. 고양: 크리스챤다이제스트, 2000.

Berkouwer, G. C. *The Church*. Trans. James E. Davison. Grand Rapids: Eerdmans, 1976. 나용화 · 이승구 역.『개혁주의 교회론』. 서울: CLC, 2006.

Bickersteth, Edward H. *The Holy Spirit: His Person and Work*. Grand Rapids: Kregel Publications, 1959.

Blocher, Henri. "Immanence and Transcendence in Trinitarian Theology." In *The Trinity in A Pluralistic Age*, ed. Kevin J. Vanhoozer (Grand Rapids: Eerdmans, 1997): 104-23.

Boehl, Edward. *The Reformed Doctrine of Justification*. Grand Rapids: Eerdmans, 1946.

Boice, James M. *The Foundation of Biblical Authority*. Grand Rapids: Zondervan, 1978. 황영철 역.『성경의무오설』. 서울: 생명의말씀사, 1983.

Bonhoeffer, Dietrich. *Nachfolge*. Munchen: Kaiser Verlag, 1949. 허혁 역.『나를 따르라』. 서울: 대한기독교서회, 1991.

_____.『그리스도론』. 이종성 역. 서울: 대한기독교서회, 1979.

Boyd, Gregory A. *God of the Possible: A Biblical Introduction to the Open View of God*. Grand Rapids: Baker Books, 2000.

Bright, John. *The Kingdom of God: The Biblical Concept and Its Meaning*. Nashville: Abingdon Press, 1983. 김철손 역.『하나님의 나라』. 서울: 컨콜디아사, 1990.

Buchanan, James. *The Doctrine of Justification*. Pennsylvania: Banner of Truth Trust, 1997. 신호섭 역.『칭의 교리의 진수』. 서울: 지평서원, 2002.

Bunyan, John. *The Pilgrim's Progress*. 유성덕 역.『천로역정』. 고양: 크리스챤다이제스트, 2003.

Calvin, John. *Institutes of the Christian Religion*, 2 Vols. Trans. Ford L. Battles. Philadelphia: Westminster Press, 1968. 김종흡외 3인 역.『기독교강요』. 서울: 생명의말씀사, 1988.

Campbell, Ted A. *Christian Confessions: A Historical Introduction*. Louisville: Westminster John Knox Press, 1996.

Carson, D. A. *Biblical Interpretation and the Church: Text and Context*. Grand Rapids: Baker Book House, 1984.

Carson, D. A., and Duglas J. Moo. *An Introduction to the New Testament*. Grand Rapids: Zondervan, 1992. 엄성욱 역.『신약개론』. 서울: 은성, 2006.

Charnock, Stephen. *The Existence and Attributes of God*. One Volume Edition. Grand Rapids: Baker Books, 1996.

Clowney, Edmond P. *The Church*. Downers Grove, IL: InterVarsity Press, 1995. 황영철 역.『교회』. 서울: IVP, 1998.

Cochrane, Arthur C., ed. *Reformed Confessions of 16th Century*. Philadelphia: Westminster Press, 1966.

Copan, Paul, and William L. Craig. *Creation out of Nothing: A Biblical, Philosophical, and Scientific Exploration*. Grand Rapids: Baker Academic, 2004.

Coppedge, Allan. *The God Who is Triune*. Downers Grove, IL: IVP, 2007.

Crossan, John D. *The Historical Jesus*. San Francisco: Harper San Francisco, 1991.

Cullmann, Oscar. *Salvation in History*. Trans. Sidney G. Sowers. New York: Harper & Row, 1967. 김광식 역.『구원의 역사』. 서울: 대한기독교출판사, 1978.

_____. *The Christology of the New Testament*. Revised ed. Trans. Shirley C. Guthrie and Charles A. M. Hall. Philadelphia: Westminster Press, 1963. 김근수 역.『신약의 기독론』. 서울: 나단, 1988.

_____. *Christ and Time: The Primitive Christian Conception of Time and History*. Trans. Floyd V. Filson. Philadelphia: Westminster Press,

1950. 김근수 역. 『그리스도와 시간』. 서울: 나단, 1987.

Davis, Leo Donald. *The First Seven Ecumenical Councils (325-787): Their History and Theology*. Collegeville, MN: Liturgical Press, 1990.

Davis, Stephen T., et al. eds. *The Trinity: An Interdisciplinary Symposium on the Trinity*. Oxford: Oxford University Press, 2004.

de Vaux, Roland. *Das Alte Testament und seine Lebensordnungen*. Freiburg: Verlag Herder, 1964. 이양구 역. 『구약시대의 생활풍속』. 서울: 대한기독교출판사, 1991.

DeHaan, M. R. *Law or Grace*. Grand Rapids: Zondervan, 1965. 이용화 역. 『율법이냐 은혜냐』. 서울: 생명의말씀사, 2005.

Demarest, Bruce A. *General Revelation: Historical Views and Contemporary Issues*. Grand Rapids: Zondervan, 1982.

_____. *The Cross and Salvation*. Wheaton, IL: Crossway Books, 1997. 이용중 역. 『십자가와 구원』. 서울: 부흥과개혁사, 2006.

Dembski, William A. *Intelligent Design: The Bridge between Science and Theology*. Downers Grove, IL: InterVarsity Press, 1999. 서울대학교창조과학연구회 역. 『지적설계』. 서울: IVP, 2002.

Denzinger, Henricus, and Adolfus Schoenmetzer. *Enchiridion Symbolorum*. Freiburg: Herder, 1965.

Dillistone, F. W. *The Christian Understanding of Atonement*. Philadelphia: Westminster Press, 1968.

Donnelly, John. "Creation ex Nihilo.:" In *Logical Analysis and Contemporary Theism*, ed. J. Donnelly (New York: Fordham University Press, 1972): 200-17.

Du Toit, A. B. 『신약정경론』. 권성수 역. 서울: 엠마오, 1988.

Ellul, Jacques. *La Raison D'Etre*. Paris: Du Seuil, 1987. 박건택 역.『존재의 이유』. 서울: 규장, 2005.

Erickson, Millard J. *Christian Theology*, 2nd ed. Grand Rapids: Baker Books, 1998. 신경수 역.『복음주의 조직신학(상), (중), (하)』. 고양: 크리스챤다이제스트, 2000.

_____. *Contemporary Options in Eschatology*. Grand Rapids: Baker Book House, 1977. 박양희 역.『현대 종말론 연구』. 서울: 생명의말씀사, 1996.

Farley, Benjamin W. *The Providence of God*. Grand Rapids: Baker Book House, 1988.

Fee, Gordon D., and Douglas Stuart. 『성경을 어떻게 읽을 것인가』. 오광만 역. 서울: 성서유니온, 1988.

Feinberg, John S. *No One Like Him: The Doctrine of God*. Wheaton, IL: Crossway Books, 2001.

Ferguson, Everett. *The Church of Christ: A Biblical Ecclesiology for Today*. Grand Rapids: Eerdmans, 1996.

Ferguson, Sinclair B. *The Holy Spirit*. Downers Grove, IL: InterVarsity Press, 1996. 김재성 역.『성령』. 서울: IVP, 1999.

Fesko, J. V. *Justification: Understanding the Classic Reformed Doctrine*. Phillipsburg: P & R Publishing, 2008.

Fortman, Edmund J. *The Triune God: A Historical Study of the Doctrine of the Trinity*. Philadelphia: Westminster Press, 1972.

Frame, John M. *No Other God: A Response to Open Theism*. Phillipsburg, N.J.: P & R Publishing Co., 2001.

_____. *The Doctrine of God*. Phillipsburg, N.J.: P & R Publishing Co., 2002.

_____. *The Doctrine of the Christian Life*. Phillipsburg, N.J.: P & R Publishing Co., 2008.

_____. 『기독교적 신지식과 변증학』. 문석호 역. 서울: 은성, 1989.

_____. 『하나님의 영광을 위한 변증학』. 서울: 영음사, 1997.

Gaffin, Richard B. Jr. *By Faith, Not by Sight: Paul and the Order of Salvation*. Bucks, UK: Paternoster, 2006. 유태화 역. 『구원이란 무엇인가』 서울: 크리스챤출판사, 2007.

_____. 『성령의 은사론』. 권성수 역. 서울: 기독교문서선교회, 1983.

Garrett, James L. *Systematic Theology: Biblical, Historical, and Evangelical*, Vol. 1. Grand Rapids: Eerdmans, 1990.

Geisler, Norman L. *Inerrancy*. Grand Rapids: Zondervan, 1980.

_____. *Creating God in the Image of Man?* Minneapolis: Bethany House Publishers, 1997.

_____, ed. 『성경 무오: 도전과 응전』. 권성수 역. 서울: 엠마오, 1988.

Geivett, R. Douglas, and Gary R. Habermas. *In Defence of Miracles: A Comprehensive Case for God's Action in History*. Downers Grove, IL: InterVarsity Press, 1997.

Giles, Kevin. *What on Earth is the Church?: An Exploration in the New Testament*. Downers Grove, IL: InterVarsity Press, 1995. 홍성희 역. 『신약성경의 교회론』. 서울: 기독교문서선교회, 1999.

Gnanakan, Ken. 『생태위기와 교회의 대응: 환경신학』. 이상복 역. 서울: UCN, 2005.

Goergen, Donald J. *The Jesus of Christian History*. Collegeville, MN: The Liturgical Press, 1992.

Goldsworthy, Graeme. *Prayer and the Knowledge of God.* Leicester, UK: InterVarsity Press, 2003. 정옥배 역. 『기도와 하나님을 아는 지식』. 서울: IVP, 2005.

Gonzalez, Justo L. *A History of Christian Thought,* 3 Vols. Nashville: Abingdon Press, 1970-1975. 이형기 · 차종순 역. 『기독교사상사(I), (II), (III)』. 서울: 대한예수교장로회총회출판국, 1988.

Green Joel B., and Max Turner. *Jesus of Nazareth Lord and Christ: Essays on the Historical Jesus and the New Testament Christology.* Grand Rapids: Eerdmans, 1994.

Grenz, Stanley J. *Rediscovering the Triune God: The Trinity in Contemporary Theology.* Minneapolis: Fortress Press, 2004.

Grillmeier, Aloys. *Christ in Christian Tradition,* Vol. 1, *From the Apostolic Age to Chalcedon (451).* Trans. John Bowden. Atlanta: John Knox Press, 1975.

Gunton, Colin E. *Yesterday and Today: A Study of Continuities in Christology.* Grand Rapids: Eerdmans, 1983.

_____. *The Promise of Trinitarian Theology.* Edinburgh: T & T Clark, 1991.

_____. *A Brief Theology of Revelation.* Edinburgh: T & T Clark, 1995.

Grudem, Wayne. *Systematic Theology: An Introduction to Biblical Doctrine.* Grand Rapids: Zondervan, 1994. 노진준 역. 『조직신학(상), (중), (하)』. 서울: 은성, 2006.

Hahn, Ferdinand. *The Titles of Jesus in Christology.* New York: The World Publishing Co., 1969.

Hannah, John D., ed. *Inerrancy and the Church.* Chicago: Moody Press, 1984.

Hanson, R. P. C. *The Search for the Christian God*. Edinburgh: T & T Clark, 1988.

Hanson, Paul D. *The People Called: The Growth of Community in the Bible*. San Francisco: Harper & Row, 1986.

Harris, R. Laird. 『성경의 영감과 정경』. 박종칠 역. 서울: 한국개혁주의신행협회, 1990.

Harrison, Everett F. *The Apostolic Church*. Grand Rapids: Eerdmans, 1985.

Heidegger, Martin. *Sein und Zeit*. Tubingen: Niemeyer Verlag, 1972. 전양범 역. 『존재와 시간』. 서울: 시간과공간사, 1989.

Helm, Paul. *The Divine Revelation*. Westchester, IL: Crossway Books, 1982.

_____. *The Providence of God*. Downers Grove, IL: InterVarsity Press, 1994. 이승구 역. 『하나님의 섭리』. 서울: IVP, 2004.

Heppe, Heinrich. 『개혁파 정통교의학』. 이정석 역. 고양: 크리스챤다이제스트, 2007.

Heron, Alasdair I. C. *The Holy Spirit*. Philadelphia: Westminster Press, 1983.

Heron, T. C., and Charles E. Hurlburt. *Names of Christ*. Chicago: Moody Press, 1994.

Hesselink, I. John. *On Being Reformed: Distinctive Characteristics and Common Misunderstandings*. Ann Arbor, MI: Servant Books, 1983.

Hill, Charles E., and Frank A. Jame III, eds. *The Glory of the Atonement: Biblical, Historical, and Practical Perspectives*. Downers Grove, IL: InterVarsity Press, 2004.

Hodge, Charles. *Justification by Faith Alone*. Hobbs, NM: The Trinity Foundation, 1995.

Hoekema, Anthony A. *The Bible and the Future*. Grand Rapids: Eerdmans, 1979. 류호준 역.『개혁주의 종말론』. 서울: 기독교문서선교회, 1986.

_____. *Created in God's Image*. Grand Rapids: Eerdmans, 1986. 류호준 역.『개혁주의 인간론』. 서울: 기독교문서선교회, 1990.

_____. *Saved by Grace*. Grand Rapids: Eerdmans, 1989. 류호준 역.『개혁주의 구원론』. 서울: 기독교문서선교회, 1991.

Horton, Michael S. *Beyond Culture Wars*. 김재영 역.『세상의 포로 된 교회』. 서울: 부흥과개혁사, 2001.

_____. *The Law of Perfect Freedom*. 윤석인 역.『십계명의 렌즈를 통해서 보는 삶의 목적과 의미』. 서울: 부흥과개혁사, 2005.

Hughes, R. Kent. *Disciplines of Grace*. Wheaton, IL: Crossway Books, 1993. 박경범 역.『십계명: 현대인을 위한 십계명 해설』. 서울: 은성, 1994.

Jansen, John Frederick. *Calvin's Doctrine of the Work of Christ*. London: James Clarke, 1956.

Jay, Eric G. The Church: *Its Changing Image through Twenty Centuries*, 2 Vols. London: SPCK, 1977, 1978. 주재용 역.『교회론의 변천사』. 서울: 대한기독교서회, 2002.

Jeanrond, Werner G. *Text and Interpretation as Categories of Theological Thinking*. New York: Crossroad, 1988.

_____. *Theological Hermeneutics: Development and Significance*. New York: Crossroad, 1991.

Jensen, Peter. *The Revelation of God*. Downers Grove, IL: InterVarsity Press, 2002. 김재영 역.『하나님의 계시』. 서울: IVP, 2008.

John. Owen, *The Holy Spirit: His Gift and Power*. Grand Rapids: Kregel

Publications, 1954.

Jukes, Andrew. *The Names of God: Discovering God as He Desires to be Known*. Grand Rapids: Kregel, 1967.

Kahler, Martin. *The So-called Historical Jesus and the Historic Biblical Christ*. Trans. Carl E. Braaten. Philadelphia: Fortress Press, 1988.

Karkkainen, Veli-Matti. *The Trinity: Global Perspectives*. Louisville: Westminster John Knox Press, 2007.

Kelly, John N. D. *Early Christian Doctrines*. New York: Continuum International Publishing Group, 1968. 박희석 역.『고대 기독교 교리사』. 고양: 크리스챤다이제스트, 2004.

_____. *Early Christian Creeds*, 3rd ed. New York: Longman, 1972.

Kevan, Ernest F. *The Grace of Law: A Study of Puritan Theology*. Grand Rapids: Guardian Press, 1976. 임원택 역.『율법, 그 황홀한 은혜: 청교도 신앙의 정수』. 서울: 수풀, 2006.

Kim, Eunsoo. "Time, Eternity, and the Trinity: A Trinitarian Analogical Understanding of Time and Eternity." A Ph.D. Dissertation, Trinity Evangelical Divinity School, 2006.

Kline, Meredith G. *Kingdom Prologue: Genesis Foundation for a Covenantal Worldview*. Overland Park: Two Age Press, 2000. 김구원 역.『하나님 나라의 서막』. 서울: P & R Publishing Co., 2007.

Kung, Hans. *The Incarnation of God*. Trans. J. R. Stephenson. New York: Crossroad, 1987.

_____.『신은 존재하는가?(I)』. 성염 역. 왜관: 분도출판사, 1994.

_____.『교회란 무엇인가?』. 이홍근 역. 왜관: 분도출판사, 1994.

_____. *The Church*. Trans. Ray and Rosaleen Ockenden. New York: Sheed and Ward, 1967. 정지련 역.『교회』. 서울: 한들출판사, 2007.

Kuyper, Abraham. *The Work of the Holy Spirit*. Trans. Henri De Vries. Grand Rapids: Eerdmans, 1956. 김해연 역.『성령의 사역』. 서울: 성지출판사, 1998.

Kuyvenhoven, Andrew. *The Day of Christ's Return: What the Bible Teaches, What You Need to Know*. Grand Rapids: CRC Publications, 1999. 심재승 역.『쉽게 풀어 쓴 개혁주의 종말론』. 서울: 이레서원, 2001.

LaCugna, Catherine Mowry. *God for Us: The Trinity and Christian Life*. San Francisco: Harper San Francisco, 1991. 이세형 역.『우리를 위한 하나님: 삼위일체와 그리스도인의 삶』. 서울: 대한기독교서회, 2008.

Ladd, George Eldon.『하나님 나라』. 원광연 역. 고양: 크리스챤다이제스트, 1997.

_____. *The Last Things: An Eschatology for Laymen*. Grand Rapids: Eerdmans, 1978. 이승구 역.『개혁주의 종말론 강의: 마지막에 될 일들』. 서울: 이레서원, 2000.

Leith, John H. *Introduction to the Reformed Tradition*. Atlanta: John Knox Press, 1981.

_____, ed. *Creeds of the Churches*, 3rd ed. Louisville: John Knox Press, 1982.

Letham, Robert. *The Work of Christ*. Downers Grove, IL: InterVarsity Press, 1998. 황영철 역.『그리스도의 사역』. 서울: IVP, 2000.

_____. *The Holy Trinity: In Scripture, History, Theology, and Worship*. Phillipsburg, N.J.: P & R Publishing Co., 2004.

Lewis, Clive S. 『고통의 문제』. 이종태 역. 서울: 홍성사, 2002.

_____. 『헤아려 본 슬픔』. 강유나 역. 서울: 홍성사, 2004.

Lewis, Gordon, and Bruce Demarest, eds. *Challenges to Inerrancy: A Theological Response*. Chicago: Moody Press, 1984.

Lindsell, Harold. *The Battle for the Bible*. Grand Rapids: Zondervan, 1976.

Lohse, Bernhard. *A Short History of Christian Doctrine: From the First Century to the Present*. Trans. F. Ernest Stoeffler. Philadelphia: Fortress Press, 1985.

Luijpen, William A., and Henry J. Koren. *Religion and Atheism*. 류의근 역. 『현대 무신론 비판』. 서울: CLC, 2005.

MacArthur, John, et al. *Justification by Faith Alone*. Morgan, PA: Soli Deo Gloria, 1995.

MacGregor, Janet G. *The Scottish Presbyterian Polity*. Edinburgh: Oliver and Boyd, 1926. 최은수 역. 『장로교 정치제도 형성사』. 서울: 솔로몬, 1997.

MacLeod, Donald. *The Person of Christ*. Downers Grove, IL: InterVarsity Press, 1998. 김재영 역. 『그리스도의 위격』. 서울: IVP, 2001.

Marshall, I. Howard. *Biblical Inspiration*. Grand Rapids: Eerdmans, 1982.

Martens, Elmer A. *Plot and Purpose in the Old Testament Theology*. Leicester, UK: InterVasity Press, 1990. 김지찬 역. 『구약에 나타난 하나님의 계획과 목적』. 서울: 생명의말씀사, 1990.

Martin, Michael., ed. *The Cambridge Companion to Atheism*. Cambridge: Cambridge University Press, 2007.

May, Gerhard. *Creatio Ex Nihilo: The Doctrine of 'Creation out of Nothing' in Early Christian Thought*. Edinburgh: T & T Clark, 1994.

McDonald, H. D. *Theories of Revelation: An Historical Study 1700-1960*. Grand Rapids: Baker Book House, 1979.

_____. *The Atonement of the Death of Christ*. Grand Rapids: Baker Book House, 1985.

McGrath, Alister. *Iustitia Dei: A History of the Christian Doctrine of Justification*, 3rd ed. Cambridge: Cambridge University Press, 2005. 한성진 역.『하나님의 칭의론: 기독교 교리 칭의론의 역사』. 서울: CLC, 2008.

McNeill, John T. *The History and Character of Calvinism*. Oxford: Oxford University Press, 1954. 양낙홍 역.『칼빈주의 역사와 성격』. 고양: 크리스챤다이제스트, 1990.

Meeter, H. Henry. *The Basic Ideas of Calvinism*, 6th ed. Grand Rapids: Baker Book House, 1990.

Milne, Bruce. *Know the Truth: A Handbook of Christian Belief*. Downers Grove, IL: InterVarsity Press, 1982. 김정훈 역.『복음주의 조직신학 개론』. 고양: 크리스챤다이제스트, 2001.

Minear, Paul S. *Images of the Church in the New Testament*. Philadelphia: Westminster Press, 1960.

Moltmann, Jurgen. *The Crucified God*. Trans. R. A. Wilson and John Bowden. New York: Harper & Row, 1973. 김균진 역.『십자가에 달리신 하나님』. 서울: 한국신학연구소, 1979.

_____. *The Way of Jesus Christ*. Trans. Margaret Kohl. Minneapolis: Fortress, 1993. 김균진 · 김명용 역.『예수 그리스도의 길』. 서울: 대한기독교서회, 1990.

Morgan, George Campbell. *The Ten Commandments*. 김원주 역.『십계명』. 서울:

풍만출판사, 1987.

Morey, Robert. *The Trinity: Evidence and Issues.* Grand Rapids: World Publishing, 1996.

Murray, John. *The Imputation of Adam's Sin.* Phillipsburg, N.J.: P & R Publishing Co., 1959.

_____. *Calvin on Scripture and Divine Sovereignty.* Hertfordshire, UK: Evangelical Press, 1979. 나용화 역.『칼빈의 성경관과 주권사상』. 서울: 기독교문서선교회, 1994.

_____. *Redemption Accomplished and Applied.* Grand Rapids: Eerdmans, 1955. 하문호 역.『구속론』. 서울: 성광문화사, 1989.

_____.『조직신학』. 박문재 역. 고양: 크리스챤다이제스트, 2008.

Nash, Ronald H. *The Concept of God: An Exploration of Contemporary Difficulties with the Attributes of God.* Grand Rapids: Zondervan, 1983. 박찬호 역.『현대의 철학적 신론』. 서울: 살림, 2003.

Noll, Mark A. ed. *Confessions and Catechisms of the Reformation.* Grand Rapids: Baker Book House, 1991.

Norris, Richard A. Jr. *The Christological Controversy.* Philadelphia: Fortress Press, 1980.

Okhoim, Dennis L. and Timothy R. Philips. *Four Views on Salvation in a Pluralistic World.* Grand Rapids: Zondervan, 1996. 이승구 역.『다원주의 논쟁』. 서울: 기독교문서선교회, 2001.

Osborne, Grant R. *The Hermeneutical Spiral: A Comprehensive Introduction to Biblical Interpretation.* Downers Grove, IL: InterVarsity Press, 1991.

Osterhaven, M. Eugene. *The Spirit of the Reformed Tradition*. Grand Rapids: Eerdmans, 1971.

Owen, John. *Justification by Faith*. Grand Rapids: Sovereign Grace Publishers, 1971.

Pache, Rene. *The Person and Work of the Holy Spirit*. Chicago: Moody Press, 1954.

Packer, J. I. *Keep in Step with the Holy Spirit*. Old Tappan, N.J.: Fleming H. Revell Co., 1984.

Packer, J. I., and Carolyn Nystrom. *Praying: Finding Our Way through Duty to Delight*. Downers Grove, IL: InterVarsity Press, 2006. 정옥배 역. 『제임스 패커의 기도』. 서울: IVP, 2008.

Palmer, Edwin H. *The Person and Ministry of the Holy Spirit: The Traditional Calvinistic Perspective*. Grand Rapids: Baker Book House, 1974. 최낙재 역. 『감동적인 성경적 성령론』. 서울: 개혁주의신행협회, 2006.

Pannenberg, Wolfhart. *Jesus - God and Man*, 2nd ed. Trans. Lewis L. Wilkins and Duane A. Priebe. Philadelphia: Westminster Press, 1977.

Parker, T. H. L. *John Calvin*. London: J. M. Dent & Sons, 1975. 김지찬 역. 『존 칼빈의 생애와 업적』. 서울: 생명의말씀사, 1986.

_____. *Calvin: An Introduction to His Thought*. Louisville: Westminster/John Knox Press, 1995. 박희석 역. 『칼빈신학 입문』. 고양: 크리스챤다이제스트, 2001.

Pelikan, Jaroslav. *Jesus through the Centuries*. New York: Harper & Row, 1987.

Perrin, Norman. *The Kingdom of God in the Teaching of Jesus*. 이훈영 · 조호연

역. 『예수의 가르침 속에 나타난 하나님 나라』. 서울: 무림출판사, 1992.

Peters, Ted. *God as Trinity: Relationality and Temporality in Divine Life*. Louisville: Westminster/John Knox Press, 1993. 이세형 역. 『삼위일체 하나님』. 서울: 컨콜디아사, 2007.

Pink, Arthur W. *The Doctrine of Revelation*. Grand Rapids: Baker Book House, 1972.

_____. 『하나님의 언약』. 서울: CLC, 1989.

Pinnock, Clark, et al., ed. *The Openness of God: A Biblical Challenge to the Traditional Understanding of God*. Downers Grove, IL: InterVarsity Press, 1994.

Plantinga, Alvin. *Does God Have a Nature?* Milwaukee: Marquette University Press, 1980.

Pollard, T. E. *Johannine Christology and the Early Church*. Cambridge: Cambridge University Press, 1970.

Poythress, Vern S. *The Shadow of Christ in the Law of Moses*. Brentwood, TN: Wolgemuth and Hyatt Publishers, 1991.

Preston, Geoffrey. *Faces of the Church: Meditations on a Mystery and Its Images*. Grand Rapids: Eerdmans, 1997.

Pritchard, Ray. *Names of the Holy Spirit*. Chicago: Moody Press, 1995.

Quistorp, Heinrich. *Calvin's Doctrine of the Last Things*. 이희숙 역. 『칼빈의 종말론』. 서울: 성광문화사, 1995.

Rahner, Karl. *The Trinity*. Trans. J. Donceel. New York: Crossroad, 1997.

Ramm, Bernard. *Special Revelation and the Word of God*. Grand Rapids: Eerdmans, 1961.

_____. 『성경 해석학』. 권혁봉 역. 서울: 생명의말씀사, 1974.

Piper, John. *The Pleasures of God*. 엄성옥 · 이재기 역. 『하나님의 기쁨』. 서울: 은성, 2005.

Reid, W. Stanford. 『존 낙스의 생애와 사상』. 서영일 역. 서울: 기독교문서선교회, 1984.

Reymond, Robert L. *A New Systematic Theology of the Christian Faith*. Nashville: Thomas Nelson Publishers, 1998. 나용화외 3인 역. 『최신 조직신학』. 서울: CLC, 2004.

_____. 『개혁주의 변증학』. 이승구 역. 서울: 기독교문서선교회, 1999.

_____. 『개혁주의 기독론』. 나용화 역. 서울:CLC, 2007.

Ridderbos, Herman. *The Coming of the Kingdom*. Trans. H. de Jongste. Philadelphia: P & R Publishing, 1962. 오광만 역. 『하나님 나라』. 서울: 엠마오, 1988.

Robertson, O. Palmer. *The Christ of the Covenants*. Phillipsburg, N.J.: P & R Publishing Co., 1980. 김의원 역. 『계약신학과 그리스도』. 서울: 기독교문서선교회, 1983.

Robinson, James M. *A New Quest of the Historical Jesus*. London: SCM Press, 1971.

Rogers, Jack. *Presbyterian Creeds: A Guide to the Book of Confessions*. Philadelphia: Westminster Press, 1985.

Rondet, Henri. *Original Sin: The Patristic and Theological Background*. Staten Island, N.Y.: Alba House, 1972.

Runia. Klaas. *The Present-day Christological Debate*. Downers Grove: InterVarsity Press, 1984. 김호남 역. 『현대 기독론 연구』. 서울: 기독교문서

선교회, 1986.

Rusch, William G. *The Trinitarian Controversy*. Philadelphia: Fortress Press, 1980.

Sanders, E. P. *The Historical Figure of Jesus*. London: Penguin Press, 1993.

Saucy, Robert L. *The Church in God's Program*. Chicago: Moody Press, 1972.

Schaff, Philip. *The Creeds of Christendom*, 3 Vols. Grand Rapids: Baker Books, 1993, Reprinted.

_____. 『신조학』. 박일민 역. 서울: 기독교문서선교회, 1988.

Schaeffer, Francis A. *No Final Conflict*. Downers Grove, IL: InterVarsity Press, 1975. 김원주 역. 『궁극적 모순은 없다』. 서울: 생명의말씀사, 1995.

Schep, J. A. *The Nature of the Resurrection Body*. 김종태 역. 『부활체의 본질』. 서울: 기독교문서선교회, 1991.

Schmidt, Karl Ludwig. *The Church*. London: Adam and Charles Black, 1950.

Schreiner, Thomas R. *The Law and Its Fulfillment: A Pauline Theology of Law*. Grand Rapids: Baker Books, 1993. 배용덕 역. 『바울과 율법』. 서울: CLC, 1997.

Schweitzer, Albert. *The Quest of the Historical Jesus*. New York: MacMillan, 1964.

Sherman, Robert. *King, Priest, and Prophet: A Trinitarian Theology of Atonement*. New York: T & T Clark, 2004.

Smeaton, George. *The Apostles' Doctrine of the Atonement*. Winona Lake, IN: Alpha Publications, 1979.

Smedes, Lewis B. *Union with Christ: A Biblical View of the New Life in Jesus Christ*. Grand Rapids: Eerdmans, 1970. 오광만 역. 『바울의 그리스도와

의 연합 사상』. 서울: 여수룬, 1999.

Smith, David L. *With Willful Intent: A Theology of Sin*. Wheaton, IL: Victor Books, 1994.

Stein, Robert H. *Interpreting Puzzling Texts in the New Testament*. Grand Rapids: Baker Books, 1996.

Stevenson, J. *Creeds, Councils and Controversies: Documents Illustrating the History of the Church, AD 337-461*. Revised ed. London: SPCK, 1989.

Stone, Nathan. *Names of God*. Chicago: Moody Press, 1944.

Strauss, David F. *The Life of Jesus Critically Examined*. Trans. George Eliot. Philadelphia: Fortress Press, 1972.

Stuart, Douglas, and Gordon D. Fee. 『성경해석 방법론』. 김의원 역. 서울: 기독교문서선교회, 1987.

Tamburello, Dennis E. *Union with Christ: John Calvin and the Mysticism of St. Bernard*. Louisville: Westminster John Knox Press, 1994.

Tennant, T. F. *The Sources of the Doctrines of the Fall and Original Sin*. New York: Schocken Books, 1968.

Thiselton, Anthony C. *The Two Horizons*. Grand Rapids: Eerdmans, 1980.

_____. *New Horizons in Hermeneutics: The Theory and Practice of Transforming Biblical Reading*. Grand Rapids: Zondervan, 1992.

Torrance, Thomas F. *The Trinitarian Faith*. Edinburgh: T & T Clark, 1993.

Ursinus, Zacharias. 『하이델베르크 요리문답 해설』. 원광연 역. 고양: 크리스챤다이제스트, 2006.

Van Til, Cornelius. *An Introduction to Systematic Theology*. Phillipsburg, N.J.: P & R Publishing Co., 1974. 이승구 · 강웅산 역. 『조직신학 서론』. 고양:

크리스챤, 2009.

_____. 『변증학』. 신국원 역. 서울: 기독교문서선교회, 1985.

_____. 『개혁신앙과 현대사상』. 이승구 역. 서울: SFC, 2009.

VanGemeren, Willem. *The Progress of Redemption: The Story of Salvation from Creation to the New Jerusalem*. Grand Rapids: Baker Books, 1988. 안병호 · 김의원 역. 『구원계시의 발전사 (I), (II)』. 서울: ESP, 2006.

Vanhoozer, Kevin J. *Is There a Meaning in This Text?* Grand Rapids: Zondervan, 1998. 김재영 역. 『이 텍스트에 의미가 있는가?』. 서울: IVP, 2003.

_____, ed. *The Cambridge Companion to Postmodern Theology*. Cambridge: Cambridge University Press, 2003.

Vos, Geerhardus. *Biblical Theology: Old and New Testaments*. Grand Rapids: Eerdmans, 1991, Reprinted. 이승구 역. 『성경신학』. 서울: 기독교문서선교회, 1985.

_____. *The Self-Disclosure of Jesus*. Grand Rapids: Eerdmans, 1954. 이승구 역. 『예수의 자기계시』. 서울: 엠마오, 1986.

_____. *The Pauline Eschatology*. Grand Rapids: Erdmans, 1953. 이승구 · 오광만 역. 『바울의 종말론』. 서울: 엠마오, 1989.

Wainwright, Arthur W. *The Trinity in the New Testament*. London: SPCK, 1969.

Wainwright, William J. 『종교철학의 핵심』. 김희수 역. 서울: 동문선, 1999.

Ware, Bruce A. *God's Lesser Glory: The Diminished God of Open Theism*. Wheaton, IL: Crossway Books, 2000.

Warfield, Benjamin B. *Calvin and Augustine*. Philadelphia: Presbyterian and

Reformed Publishing Co., 1956.

_____. *The Westminster Assembly and Its Work*. Cherry Hill, N.J.: Mack Publishing Co., 1972.

Warren, Rick. *The Purpose Driven Life*. Grand Rapids: Zondervan, 2002. 고성삼 역. 『목적이 이끄는 삶』. 서울: 디모데, 2002.

Watson, Thomas. *The Lord's Prayer*. 이기양 역. 『주기도문 해설』. 서울: CLC, 1989.

_____. *The Ten Commandments*. 이기양 역. 『십계명 해설』. 서울: CLC, 2007.

Weber, Otto. 『칼빈의 교회관』. 김영재 역. 서울: 풍만출판사, 1985.

Weischedel, Wilhelm. 『철학자들의 신』. 서울: 동문선, 2003.

Wells, David. F. *The Person of Christ: A Biblical and Historical Analysis of the Incarnation*. Westchester, IL: Crossway Books, 1984. 이승구 역. 『기독론』. 서울: 토라, 2008.

Wendel, Francois. *Calvin: Origins and Development of His Religious Thought*. Trans. Philip Mairet. Grand Rapids: Baker Books, 1997. 김재성 역. 『칼빈: 그의 신학사상의 근원과 발전』. 고양: 크리스챤다이제스트, 1999.

Wierenga, Edward R. *The Nature of God: An Inquiry into Divine Attributes*. Ithaca: Cornell University Press, 1989.

Williams, Donald T. *The Person and Work of the Holy Spirit*. Nashville, TN: Broadman & Holman Publishers, 1994.

Williamson, G. I. *The Westminster Shorter Catechism*. Phillipsburg, N.J.: P & R Publishing Co., 2003. 유태화 역. 『웨스트민스터 소교리문답 강해』. 고양: 크리스챤출판사, 2006.

Witherington, Ben, III. *The Jesus Quest: The Third Search for the Jew of*

Nazareth. Downers Grove, IL: InterVarsity Press, 1995.

Wright, Christopher J. H. *Old Testament Ethics for the People of God*. Nottingham, UK: InterVarsity Press, 2004. 김재영 역. 『현대를 위한 구약윤리』. 서울: IVP, 2006.

Wright, Nicholas T. 『악의 문제와 하나님의 정의』. 노종문 역. 서울: IVP, 2008.

Yancey, Philip. 『내가 그리스도인이 되었을 때 아무도 말해주지 않았던 것들』. 채천석 역. 서울: 그루터기하우스, 2002.

Yandell, Keith E. *Christianity and Philosophy*. Grand Rapids: Eerdmans, 1984. 이승구 역. 『기독교와 철학 - 종교철학 입문』. 서울: 이컴비즈넷, 2007.

Young, Edward J. 『구약총론』. 홍반식 · 오병세 역. 서울: 개혁주의신행협회, 1988.

Young, Frances M. *From Nicea to Chalcedon: A Guide to the Literature and Its Background*. London: SCM Press, 1983.

Zamoyta, Vincent. *A Theology of Christ: Sources*. Beverly Hills: Benziger, 1967.

강영안. 『신을 모르는 시대의 하나님』. 서울: IVP, 2007.

고재수. 『개혁주의 입장에서 본 십계명 강해』. 서울: 여수룬, 1992.

권호덕. "율법의 세 가지 용법." 안명준 편집. 『칼빈신학 2009』 (서울: 성광문화사, 2009): 104-48.

김석환. 『교부들의 삼위일체론』. 서울: 기독교문서선교회, 2001.

김성원. 『신은 허구의 존재인가? - 현대 무신론 비판』. 서울: 대한기독교서회, 2003.

김세윤. 『주기도문 강해』. 서울: 두란노아카데미, 2000.

_____. 『구원이란 무엇인가』. 서울: 두란노, 2001.

김영재. 『교회와 신앙고백』. 서울: 성광문화사, 1989.

_____. 『교리사 강의』. 수원: 합동신학대학원출판부, 2006.

김영한. 『현대신학과 개혁신학』. 서울: 한국기독교사상연구소, 1990.

_____. 『21세기와 개혁신학(I), (II), (III)』. 서울: 한국장로교출판사, 1998.

_____. 『개혁신학이란 무엇인가?』. 서울: 불과 구름, 2003.

김은수. "John Calvin의 '그리스도인의 삶의 원리'에 따른 사회경제 윤리와 사상에 대한 소고." 「역사신학논총」제13집 (2007.6.): 8-49.

_____. "칼빈의 영혼불멸 교리와 개인종말론에 대한 소고." 「칼빈연구」 제5집 (2008.1.): 191-233.

_____. "개혁주의 생명신학의 신학적 기초에 대한 탐구(I): 시간과 영원의 이해를 중심으로." 「한국개혁신학」 제23권 (2008.4.): 153-95.

_____. "개혁주의 생명신학의 신학적 기초에 대한 탐구(II): 존재와 시간에 대한 새로운 성경적 이해." 「한국개혁신학」 제24권 (2008.10.): 120-63.

_____. "칼빈 신학에 있어 성경과 성령의 관계성에 대한 고찰." 「성경과 신학」 제45권 (2008.5.): 72-111.

_____. "개혁주의 선교개념의 확장: 송영(Doxology)으로서의 선교." 「성경과 신학」 제50권 (2009.5.): 249-95.

_____. "칼빈 구원론의 중심과 본질: 그리스도와의 연합과 이중은혜." 「칼빈 500주년 기념학술대회 발표논문집」 제4권 (2009.6.): 1-14.

김의환. 『개혁주의 신앙고백집』. 서울: 생명의말씀사, 2003.

김재성. 『성령의 신학자 존 칼빈』. 서울: 생명의말씀사, 2004.

김현태. 『철학과 신의 존재』. 서울: 철학과현실사, 2003.

김홍전. 『십계명 강해』. 서울: 성약, 1996.

_____. 『기도에 대하여』. 서울: 성약, 1999.

_____. 『예수께서 가르치신 기도』. 서울: 성약, 2003.

_____. 『주기도문 강해』. 서울: 성약, 2008.

나채운. 『그리스도교의 열두계명』. 서울: 페스터스하우스, 2006.

대한예수교장로회총회. 『헌법』. 서울: 한국장로교출판사, 2007.

박 만. 『현대 삼위일체론 연구』. 서울: 대한기독교서회, 2003.

박해경. 『신학의 두 기둥: 성경과 신조』. 서울: 아가페문화사, 1991.

방지형. 『현대인과 십계명』. 서울: 솔로몬, 1996.

서철원. 『복음과 율법과의 관계』. 서울: 엠마오, 1987.

_____. 『인간, 하나님의 형상』. 서울: 총신대학교출판부, 2007.

신국원. 『포스트모더니즘』. 서울: IVP, 1999.

신복윤. 『개혁주의 신학의 특성들』. 수원: 합신대학원출판부, 2007.

신원하. 『교회가 꼭 대답해야 할 윤리문제들』. 서울: 예영커뮤니케이션, 2006.

성종현. 『웨스트민스터 소요리문답』. 서울: 솔로몬, 1996.

양용의. 『하나님 나라 어떻게 이해할 것인가』. 서울: 성서유니온선교회, 2005.

역사신학연구회. 『삼위일체론의 역사』. 서울: 대한기독교서회, 2008.

오덕교. 『장로교회사』. 수원: 합동신학대학원출판부, 2005.

원종천. 『존 칼빈의 신학과 경건』. 서울: 대한기독교서회, 2008.

유해무. 『개혁교의학』. 서울: 크리스챤다이제스트, 1997.

_____. 『신학: 삼위일체 하나님을 위한 송영』. 서울: 성약, 2007.

유해무·김헌수. 『하이델베르크 요리문답의 역사와 신학』. 서울: 성약, 2006.

이상원. 『21세기 십계명 여행』. 서울: 토기장이, 1999.

이승구. 『사도신경』. 서울: SFC, 2009.

이종윤. 『십계명 강해』. 서울: 엠마오, 1986.

_____. 『신약개론』. 서울: 개혁주의신행협회, 1990.

_____. 『성경난해구절 해설』. 서울: 필그림출판사, 2004.

이형기.『세계 개혁교회의 신앙고백서』. 서울: 한국장로교출판사, 1991.

정일웅 편집.『우리 시대의 하나님 나라』. 서울: 한국로고스연구원, 1990.

총회교육자원부 편집.『개혁교회의 신앙고백』. 서울: 한국장로교출판사, 2007.

최갑종.『예수님이 주신 기도』. 서울: 이레서원, 2005.

최홍석.『인간론』. 서울: 개혁주의신행협회, 2005.

황봉환.『스코틀랜드 종교개혁과 존 낙스의 신학』. 서울: 예영커뮤니케이션, 2001.

황승룡.『통전적 관점으로 본 그리스도론』. 서울: 한국장로교출판사, 2001.

부록

웨스트민스터 소교리문답 교육 일정표

구 분	제 목	문답번호
1주차	제1과: 개혁주의 신앙의 정체성	0
2주차	제2과: 사람의 제일 되는 목적	1
3주차	제3과: 성경 – 하나님의 말씀	2-3
4주차	제4과: 성경의 하나님 – 삼위일체 하나님	5-6
5주차	제5과: 하나님의 본질과 속성	4
6주차	제6과: 하나님의 작정 – 영원한 계획	7-8
7주차	제7과: 하나님의 창조 – 무로부터의 창조	9-10
8주차	제8과: 하나님의 섭리 – 보존과 통치	11
9주차	제9과: 행위언약과 원죄 – 창조 안에 있는 인간	12-15
10주차	제10과: 인류의 타락과 그 결과 – 죄 가운데 있는 인간	16-19/82-84
11주차	제11과: 은혜언약과 선택 – 은혜 안에 있는 인간	20
12주차	제12과: 성자 하나님 – 구속자 예수 그리스도	21
13주차	제13과: 성육신 – 사람이 되신 하나님의 아들	22
14주차	제14과: 예수 그리스도의 삼중직분 – 선지자, 제사장, 왕	23-26
15주차	제15과: 예수 그리스도의 낮아지심과 높아지심	27-28
16주차	제16과: 성령 하나님과 구원: 그리스도와의 연합	29-30
17주차	제17과: 유효한 부르심과 중생	31-32
18주차	제18과: 회심 – 구원에 이르게 하는 믿음과 회개	85-87
19주차	제19과: 칭의(의롭다 하심)와 양자	33-34
20주차	제20과: 성화 – 거룩하게 하심	35
21주차	제21과: 구원의 확신과 성도의 견인	36
22주차	소교리문답 퀴즈대회 (1차)	
23주차	제22과: 육체적 죽음과 중간상태	37
24주차	제23과: 예수 그리스도의 재림 – 부활과 최후 심판	38
25주차	제24과: 교회란 무엇인가 – 성경적인 교회 이해	특강
26주차	제25과: 참된 교회의 본질 – 삼위일체론적 교회 이해	특강

구 분	제 목	문답번호
27주차	제26과: 참된 교회의 사명 – 교회의 5가지 사명	특강
28주차	제27과: 참된 교회의 속성과 표지	특강
29주차	제28과: 교회의 정치와 조직	특강
30주차	제29과: 은혜의 방편(1): 하나님의 말씀	88-90
31주차	제30과: 은혜의 방편(2): 성례	91-93
32주차	제31과: 은혜의 방편(3): 세례와 성찬	94-97
33주차	제32과: 은혜의 방편(4): 기도	98
34주차	제33과: 주기도문 서언 – 하늘에 계신 우리 아버지	99-100
35주차	제34과: 첫째 기원 – 하나님의 이름이 거룩하여지이다	101
36주차	제35과: 둘째 기원 – 하나님의 나라가 임하옵소서	102
37주차	제36과: 셋째 기원 – 하나님의 뜻이 이루어지이다	103
38주차	제37과: 넷째 기원 – 오늘 우리에게 일용할 양식을 주옵소서	104
39주차	제38과: 다섯째 기원 – 우리의 죄를 용서하여 주옵소서	105
40주차	제39과: 여섯째 기원과 송영 – 시험과 악에서 구하옵소서	106-107
41주차	제40과: 십계명 서문 – 하나님께서 이 모든 말씀을 주시니라	39-44
42주차	제41과: 제1계명 – 나 외에 다른 신들을 네게 두지 말라	45-48
43주차	제42과: 제2계명 – 너를 위하여 새긴 우상을 만들지 말라	49-52
44주차	제43과: 제3계명 – 여호와의 이름을 망령되이 부르지 말라	53-56
45주차	제44과: 제4계명 – 안식일을 기억하여 거룩하게 지키라	57-62
46주차	제45과: 제5계명 – 네 부모를 공경하라	63-66
47주차	제46과: 제6계명 – 살인하지 말라	67-69
48주차	제47과: 제7계명 – 간음하지 말라	70-72
49주차	제48과: 제8계명 – 도둑질하지 말라	73-75
50주차	제49과: 제9계명 – 네 이웃에 대하여 거짓증거 하지 말라	76-78
51주차	제50과: 제10계명 – 네 이웃의 모든 소유를 탐내지 말라	79-81
52주차	소교리문답 퀴즈대회 (2차)	

제2권 개혁주의 신앙의 기초: 성령 | 구원 | 종말 | 교회

초판1쇄 2010년 1월 27일
개정1쇄 2011년 12월 24일
개정2쇄 2014년 8월 27일

지은이 김은수
펴낸이 이의현
펴낸곳 SFC출판부
등 록 제 114-90-97178
   (137-803) 서울특별시 서초구 고무래로 10-8 2층 SFC출판부
   Tel. (02)596-8493 Fax. 0505-300-5437
홈페이지 www.sfcbooks.com　　**이메일** sfcbooks@sfcbooks.com

기획·편집 이의현
디자인편집 조희영
영업마케팅 장향규

ISBN 978-89-93325-50-8 03230

값 12,000원

잘못 만들어진 책은 언제든지 교환해 드립니다.